問學

丛书编委会

承接与延续

桑 兵 著

浙江古籍出版社

图书在版编目（CIP）数据

承接与延续 / 桑兵著 .-- 杭州：浙江古籍出版社，2021.7

（问学）

ISBN 978-7-5540-2053-1

Ⅰ . ①承… Ⅱ . ①桑… Ⅲ . ①中国历史－近代史－研究 Ⅳ . ① K250.7

中国版本图书馆 CIP 数据核字（2021）第 127953 号

承接与延续

桑　兵　著

出版发行　浙江古籍出版社

（杭州体育场路 347 号　电话：0571-85068292）

网　　址　https://zjgj.zjcbcm.com

责任编辑　刘　蔚

文字编辑　王振中

封面设计　吴思璐

责任校对　吴颖胤

责任印务　楼浩凯

照　　排　浙江时代出版服务有限公司

印　　刷　浙江海虹彩色印务有限公司

开　　本　787mm × 1092mm　1/32

印　　张　10.875

字　　数　198 千字

版　　次　2021 年 7 月第 1 版

印　　次　2021 年 7 月第 1 次印刷

书　　号　ISBN 978-7-5540-2053-1

定　　价　60.00 元

绪　论

人生许多事，往往出于情非得已，可是一旦做了，就是作茧自缚。事到如今，学术不应随笔的理念勉强还能坚守，不以自选为然的道理，在被迫无奈编了几本集子之后，只能是欲说还休，却道天凉好个秋了。

既然骑上虎背，索性无须顾忌，敞开来讲，把意思说得透彻些。

史学有什么用，曾经是一个从事历史研究的人常常被问及的问题，如今也还是不大自信的史学工作者经常感到无法心安的困惑。其实，关于此事，古今中外早有不少答案，例如读史使人明智，以史为鉴，可以知兴替，鉴古知今，认识社会发展规律，等等。这些说法，在对历史缺少温情者听来，当然很难信服，觉得不过是专业人士的自我开脱与标榜，而社会发展早已经过了温故知新的阶段，进入后喻文化时期，所以历史学无疑就是明日黄花。

近代国人以西为新，认定分科为学术的天经地义，曾经相信史学是一切学科的总汇，不料分科之学发展的结果，却出现让史学消失于一切学科之中的可能。既然一切学科都有其历史的部分，史学的专史与之混同，那么历史学的独立存在究竟还有什么意义？

历史包罗万象，概言之，今天以前的一切都是历史，说史学无用，等于说今天以前的一切都毫无意义，显然不能成立。从消极的角度看，史学主要有两大功能：一是保留人类记忆，二是保存文化物种。一个人如果陷入失忆状态，忘记了之前与自己有关的一切，无疑是极为痛苦的事，因为这样一来，完全不知自己的来历，连我究竟是谁也无从知晓，也就无法判断在社会中所处的位置，一举一动，一言一行，都会茫然不知所措。同理，一个民族，一个特定的人群，如果陷入集体失忆状态，势将陷入万劫不复的境地，所以灭人之国，必先去其史。历史记忆一片空白，就丧失了特定身份，不知如何立足于世界。

无论如何疑古，中国仍然毫无疑义是世界上有数的文明古国之一，历史不仅长，而且一脉相承。在相当长的历史时期里，人们受进化论的误导，将整个人类社会置于同一体系之内，又按照先进落后排序，以为物竞天择、优胜劣汰是至高无上的社会法则，历史悠久非但不是值得骄傲自豪之事，反而成为民族振兴的负累，中国之所以百事不如人，原因就在于历史太长，包袱太重，以上古为黄金时代，凡事皆喜欢向后看。甚至以想象的西方为楷模，将中国两千年的历史看作一成不变。其实，曾经被国人指为落后原因的中国历史文化的种种形态载体，后来大都被证明并非社会发展的障碍，其中许多还是必不可少的强劲动力。中国文化不仅如同所有的生物物种一样，具有毋庸置疑的保存价值，而且必将在中国进入先进行列时提供我为何是我的充分理据，不仅成为世界多元化的一种，甚至可能为人类社会的未来发展提供不一样的共同选项。

历史的有用无用，说到底是史学是否具有即时的实用性的问题。与通行的认识相反，中国人过于追求实用，恰是学问之事不易发达的要因。1919 年 12 月 14 日，留学美国的陈寅恪对吴宓讲论天下大势，诉说了一大通深思熟虑的道理，他说：

> 中国之哲学、美术，远不如希腊，不特科学为逊泰西也。但中国古人，素擅长政治及实践伦理学，与罗马人最相似。其言道德，惟重实用，不究虚理，其长处短处均在此。长处，即修齐治平之旨。短处，即实事之利害得失，观察过明，而乏精深远大之思。故昔则士子群习八股，以得功名富贵，而学德之士，终属极少数。今则凡留学生，皆学工程、实业，其希慕富贵，不肯用力学问之意则一。而不知实业以科学为根本，不揣其本，而治其末，充其极，只成下等之工匠。境界学理，略有变迁，则其技不复能用，所谓最实用者，乃适成为最不实用。至若天理人事之学，精深博奥者，亘万古，横九垓，而不变。凡时凡地，均可用之。而救国经世，尤必以精神之学问（谓形而上之学）

> 为根基。乃吾国留学生不知研究，且鄙弃之，不自伤其愚陋，皆由偏重实业积习未改之故。此后若中国之实业发达，生计优裕，财源浚辟，则中国人经商营业之长技，可得其用；而中国人当可为世界之富商。然若冀中国人以学问、美术等之造诣胜人，则决难必也。夫国家如个人然，苟其性专重实事，则处世一切必周备，而研究人群中关系之学必发达。故中国孔孟之教，悉人事之学。而佛教则未能大行于中国。尤有说者，专趋实用者，则乏远虑，利己营私，而难以团结，谋长久之公益。即人事一方，亦有不足。今人误谓中国过重虚理，专谋以功利机械之事输入，而不图精神之救药，势必至人欲横流，道义沦丧，即求其输诚爱国，且不能得。①

陈寅恪说这番话的时间点是1919年，刚好是五四运动与新文化运动发生之际。在欧风美雨的冲刷和强权公理的夹击之下，不少人对本位文化失去自信，对西方文化顶礼膜拜，凡是中国固有的，都要破除消灭，甚至主张中国必须改换全部人种，才能于必死之中求得新生。而那些主张区分文化的物质层面与精神层面的意见，则被斥为东方文化的自大狂。陈寅恪独辟蹊径，所论的主旨是，中国人惟重实用，致富不难。这一观点在西风压倒东风

---

① 吴宓著，吴学昭整理注释：《吴宓日记》第2册，北京，生活·读书·新知三联书店1998年，第102—103页。

的时代乍听起来，犹如天方夜谭，可是如今已经得到应验，基本成为事实。实际上，海外亚裔聚居之地，从来都是华人华侨掌控商业，日韩侨民则是在国家富强之后，背靠大树，地位才相应改变。华人华侨的经商与组织能力，早就在欧美大陆上展现无遗，令充满种族偏见的白人如芒在背，如鲠在喉，必欲去之而后快。隐藏于“黄祸”等歧视性语言以及粗暴排华行径的背后，其实是丛林法则驱使的霸道和发自内心的巨大恐惧。

更为重要的是，陈寅恪指出中国人不究虚理，因而科学和形而上的哲学、美术不大擅长。可是太讲实用，便容易过时，变成无用，所以虽然可以发达实业，成为世界之富商，却很难以学问、美术等之造诣胜人。这一层不仅关乎国家民族的兴衰存亡，中国能否通过追赶先进进入世界前列，富强即可做到，但是中国能否引领人类社会的未来发展，却取决于是否可以形而上的学问、美术独步天下。也就是说，成败不在于立竿见影的实用之学，而在于无用之为大用的虚理尤其是精神学问。近代留学生只求实用，不能学德的偏蔽已经泛化，读书求学，目的都是为了找工作，而工作的好坏则以能否即时兑现回报成本为考量指标，大学的专业设置与就业率直接挂钩，实用性的技艺之术大行其道，相比之下，不能与找工作形成对应关系的形而上的学问，自然弃之如敝屣。风气所被，连一些专门从业者也不免怀疑人生，相关机构和部门则屡屡试图通过调整专业设置来达到供需平衡。

然而，如果陈寅恪的推断属实，最终决定中国成败盛衰的，恰恰是亘万古、横九垓而不变，凡时凡地均可用之的天理人事之学。这些学问看似无用，却放之四海而皆准，且永不过时。对于中国而言，能否在这些学问领域达到精深博奥的程度，不仅关系到一时间的救国经世，起弊振兴，更重要的是决定中国是否可以国运长久，并站上世界巅峰，引领人类未来。二者相辅相成，中国的长治久安与再一次鹤立于世界之林，相互依存，相得益彰。以有无实用质疑这些学科存在的合理性，甚至视为在应当取消之列，无异于自废武功，断了再度辉煌的生机。

历史与政治伦理关系紧密，中国的历史学发达，本来一定是实用性极强的。史的基本功能是记事，记事一是要记录发生过的事，以免忘记，二是要记住发生的情形，以便斟酌。时至今日，无论何人，大概都经不起完全彻底的如实记载。海峡对岸的名嘴揭弊，无论是否专业出身，独门秘技都是历史学的卡片分类。可是历史上由于史家记录所发生之事太过实用，伤害过甚，以致于如何记录成为问题。各方不断博弈之下，史学不得不一定程度地牺牲如实，以换取相安无事，从而留下让来者不断求真的空间。如果有人仍然怀疑史学是否有用，只要掂量一下自己是否经得起事无巨细的全时段全方位无缝记录，就不难领悟答案所在。

既然历史的记录难以如实全面，与之相应，看待历史上的人与事自然就不能绝对化片面化。所以认识历史必须前后左右，单一视角是非常危险的。史学进化的功能之一，就是使人们学会相对地看待一切人与事。治史而片面绝对，一定是等而下之者所为。

如此一来，历史看似简单，治史却是难上加难。涉猎专业甚多的胡适曾经慨叹治史须绝顶聪明的人下笨功夫，的确是经验之谈。

史学是整体性的学问，因此治史必须整体之下研究具体，可是如何才能做到，并非轻而易举。在这方面，老辈学人的做法，值得学习仿效。在四川大学读书期间，有缘随缪钺先生到他家中旁听讲解诗词，每周一次，持续一学期。缪先生出道甚早，在《学衡》上就发表过文章，兼论新旧。他文史双修，尤以魏晋隋唐的文史之学名于学林。现在的一些诗词大家，当年即不断前来问学。听讲期间，缪先生时常提及相关人事，对于当代文史学界的脉络多少有所了解。

缪先生祖籍江苏，但生长于河北，算是我的大乡前辈。他虽然只读过北京大学预科，却能够长期任教于各大学。抗战期间，他在浙江大学中文系教书，与系主任郭斌龢交好。后者中西兼通，能够胜任中文系和外文系教职并主行政。闲聊之际，缪先生谈及不少浙江大学的掌故，尤其对郭斌龢推崇备至。这一段因缘的潜移默化，对于我近年移席浙大不无作用。

缪先生慈眉善目，身形纤瘦，说起话来慢条斯理，字斟句酌，表达意思极其清晰准确。日常虽然运动不多，但生活极有规律，连喝茶饮水也在每天的固定时间进行。规律化的生活，使其保持极佳的心绪，不仅高寿，而且健康。他的相貌、形态、言谈、举止，在我看来，简直就是中国学者应有的理想风范。

我的兴趣在于晚清民国的历史，亲炙前辈大家的学行，令我印象深刻、感触良多的是诗词之外的治学方法。当时缪先生这样的大先生一般已经不为本科生开课，而一位担任古代史课程的老师是缪先生的门生，为了让同学们领略一下学问大家的风范，特意请缪先生来讲几课。讲题是历代制度，从先秦直至清代，计划一共八节课，每次两学时，分四次讲完。据任课老师说，缪先生讲述历代制度的沿革变迁，无论时间长短，多则一年（每周两学时），少则一次（两学时），都能够提纲挈领，要言不烦，条分缕析，娓娓道来。而且讲述的内容依据课时的多少，详略得当，轻重适宜，有始有终，既不会讲了一学期武王尚未伐纣，也不是一味在自鸣得意处反复盘旋。即使吾等于历史全然门外汉的后生小子，闻听之下，亦如泛舟江上，顺流而下，既体验曲折回澜，又领略两岸风光，真是美不胜收。如此成竹在胸，收放自如的化境，即便任课老师已经年近花甲，也只能叹为观止，自愧不如。

缪先生问学的时代，已是新旧杂糅，许多名学者由新式学堂出身，旧学根底不深。而缪先生则有童子功在身。当时他双眼白内障严重，近乎失明状态，几乎不能看书写字。有一次说诗休息，他出示了一本“文革”前抄录的明末一位不知名作者的诗集，居然还能够整本背诵。仔细对照，其中一些地方并非完全逐字复诵，但是意思不错。可见过目不忘并不仅仅是坊间传闻，只不过记诵与熟能生巧相得益彰，不是单凭死记硬背就可以实现。稍后经过手术，摘除了白内障，他的生活研究得以恢复常态。

老辈治学，虽然术有专攻，但绝不畛域自囿，划地为牢。在读完基本书和整体把握的基础上，往往兴趣广泛，牵涉的范围广大。其扩张学问的办法是，平素大量阅读，并不是为了找特定题目的材料而翻书，一旦发现有意思的材料，就用专门的本子记录下来，久而久之，集腋成裘，便可以撰写成专题论文或专书。缪先生依然习惯用毛笔，过录的材料分别抄在特制的本子上。其中一项是清代文集中有关《红楼梦》的资料，已经累积了不少，据说当时均为前人未曾使用，不知后来是否撰写成文。

结合《红楼梦》的实例，缪先生又补充介绍其他收集资料的具体做法。他说自己习惯的是旧办法，已经少有人用，比较先进且通行的做法是使用卡片，好处是比较灵活，便于归类编排。后来我攻读硕士、博士学位，以及初期从事教学研究，即采用卡片的方式抄录史料，持续多年。累积的数量甚多，后来大都用于论文和专书的写作。

不过，随着年龄和学问的增长，以及研究条件的大幅度改善，从上世纪末开始，越来越觉得老辈学人的治学方法更胜一筹，包括用本子记录的方式，适合多题目齐头并进的研究，因而弃用卡片，改成阅读各种书籍时用本子记录不同专题的资料。二十年下来，觉得这样更加得心应手，有利于读书以发现问题，而非一味悬问题以觅材料。具体而言，可以体悟的好处有三：其一，读书不再是单纯为了找材料，可以读通篇知本意。读书成为一大乐事，各种问题和各种材料也源源而来。其二，研究不再局限于专家之学，可以将有生以来读过的书乃至获得的所有知识全都连贯起来，以便整体之下研究具体。其三，读书与治学相得益彰，起步之初看似迂缓，实则整体推进，累积成熟的题目越来越多，进度能够不断加快。而且基本不必因为更换题目翻来覆去搜捡相同的文献，可以一劳永逸，事半功倍。更为重要的是，因为没有预设题目的先入为主，又有放眼读书的随机覆盖，相较于先定题目再找资料，翻阅文献的比例可以减少，而错误的概率则大为降低。

历史在失去时才会觉得可贵，但是一旦失去就永远没有机会从头再来。治史就是反复梳理人类的集体记忆，以免随着岁月的流逝而堙灭。而借助维护历史记忆的努力，可以不断发展人类的思维。

我的几位老师都是高寿，能够长久沉浸在珍贵的历史之中，从事着史学的事业，想必是无比幸福的事。

目录

CONTENTS

从学篇

长者·学者·智者

——忆陈锡祺先生

业师陈锡祺先生辞世已近周年，学界同仁聚会追思。作为忝列门墙的弟子，虽然了解尚浅，亦将点滴记录。未必可以反映陈先生的人格学问，只是表达个人的印象体悟。

一　长者

陈先生是我攻读硕士学位时的业师。“文革”前后，他一共招收过好几届研究生，每届大都数人，而我这一届，仅录取一人。由于当时陈先生年事已高，身体欠佳，因而前后两届或设培养小组，吸收中青年教师参与指导工作，或与其他教师联合招收。只有我这一届，由陈先生独立承担指导之责。虽然平时也要求我向其他各位老师请益，论文修改时还委托陈胜粦老师协助审阅，全程的培养指导，则主要由陈先生亲力亲为。即使在陈先生到从化疗养期间，我也是专程前往疗养院，当面聆听教诲。

入校后，我一直以“先生”相称，除了遵从中山大学历史系师生的习惯，还因为此前就读于四川大学，那里通常将几位德高望重的大先生即老师的老师尊称为先生。作为本师，以“先生”相称，主要是表示极其敬重之意。由于中国近代史的研究开展相对较晚，在海内外整个中国近代史学界，陈先生都在长者之列。所以年龄、辈分各异的多数学界同仁，也尊称“陈先生”。

史家既要用笔书写历史，同时也要高度自觉其自身的言行，同样是历史的一部分。近年来，随着研究时段的下移，阅历丰富的陈先生参与其中的一些历史事件，逐渐进入研究的视野。1948年，陈先生到中山大学任教两年，当时的中大校长王星拱因所谓纵容左翼学者而去职，陈先生和多位中大教授联名上书力保，与当局抗争对峙。此事背后，牵扯国民党内朱家骅与二陈的CC派在学界的恶斗，二陈一脉的特务告了御状，王星拱最终去职，实由蒋介石钦定，所以众意难违一时间不如一手遮天来得有力。王星拱是老国民党员，与陈先生是武汉大学的旧识，陈先生南下广东任教，主要出于王星拱力邀。不过，陈先生此举显现一个知识分子为社会正义与公德拍案而起的无畏，公道自在人心，不能仅仅于无声处。此事详情，已写成专文，可见中山大学的历史，决非院墙内一校的校史可以范围。朱家骅曾说其一生参与办过三所大学，即北京大学、中山大学和中央大学，都是作为学界和青年乃至全社会风气转移的中心。陈先生的言行，确在历史创造者之列。陈先生到中山大学任教60年纪念之际，我曾将在台北“中研院”近代史所朱家骅档案中查到的当年中大教师联名上书的复印件呈上，经过一个甲子，陈先生的亲笔签名依然相当醒目，成为那一段精彩历史的重要物证。

二　学者

陈先生不仅是一位长者，更是一位学者。从陈先生数十年如一日的教学研究生涯，可以真正领略到学者的风范与坚守。学术研究不可随波逐流，要引领风气，而不被风气所推动转移，否则难免趋时者容易过时之讥。陈先生转而研治孙中山之时，这一领域还在相当冷淡的环境。此后数十年间，中国的政局社会波诡云谲，常常冲击学术研究，而他始终坚持不懈，坚信研究工作的学术价值。待到风云变幻，峰回路转，孙中山研究渐成显学，也始终沉潜，并不因此而躁进。后学者须继承学统，方能温故知新，继往开来。今人好谈“接近国际前沿”，而且保持较快的“接轨”速度，结果“国际”何在，无从把握，一如墙头草般随风摇曳，凿空蹈隙，游谈无根，往往今是而昨非，自我迷失。其实大道无形，万变不离其宗，有定见，固根本，才能立于不败之地，不趋时亦不会过时。要做到这一点，须眼光抱负远大，不计较一时一事的利害得失，读书为人的部分，必须有千秋万代的自觉。陈先生几十年沉浸于孙中山研究之中，置身于喧哗的风潮变幻之外，坚守学术原道，将冷学问做热，将热学问冷做。治史亟需这样一种坚忍不拔、持之以恒的精神，于为己之余再去为人，深研之后进入高明，不必辗转反侧，自然处处皆是大道前沿。

作为近代史学界屈指可数的长者，陈先生不但有一般老人的雍容淡定，而且有老辈学人的气度风范。其中最令人感佩的，是君子不党、无欲则刚的风范，在任何情形下，绝不以学术为手段工具，既不为所谓吃饭的工具，更不为利益交换的手段。学问在他即是安身立命的所在，此外无他。孙中山研究领域常有所谓饭碗之喻，虽然大都不过玩笑话，却从未听到陈先生沿用附和。他也从不以自己由学术而来的身份地位，与其他方面做利益交换。对于学术的判断，陈先生不作学术以外种种因素的权衡取舍，而一概秉承公理公器的精神准则，不以个人的利害亲疏好恶影响学术评判的尺度。读书期间因性情执拗，有时难免固执己见，陈先生或许并不赞同，但从来不以为忤，至多只是以循循善诱的方式委婉表达意见。这种纯粹的学者向学态度，本来就是学人的理所当然，却与时下种种斯文扫地的学界乱象形成鲜明对照。学术是高度自律之事，一旦失足，即失去道德屏障和资格，没有改过的机会。此节前辈学人无论观点倾向如何，往往有共同底线，反而后进大都不能了解把握，何况坚守，令人无限感慨。

三 智者

陈先生由治隋唐史转而治近现代中国史，而民国时期中古史研究大家辈出，成效显著。陈先生曾先后在武汉大学、金陵大学、四川大学等校读书教学，受此浸染，其教法与做法，颇得中古史的高妙，与晚近史的一般通行有所不同。犹记得陈先生指引读书与治学门径，一曰以朱寿朋所纂辑的《光绪朝东华录》为入门读物，二曰用长编考异方法入手展开研究，并说明理由。当时虽然谨遵照办，连知其然也不得其详。后来读书日多，涉及方面渐广，逐渐体会到，二者既是史学的基本功夫，又是取法乎上的大道所在。治史须于编辑长编过程中四面看山地比勘参证各种材料，梳理相关人事及其复杂关系，方能近真并得其头绪。此为宋以来“新史学”之不二法门，近代古史家的治学绝技。近代史研究起步较晚，渊源有自，取径办法，难免横逸斜出，如果不是在中古史的领域浸淫有年，很难对于治史的正途大道心领神会。

陈先生于孙中山研究大热之际，适时要求编撰《孙中山年谱长编》，进行扎实的资料梳理与比较，使得后来的孙中山研究无法天马行空，任意驰骋，整体提升了这一研究领域的难度和水准。参与编撰《孙中山年谱长编》并细心体味陈先生所说编撰长编的用意，尤其是他一再强调的须将孙中山的思想与其生平活动交往融会贯通，相互印证，感悟颇深，这不仅影响个人的治学风格变化至深且远，也是后来指示新进的重要门径。今日学界无不推崇陈先生主编的《孙中山年谱长编》，就具体内容而论，其中固然不少可以改善之处，就主旨方法而论，则确系颠扑不破，只是各自的领略有所不同罢了。

广东僻处岭南，学术眼界容易流于固陋，非见多识广，难以开展。陈先生阅历丰富，接触过的民国以来学界名流为数众多，耳濡目染，自然目光远大。我后来关注的重心之一，即晚清民国海内外研究中国的学人，曾经几次听陈先生谈起相关的学林掌故，大都亲身经历或直接听当事人陈述，颇为生动深入，非一般坊间传闻可比。只是陈先生为人沉潜，行事低调，不愿附丽，加之年事已高，每每谈及旧事，兴致甚浓，事后则身体感到不适，因而不便打扰。如今陈先生仙去，多少疑问，无从解惑，实为憾事。

桂子山从学琐记

用近代学人的眼光看，我也可以算得上是学问欲不弱的人。之所以如此，固然有天性的作用和少年时环境的影响，更重要的，还是后来各位老师言传身教，潜移默化地将自己引导或是带领上学术的自觉之路。其间开沅师的影响尤为关键。

一　入门前后

第一次见到开沅师，还是20世纪70年代末在四川大学上学期间。当时《辛亥革命史》编撰组的一行人员来到成都开会调研，历史系邀请其中的几位学者进行学术演讲。由于改革开放不久，教学秩序正在逐渐恢复，正式的学术演讲可以说是绝无仅有，一下子有一批来自全国各地的重要学者讲演，求知欲日益浓厚的后进自然是喜出望外。演讲安排在校图书馆的大阅览室，不单本系的同学蜂拥而至，其他各系的学生也闻风而来，图书馆的大门口早早的就挤满了等待入场的听众。为了抢占座位，甚至挤坏了大门。本来相当宽敞的阅览室里座无虚席，人人脸上显出久旱逢甘霖似的期待甚至紧张。那样的空前盛况，令人感受到学术繁荣的春天即将来临的气息，今天恐怕再也不容易看到。

首场讲演的主讲人便是开沅师，讲演的内容是关于同盟会成立与华兴会、兴中会、光复会、二十世纪之支那社等小团体的关系，后来以论文的形式正式发表。也许老师当时就有了成熟的腹稿或成稿，讲起来充满自信，声音洪亮，抑扬顿挫，条分缕析，层层深入，有着很强的感染力，连对辛亥革命的相关事实知之不多的门外汉，也为其所吸引。后来听过的学术演讲不少，说到印象深刻，还是这一次难以磨灭。其中环境的因素固然存在，但首次领略大家风范，感觉自然不同凡响。

作为听众之一的我，在这样的学术活动中尚无缘与开沅师当面相识。后来到中山大学随陈锡祺先生攻读硕士学位，由于同属中南地区，中大与华中师范之间的交往联系相当紧密，乘此机会，终于真正认识了开沅师，我的硕士学位论文答辩，还请开沅师主席。按照旧时的规矩，也可以忝列门墙，算是门生了。

硕士毕业后，我留校工作，这时博士学位教育逐渐恢复，很想进一步求学。而当时硕士生也为数不多，或以为没有继续深造的必要。此外，由于博士学位教育恢复不久，博士点相当少，记得整个高校系统只有开沅师一人是中国近现代史的博士导师，若想报考，一定要得到开沅师的同意。我怀着忐忑不安的心情与开沅师联系，得到肯定的答复和鼓励，使我信心倍增。这一步的跨越，是我在治学之道上相当关键的转折。

1985 年初，我如愿来到九省通衢的武汉，进入华中师范大学攻读博士学位。开沅师正担负着校长的重任，校务繁忙，外事活动也多，同时还有不少的社会兼职，甚至需要参政议政，弟子们能够面谒的机会自然相对较少。此外，或许是个人指导的风格不同，加上开沅师对我们这一届几位弟子的平均水准还算满意，所以更多的是关注结果而非过程。这样的方式对我后来带学生也有影响，虽然看似无为而治，其实要求学生更加主动，毕竟已经是博士学习阶段，老师样样代劳，抱着，始终难以长大。不过，虽然耳提面命的次数和时间有限，可是作为学术领袖，开沅师却通过自己的一言一行无形中营造出一种氛围，令每一位在此学习或工作的人，都倾注全力于治学之道，而不是本末倒置，热衷于时政或校园政治。这并不等于说学人不应关注或参与时事时政，而是学人的根本在于学术，千变万化，心系于此，无论身份如何多样，正是在这一点上，自然而然地显出书生本色。近代学术大家，从来不做学术行政的王国维、陈寅恪等人不必论，身兼要职的胡适、陈垣、傅斯年也同样如此，有关的口碑掌故俯拾皆是。这大概是处于学术领袖位置的大家影响良否的重要指标，也是维系学术命脉薪火相传的基本依托。

严格来讲，大学并不是为一般读过书得到学位的人提供职业选择或职位之所，而是为那些以学问为事业，为安身立命的所在，甚至不做学问就了无生趣的人准备的基本条件和环境，使之能够得其所哉。这些人的全身心投入，也许并不体现于没日没夜地熬在图书馆实验室，但他们的整个生活目的，无疑都是围绕所从事的学术活动。学人如果对于学术缺乏真感情和敬畏心，所做学问必然以假乱真。近年来，学界前辈感叹学人谈学术者日趋鲜少（而学术成果却不断增多），彼此热衷的话题似乎逐渐远离学术本身。相比之下，开沅师老而弥坚的学术追求更加令人钦佩。毕业后关注学者的历史，鉴于陈寅恪晚年潜心研究明清史事，曾经戏言考验学人是否对于学术抱有真兴趣，可以看 60 岁以后是否还能开辟新领域。开沅师近年来转向近代教会和教会大学史的研究，虽然有一定的机缘，毕竟主观追求才是内在驱动力。如果不是感到极大的乐趣，决无可能孜孜不倦地几十年如一日。

我辈愚钝，略有所长，只图在与学术相关的方面发展，而学术研究，尤其是治史一途，后天的努力固然极其重要，有些天赋的差异却难以超越。开沅师便颇有研究近代史事的天赋异禀。中国古代典籍向称浩瀚，而与近代史料相比，只能是小巫见大巫，主张做史料功夫要竭泽而渔的陈垣，也不禁慨叹近代史料繁杂，难以掌握周全。因此，研治中国近现代史，阅读的能力必须超强，甚至一目十行也未必够用。而在高速度之下，对于重要的信息又要保持高度的敏感和捕捉能力。记得一次见开沅师，恰好他与图书馆约定前往圈定选购的书目，便陪同一起来到图书馆，只见开沅师展开目录，目观指画，速度奇快，口中还不时与我交谈。我从旁仔细观察，所签出各书，相当精当，绝无错误，不觉暗暗称奇。现在自己教学生，也十分强调高速阅读之于近现代史研究的极端重要性，否则，再小的题目也很难将史料一网打尽。

武汉的自然条件对于治学不是十分适宜，夏日酷暑，冬天严寒，开沅师开玩笑地说武汉的学生高考应当加十分。可是，就在小小的桂子山上，我却度过了三年温暖如春的学习生活，至今依然十分怀念。如今社会发展，生活水平提高，到处的条件都有了很大的改善，可是，要想找到适宜的学习和治学环境，却也并非易事。

二　格局与境界

开沅师自谦是铺路的石子，实际上他的声望远远超出专业的范围，抛开其他因素，开沅师的确是那一代学人当中几位最有代表性的学者之一。不仅如此，由于历史的原因，那一代学人的笼罩覆盖的范围不止于年龄相近的同辈。

近代以来，学人竞相走窄而深的专精之道，比较忽视博通，古代史也以断代为时尚，后起的近现代史研究划分更加琐细，一般学人，非但不能上越嘉道，在百年之内还要再树藩篱，终身厮守一人一段。加上关注近现代历史，最初的目标不在史学本身，研究者的训练普遍不足，学术规范自然不够严谨。不仅如此，横的方面，海通以还，中国被拖入世界体系，与东西各国发生联系，要想深入认识本土，必须沟通海外；学术本不分科，近代中国又经历了知识与制度体系的全面转换，需要超越学科界域，才能心领神会。纵的方面，凡思想学术、典章制度、风俗礼制、宗教人心，无不牵连历代，一味截断众流，以外来观念牵强附会，难免混淆隔膜，甚至离题万里。研治近代史的前贤，多由古代史下移，由博返约，论学著述，大体得当。后学不察，误以近代史为趋易避难的捷径，古汉语不行，外语又不佳者，才选择学习近现代史。所受训练又往往不出近代百年范围，狭隘局促，动辄捉襟见肘。时至今日，愈演愈烈，以局限为特色，以狭隘为专深，凿空蹈隙，遗害后学者甚矣。

开沅师治学，大度兼大气，立意高远，虽有专精，决不畛域自囿。他告诫门下士不要只想在桂子山上称王称霸，应当向着国际学术界争一席之地。他的研究甚至有意避免局限于辛亥首义之区的武汉乃至湖北，将目光投向江浙和海外。这种志向，远非时下那些首先想着争夺身边地盘以称霸一方的山大王者可比。专深的研究背后有了一套宏大的叙事框架，从而将近代史研究的标的悬于高处，才能带动研究水准不断攀升。学术领袖的眼界，对于学界风尚有着超越常人的影响作用，韩国的中国史研究能够在国际学术界立足，闵斗基教授功不可没，道理也是一样。治学本来不必与人较，至少当与古人较，不得已而求其次，也须放眼全球，举目神州。而如今的学术环境，迫使学人一味意在争夺生存空间，校园政治大行其道，欲以小人之术谋君子之相，非但心术不正而已，学术上也只好横逸斜出，凿空蹈隙。诸如此类的事，历来都有，开沅师能以大度处之，甚至将挫磨当作激励，对自己的研究更加精益求精，而决不意气用事，争一时的高下。学人无论身披多少光环，最终还是要看在学术史上留下什么作品，是否经得起千秋万代的后人反复研磨。由老师的言传身教领悟到的这些经验，也是现在不断告诫门下诸生的要诀之一。

钱穆曾经批评近代学人志向不大，因而成就不高。但大志向不可凭空而来，如果坐井观天，即使放眼世界，也不过是井底之蛙。开沅师治学，不仅悬的高远，而且身体力行，其论著所体现的只是冰山一角，至于下面的庞大深厚基础，要通过长期的交往接触、耳提面命才能逐渐体察。作为弟子，也只能略及自身的感受。当时虽已读到博士，却不满于既有，思想和学术追求正在经历新一轮的漫山跑马。开沅师早年受过各种社会科学的辅助训练，也曾文史兼修，所撰写的影评还得到电影界高人的好评。后来对于学生的上下求索，总的态度是积极支持，有所收获，则表扬鼓励，哪怕只是一得之见。如果实在不着边际，也会直截了当地指出。几位同门各出奇招，开沅师百忙之中，从容应对，收放自如，令弟子左突右冲而不逾矩。史无定法，但要取法乎上，并且中规中矩，不作门外文谈，绝非易事。博采众长，固然重要，学有所宗，亦不可少。后来见开沅师为各类书籍所写序言，不但内容吻合，评论适宜，甚至文笔也可以随原书内容风格而变化，没有相应的知识，绝无可能臻此化境。晚年犹辟新境，进取不止，更是令人感佩不已。

开沅师体大思精，可以从容驾驭一众门生，但弟子们守成的难度却大为增加。各取一端，等于肢解，所以布罗代尔之后年鉴学派之名犹存，而整体史不复存在，其精妙无形中已经消解。可是勉强承受，又往往力有不逮。既要量力而行，又不能一味在扬长避短的名义下因陋就简，这对学人的智慧、功力和学识是极大的考验。治学须博而后约，基础不稳，植根不深，要想攀高做大，必然处处捉襟见肘。治学当叠金字塔，不要如雨后春笋。时下有的后学一味趋新，倒不一定是因为新的就好，而是旧的基本功夫实在不会（如阅读函札日记稿本或旧籍），只能设法一好遮百丑。谁知趋易避难的同时，恰好落入舍己从人的陷阱。在横七竖八的条块分割将历史划得七零八落的今日，要想避免盲人摸象似的研究专门学问，不能以不知为无有，以凿空蹈隙为填补空白，以画地为牢为一览众山小，真正能够在学术发展史上“标新立异”，首先应当培基固本，温故而后知新。所谓取法乎上，仅得乎中，立意不高，再努力也只能等而下之。

忆胜粦师

20世纪80年代中期，胜粦师担任中山大学历史系的行政职务以后，主要精力放在组织联络方面，后来又倾力筹建和发展近代中国研究中心，人们自然对这方面的活动较为关注，或许多从这一角度记其事功。不过，作为学人，其在学界立足的基础还在学术。据说胜粦师当年是中山大学有数的才子之一，其出色的才赋一直为各级有关领导所注重。在他的专门研究领域，水准和贡献也是有目共睹，自不待后学者来评判。在此只能就个人学术经历中得其教诲或受其影响的若干片断，略为记述，虽不一定能为胜粦师增添光彩，或可供后学者揣摩追仿。

一　知遇之恩

我考进中山大学历史系攻读中国近现代史的硕士学位，是“文革”后恢复招收研究生的第三届。由于上一年中大历史系未招生，所以对于中国近现代史专业而言还是第二届。当时全国能够招生的师资为数不多，领衔者多为大先生，也就是老师的老师。中大亦不例外。那一年我便投到陈锡祺先生的门下。陈先生长者风范，“文革”前已经带过研究生，教人自有章法。当年中大录取的中国近现代史研究生仅我一人，胜彝师参与阅卷和录取。后来他告诉我，对我的卷面回答相当详尽感到满意。

因为人少，不便开课，陈锡祺先生令我阅读《光绪朝东华录》和谢文孙的《辛亥革命的历史编纂学》，并随77、78两届的本科生听几门选修课，其中胜彝师的《鸦片战争前后的社会思潮》，印象最为深刻。鸦片战争前后，刚好是所谓近代与前近代的分界，因为分属不同的专业和教研室，习惯上两段截然分离，不相贯通。与一般中国近代思想史的讲法不同，胜彝师用了大量的篇幅详细讲述明末清初以来的学术流变，以及中外接触交往的历史，以说明鸦片战争前后经世致用思潮的渊源。由于讲了半个学期，尚不到鸦片战争，有人疑其是否序幕太长，枝蔓过多。其实胜彝师的讲法恰好能够正本清源，将整个清代历史勾连贯通，是改变以往治中国近代史拦腰斩断的必经途径，而为一般近代史所欠缺。而将学术与思想文化融合一体，不仅符合历史的实际，也有助于说明变化的过程。作为刚刚入门的后进，得此别开生面的教授，自然获益匪浅，而且更加意识到治中国近代史必须博大精深，将古今中外熔于一炉。后来的治史方向，与此潜移默化的影响不无关系。得知我的感受心得，胜彝师也表示赞许，认为能够体会其苦心孤诣。言下之意，孺子尚可教也。多年后提及此事，还为自己当年识人不错而面露喜色。

20 世纪 80 年代初期，陈锡祺先生德高望重，是中山大学中国近代史研究的旗帜，而年富力强的胜粦师实际负责具体行政和业务组织工作。当时学术界普遍面临青黄不接、后继无人的尴尬境地，培养研究生无疑是当务之急。胜粦师协助陈先生进行学术组织工作，对于培养研究生也积极参与。我在上课之余，对学校的图书馆和历史系的资料室展开地毯式搜索阅读，尤其对旧编目图书、古籍和旧期刊兴趣浓厚。虽然自小好看书，在并不提倡读书的年代，走南闯北，也接触过一些小地方的公共图书馆和机构图书馆，上大学时，又利用过四川大学的图书馆，但是，对研究生几乎全面开放的中大图书馆，所给与的冲击力还是极其强烈。入库看书与在外借书，感觉的确全然不同。中山大学图书馆收藏的晚清各种期刊，数量之多，在全国各大图书馆中，亦不多见。后来才知道，其中多数是 1928 年顾颉刚前往江浙收书的结果。仔细阅读这些书刊，我开始对留日学生的问题感到兴趣，稍后又扩大到国内新式学堂学生和一般知识人，逐渐形成了一些可以深入探讨的题目，曾向胜粦师报告，得到鼓励。后来这些想法大都一一落实，撰写而成的论文，除陆续发表外，多收入几本专著。

二　教之严

研究生的生活规律简单有序，转眼到了学位论文交卷的时间。其时年逾古稀的陈先生不顾体弱多病，悉心指导。论文的初稿出来后，陈先生看过，认为底子不错，但还需要认真改动，可以提升的潜力才有可能充分发挥。为此，他在抱病继续指导的同时，又委托胜彝师协助指导，着重帮助我提高论文的质量。我的论文初稿约10万字，胜彝师仔细审阅，首先把握住我的思路，然后循着这一思路提出修改意见。他不赞成轻易改变结构，认为主要问题是过于平铺直叙，应将重点放在加强归纳、精炼文字、深化主题等方面。我先是认真思考消化胜彝师的意见，在此基础上，对论文进行了大幅度的修改。不过，清末国内学堂学生的行为大量是重复性的类象，如何表现，一时间似无良策，因此修改工作进行得并不顺利。开始改了几遍，还觉得有话可说，也知道如何下手，过程性的叙述压缩，注意不同层面的归类，文字逐步精炼。每改一次，胜彝师都要从头至尾仔细审阅一次，如何劳心劳力，现在自己也带了不少研究生，才能深有体会。

大约改到五六遍时，感到内心已是一片空白，似乎进入了学术失语的状态。虽然不太满意，但若要继续再改，又不知如何下手。而胜彝师认为还可以更上一层楼，面对有些迷茫甚至开始焦躁的我，不厌其烦地说明他的意见，努力开启我的思路。胜彝师是写文章的高手，其想法在他自然是胸有成竹，轻而易举，但是对于入门不久的我而言，有时就不免有些难以捉摸。经历了一两个月的痛苦煎熬，在胜粦师一遍又一遍地启发引导下，终于悟到了其中的奥妙，逐渐改出了令陈先生、胜粦师和其他老师大体认可的定稿。这次的修改硕士学位论文，历时9个月，先后十易其稿，个人经历了一次学业上的蝉蜕，由此上了学术之路。此后，这样的经历还有过几次，每次都有所提高，对于学位论文的高下有了深入一步的认识。然而，如果没有胜粦师当年的诲人不倦，愚钝如我，要想踏上学术正途，至少还会经历更多的曲折。

不仅如此，这次学业蝉蜕一直影响着我后来的习惯，至今依然。每作一文，都要改到五六次以上甚至十余次，才觉得可以拿出手。发表研究成果，不是走向领奖台，而是献到祭坛上，不能不慎之又慎，乃至战战兢兢。在使用个人电脑之前，每改一稿，就须誊正一次，费时费力。个人电脑的普及，使劳动强度大幅度降低，因为方便，修改的次数越来越多。往往发表之后，甚至结集出版之后，还要根据新出资料和研究进展，不断签注修订。现在一些师友以为我著文甚易，其实自己十分清楚，有数的论文都是挤出而非流出。而且似乎有种偏见，好文章一定是改出来的，尤其是史学论文，必须表述与事实吻合，一气呵成往往只是逻辑畅顺。所以要求自己的学生至少提前半年交出论文初稿，以便充分修改。开始均以为难，而且认为没有必要。直到一遍遍修改下来，仍然难以达到令人满意的程度，才明白时间真的不够。治学是与古往今来有大智慧的人神交，岂能轻而易举？敢于出手，不过是无知者无畏罢了。学人自己缺乏神圣感，又岂能奢望得到他人的敬重？

三　有容乃大

胜龚师对于学问，标准极高，近乎严苛，但作为学术机构的组织者，并不以个人的好恶定于一尊，而是鼓励人尽其长，各显所能。一般而言，有所长者个性往往较强，学界可能更为突出。胜龚师能够兼容并包，善用其长，因此，有助于人人最大限度地发挥潜能。其门下士佳作迭出，所负责的本校几个中国近现代史的学术机构，也稳步取得了长足的发展。

胜龚师的兼容并包，并非无原则的好人主义。除了学术标准之外，无论宽严，都是对事不对人，决不因个人好恶而影响对人事的判断。胜龚师爱才，奖励扶掖后进，不遗余力。即使后来身患重病，卧病在床，还坚持指导研究生，并不断通过电话等方式口授各种推荐意见。对于一些人的某些出格言行，胜龚师也颇为不满，私底下曾当面教训，但在公开场合，仍以提携表扬为主，多取保护主义。旁人往往觉得过于宽宏大量，胜龚师也不无偏爱的成分，不过其所作所为，主要是为了中国近现代史学科的整体发展，尽量避免因处置不当在国内外学术界产生负面影响。

胜龚师提携后进，不仅得到本专业师生的一致赞许，在系、校乃至本省和全国同行当中，也是有口皆碑。曾有在国内某著名研究机构做事的友人谈及，前辈学者尽管见解有所不同，对人对事，大体能够只论是非，不计利害，反倒是新进时贤不能坚守准则，往往但凭利害，是非不分。闻言颇为感慨。胜粦师那一代人，得到老辈学者的春风沐浴，不失君子之风。而后来者经历“文革”的腥风血雨，又被商品大潮冲得斯文扫地，再加上各种评估的威逼利诱，江湖气和市井气渐盛，头上那块用来遮羞的方巾，早已成了自嘲的对象。追忆前贤，只能期望社会发展渐上轨道，学人可以回归学术本位。否则，靠道德自律的学人不能洁身自好，又怎能成为社会的良心？守住身边和心中那一方净土，当是胜粦师那一代学人历经艰难、矢志不渝的最大心愿。

龚书铎先生印象

龚先生是我的座师。1987 年底，我在华中师范大学完成了三年的博士研究生学业，进行学位论文答辩。那时国内具有博士导师资格者为数不多，而各校又特别郑重其事，要求比较高，答辩之事必须在全国范围邀请著名专家，记得那一届请了北京师范大学的龚书铎先生、南京大学的茅家琦先生和湖南师范大学的林增平先生，和章开沅师等共同组成答辩委员会。

我不是第一次见龚先生，还在中山大学攻读硕士学位期间，有一次龚先生和中华书局的李侃先生南下参加学术活动，便中晚上到中山大学和中国近代史同仁座谈。当晚陈锡祺师做主，我也忝附末座。谈话没有具体主题，海阔天空地聊。龚先生一副长者之风，样子与实际年龄有些差距。他自称从中年起，与人交往就时常因此引起一些误会，有的年长者还以为他是前辈，特意表示恭敬。可是后来龚先生的相貌始终没有太大的变化，时间仿佛在他身上停止了运行。30 年间多次见到他，样貌都是始终如一。正因为如此，后来知道他的身体欠佳，并不在意，直到听闻他病重的消息，却怎么也想象不出何以自然规律在他身上还起作用，又是如何起的作用。

华中师范大学的中国近现代史博士点，是该学科由国务院学科评议组评审并经学位办正式批准设置的最早的博士点。我们这一届博士研究生共四人，上一届虽然还有赵军学长，可是当时因为较为仓促，来不及公布招生目录，实际上从我们这一届开始，才公开面向全国招收博士生。那时学位制度恢复不到十年，博士学位的设置还处于逐渐完善阶段，不过学界风气良好，规矩相当严格，答辩的学生与答辩委员之间，除了在正式的答辩会上，没有多少接触的机会。由于没有先例，作为考生未免有些紧张。答辩时龚先生问题不多，措辞严谨，没有随意的褒奖，也不会刻意挑剔，使得内心的忐忑不安逐渐平静。心情放松下来，可以集中精力听取委员们的意见。如今想来，答辩陈述以及回答问题虽然未必理想，但总算是顺利。

20 世纪 90 年代中期以后，我也开始作为答辩委员参与一些博士论文的答辩，虽然这时各地博士点已经陆续有所增加，可是广东偏处南方，在相当长的时间里，只有我所在的中山大学有中国近现代史的博士点，每次答辩，还是要从北京等地请人。京师人文重地，但是可请又能请的人选却并不多，而龚先生便成了经常邀请的对象。由于无须避讳，每次答辩前后，与龚先生多所接谈，更有所请益，对他的经历学识了解渐多。他亲口讲述了在大陆政权转移之际，自己从台湾千方百计回到大陆的曲折辗转，其生动精彩堪比传奇故事。这样的经历在中国学界那一辈人当中恐怕是绝无仅有。

京师学界历来是学术文化中心，虽然国民政府时期迁都南京后，出现文化之都与政治首都相分离的状态，中央大学也一直暗中与北京大学角力较劲，力图争夺首席国立大学的地位，北京（平）的学术文化领先乃至领导地位一直难以动摇。新中国成立后，政治首都与学术文化中心再度合二为一，龚先生长期在此学习工作，亲身接触学界胜流闻人，耳闻目睹各种掌故秘辛，可以说是见多识广。由于自己的研究中涉及新中国成立初期北京史学界的众多人事，其中有的只是昙花一现，前后史事均无脉络可寻，为此多方求教于各校的前辈学人，大都不得要领，偶尔与龚先生谈及，却往往能详细道出来龙去脉，令我喜出望外。

龚先生的学识不仅是个人丰富阅历的经验累积。京师学界的长期浸淫与本人的潜心学问相辅相成，朴实无华的风格之下，却是大智若愚的内敛与沉稳。随着学位制度的发展，全国增设的博士点越来越多，所谓人过一百，形形色色，难免鱼龙混杂，乱相也日渐显现。不要说培养优才，能够规矩不乱已经难能可贵。龚先生门下弟子众多，按照他私底下的说法，不能保证个个成为良才，但决不允许乱来。在如今的体制和风气下，感同身受者都能体会到，守住这样的底线绝非轻而易举之事。能够做到这一点，学养见识必须有过人之处。作为导师，守住的前提是知道根本大体以及各个方面分支的底线何在，才能从心所欲而不逾矩。

史料越近越繁，难以掌握周全。与之相应，史事也更加曲折复杂，立论不难，贯通无碍不易。这对研治中国近现代史的学人是智力和体力的极大考验。由于分身乏术，研治中国近代史的学人在不得不缩短战线之余，还须全力以赴，大都无暇兼顾其他，少有过往文人的种种雅趣癖好。或许是个人的兴致，加上京师人文氛围的熏陶，龚先生喜欢戏剧，而且这种喜好不仅是业余性质，甚至还撰写过元杂剧的书籍。这在专家之学盛行的当今尤其难能可贵。有如此的眼界与学识，才能因材施教，而不是将教人仅仅作为自我的放大。

把握根本与守住底线之余，可以追求技术层面以上的个性发挥。20 世纪 80 年代以后，原有关于唯心与唯物、上层建筑与经济基础的一些教条式解读逐渐被化解，文化研究是其中发挥重要作用的生力军。不过，流行一时的热闹之下，也不免哗众取宠和浮泛附会的种种偏向。龚先生所从事的近代文化史研究，接续中国文史之学的大道，顺应时代变化的前驱，开辟中国近现代史研究的崭新领域，既不畛域自囿，又不随波逐流，看似不动声色，实则蕴含潜力。其说虽然不以新史学自炫，耸动观听，却能够实实在在地先因而后创、温故而知新，并且避免各种华而不实、今是昨非的流弊。循着这样的轨迹前行，学有本源，万变不离其宗，具有无穷动力，自然源远流长，可以枝繁叶茂，松柏常青。

回到晚清再革命

一 渊源

自己的学术生涯一开始就与辛亥革命研究有缘。20世纪70年代末在四川大学读书时，由章开沅、林增平两位先生领衔的《辛亥革命史》编撰组一行人来成都开会调研，川大历史系邀请其中几位学者来校进行学术演讲。恰逢改革开放不久，很少有正式的学术演讲，记得首场主讲人便是开沅师，讲演的内容是关于同盟会成立与华兴会、兴中会、光复会、二十世纪之支那社等小团体的关系。也许当时开沅师已有成稿，讲起来充满自信，条分缕析，层层深入，有着很强的感染力，连对辛亥革命史事知之不多的门外汉，也被深深吸引。后来听过的学术演讲不少，说到印象深刻，还属这一次难以磨灭。

其时川大历史系部分恢复“文革”前的专门化教学模式，通过授课将学生引入研究状态。因此毕业论文确定的时间相当早。

我对中国近代史兴趣较大，又与擅长保路运动史的隗瀛涛老师有些联系，于是在定选题的双向选择中，挑了辛亥革命的题目，并以隗老师作为指导教师。论文从搜集资料到动笔撰写进行得相当顺利，基本没有走什么弯路，按照隗老师的意见修改了两次，便基本得到肯定。这次尝试进一步增强了学习中国近代史尤其是辛亥革命史的意愿。

毕业后考到中山大学随陈锡祺先生攻读硕士学位，陈先生的专长是孙中山研究，而孙中山研究在相当长的时期里与辛亥革命研究密不可分。中南地区的辛亥革命研究会，中山大学的孙中山研究室（所）也是重要团体会员。中大图书馆收藏的晚清期刊，数量之多，在全国各大图书馆中，亦不多见，仔细阅读这些书刊，我开始对清季留日学生的问题感到兴趣，稍后又扩大到国内新式学堂学生和一般知识人的活动，逐渐形成了一些可以深入探讨的题目。后来这些想法大都一一落实，撰写而成的论文，陆续发表后，收入结集的各部专书。

20 世纪 80 年代初的中山大学，硕士也享有入库看书的特权，每日进馆，遍阅包括旧平装书和线装古籍的所有中外文书籍，大开眼界。其间无意中翻到一本 1913 年出版的英文书《龙旗消逝》（J.C.Keyte: *The Passing of the Dragon: The Story of the Shensi Revolution and Relief Expedition*, London-New York-Toronto, 1913），记录陕西辛亥革命以及救援陕北受困传教士的历史，虽然其中的图片已为《中国近代史资料丛刊·辛亥革命》选用，文字内容研究者却很少征引。尤其是关于升允在陕西独立之时曾经与革命军有所交接之事，为各种中文文献所未见。出于训练外文和深究史事的考虑，将其全部翻译成中文。

1981 年，还在硕士二年时，有幸参加了长沙纪念辛亥革命 70 周年青年学术研讨会。倡行者主要是鉴于武汉纪念辛亥革命 70 周年学术研讨会的容量有限，希望为更多的后进提供机会。这一届以青年为主体的长沙会议，影响持续了几十年，如今各校不少研究骨干，仍是那次会议的代表。在三次革命高潮的架构依然主导中国近代史研究的环境下，太平天国和义和团研究领域，都没有出现这样对于新进学人具有持续影响力的学术会议。而后来举办的孙中山研究青年学术研讨会以及纪念辛亥革命 80 周年青年学术研讨会，与之相比似也相形见绌。究其详，因缘时会，辛亥革命研究在那一时期具有更强的内在张力，当为重要原因。

硕士学位论文最后选定以 1905 年以前的国内新式学堂学生为题，因为有了四川大学毕业论文的训练，收集资料，写出初稿不难，可是修改定稿却大费周章。材料太多，史事繁复，而学生作为社会群体的历史又很难将每个个体逐一陈述，如何叙事说理，而不是简单铺陈罗列，对于初学者还是一大考验。在陈先生的指导和陈胜粦师的具体点拨下，历时十月，十易其稿，终于获得通过。经过这次历练，对于掌握历史论文的写作自觉上了一个台阶，对于辛亥时期的历史也有了深入一层的认识。

硕士毕业后，留在中山大学历史系任教。一年后，中国近现代史学科开设了博士点，开沅师是首位由国务院学科评议组通过的中国近现代史博士生导师，华中师范大学历史所是首个中国近现代史博士点单位。我一方面感觉随着教育学术的发展，完整的学位训练势将日益重要，另一方面，硕士论文只写了 1905 年以前部分，此后直到 1912 年清亡，学堂学生群体的人数更多，材料和史事更丰富，社会作用和影响也更大。以前论及近代中国的学生运动，多以五四运动为起点，若能在开沅师的指导下续完晚清学堂学生的研究，将进一步提升自己的研究能力，同时也能将近代中国学生运动的历史向前拉长。

本着这样的期许，抱着试试看的忐忑心情，向开沅师表达了希望入门执弟子礼的想法。由于硕士论文答辩时，开沅师是主席，对我比较了解，很快明确回复，欣然同意。于是我来到武昌桂子山，师从开沅师，开始进行博士阶段的研究。其时开沅师正担任华中师范大学校长，公务繁忙，但是营造了良好的学术氛围。同届的博士研究生共有四位，其他三位分别研究商会、袁世凯及护法运动，大体都在辛亥前后的各个层面，可以经常相互交流。另外，华中师大还有政治学和文献学的博士点，在读的几位也是好谈之士。我的兴趣广泛，常常和他们海阔天空地谈西马和上古生殖文化等等。因为每每吃饭时在阳台聚谈，某日突发奇想，提出可以研究阳台进入中国的历史及其功能的演化。

为学不能满足已有，因而常常要有意识地为难自己，以求突破改变。博士学位论文的选题虽然是接着硕士论文下限继续往下做，硕士论文也得到相当的肯定，可是并不希望仅仅做成硕士论文的简单放大或延续。那时中国的思想界相当活跃，相对滞后的史学界，也引进了五花八门的理论，用于解释历史问题。这些时髦的尝试，如今看来不无幼稚肤浅之嫌，当时却令人耳目一新，年轻人尤为所动。自己也不例外，阅读了从结构语言学到行为科学的各科书籍，试图有用于研究历史问题。不过，历史学的训练还是具有约束作用，一是总想追根寻源，不肯断章取义，二是不愿机械套用，尤其是不愿轻易用于表述，而是努力尝试在研究阶段运用相关原理方法解读史料史事。因此，虽然达不到从心所欲而不逾矩的境界，如今看来还不至于太过令人汗颜。

二 承接

开沅师是中国近代史研究的大家，尤其以辛亥革命史见长。尽管后来另辟教会大学史等新的领域，对于辛亥革命史研究始终挂怀。还在辛亥革命研究如日中天之时，开沅师已经开始思考如何进一步推进提升的取径办法，并多次在学术报告中重点提示。大体而言，其取向包括相辅相成的两方面，一是要扩展辛亥革命研究的视野和方面，如加强官绅商学等社会群体的研究，并着重指出应当大力研究作为革命对立面的清王朝。二是可以暂时跳出辛亥革命的范围，前后左右研究晚清民国史的各个层面。在对整个中国近代史的认识大幅度深化的基础上，将所获成果再转而应用于辛亥革命史的研究，以期能够在深厚积累的基础上，反哺辛亥革命史，使之提升到新的境界。

为了实现这一目标，开沅师身体力行，组织力量，很早就开始着手编辑《辛亥革命资料》新编。攻读博士学位期间，参与了其中英国档案有关辛亥革命部分的翻译。其时英国蓝皮书的相关部分已经翻译出版，两相比较，发觉后者往往于关键部分有所删减，以维护英国的形象。从而意识到辛亥革命研究仍然任重而道远，也体察到比较不同的史料对于历史研究的极端重要。

时间过去三十年，开沅师倡导的第一取向，在他的带领下取得显著的进展，而第二取向，恐怕有些不如人意。离开辛亥革命，多数学人向着各自心中崭新的领域一路迅跑，与初衷渐行渐远，好像不再打算回头，而且也不一定回得来了。日本辛亥革命研究会和中国的中南地区辛亥革命研究会相继解散，虽然原因各异，却反映了辛亥革命史已经从显学退隐，和孙中山研究相似，日渐成了逢五逢十纪念史学的一部分。

出现这样的情形，可以说是大势所趋。只是大势的当否，尚有可议。近年来，被称为中国近代史的百余年历史的研究，呈现时段和层面不断下移的趋势。导致这一趋势的因素，无非是下列各项：其一，域外研究取向的带动。一方面，思想史、政治史、外交史等传统领域遇冷，另一方面，新文化史和新社会史等等日新月异。其二，创新填空的驱动。都希望用前人未见的材料研究前人没有做过的问题。其三，各种新材料的大量发现。这不仅为以新材料研究新问题推波助澜，而且提供了很大的便利。其四，已经前人研究过的部分难度较大，不易下手，难以超越。开辟新途则看似容易达成突过前人的目标。其五，随着时间的推移和资料的开放，原来处于历史研究视域之外的时段几乎可以同时满足上述所有条件，因而越来越成为人们普遍关注的研究对象。

就现状而论，中国近代史的各个领域，很难说哪一块已经研究到了穷尽的程度，无法继续深入扩展，可以束之高阁。与相对成熟的古代史相比，更加显得薄弱。中国近代史研究起步较晚，开始研究者较少，且多从其他方面转入，有些研究者的素质和意识略受限制。后来虽然人数迅猛增加，却又有趋易避难之嫌。在一段时期里，研究历史被以找好工作为目的的学子视为畏途，避之唯恐不及。而不得不读历史的人当中，选择中国近代史的原由之一居然是因为古汉语不好，不能治古代史，外语不好，不能治世界史。其实中国近代史既要古汉语好，又要具备多种外语能力。加之中国近代史的研究原来主要出于政治考量，选择性较明显，架构较为固定，又与时政关系紧密，禁忌和顾忌较多，许多重要的人与事，至今没有得到很好的研究。更加令人头痛的是，材料太多，难以遍览，缩短战线，则容易局促偏狭。如何取得平衡，实非易事。可以说，治近代史其实是对学人天赋功力的极大考验。

所谓近代中国是史料大发现的时代，原来主要是指古代史料的发现远过于历代。至于近代史，除少数例外，基本不在学人的关注之列。古代史的以新材料研究新问题，已经出现一些流弊，引起学界的警惕和批评。其中之一就是人所共知的书都不看，一心只找前人未见书。有时甚至错将常见书当作秘籍，遭到老辈的讥笑。而近代史料极大丰富，研究工作起步又较晚，未经前人过目的材料和较少着手的领域方面较多，学人受错解以新材料研究新问题之说的误导，一味披荆斩棘，而自诩填补空白，其实形同刀耕火种，不懂得园艺式的深耕细作，才是走出粗放时代的必由之路。

治史要想精益求精，必须专精与博通相济。前人披荆斩棘，垦荒拓殖，来者理应在其奠定的基础上反复耕耘，才有望结出硕果。如果只是不断开荒，反到很难走出蛮荒时代。前人尤其是前辈大家的工作，往往抓住本源主干，如大事要人与文物制度。要想超越，应该首先能够接续其研究，然后百尺竿头更进一步。若是一味扩张版图，不能接续既有事业，很可能舍本逐末，得不偿失。应当学习借鉴古代史大家的治学良法，根据晚近史材料极大丰富的特点，加以调适，充分彰显其潜力。否则连接也接不住，遑论超越？而深耕细作不是划分畛域，株守一隅。专家的通论，只能是横通。

治学之道，应当先因而后创，接着做是题中应有之义。学术要想创新，首先必须接得住。开沅师学术视野开阔，涉足的时段和方面甚多，其中尤以辛亥革命史研究最为人所称道。真正的耕耘者其实最能体察所开拓领域的潜力和趋向。他晚年仍一直将新编辛亥革命资料作为重要事业，除了了却心愿，恐怕还有对于来者的期待。

近年来，我有意承接陈锡祺先生的孙中山研究和开沅师的辛亥革命研究。这两个领域从来关系密切，同时并进，可以相得益彰。关于孙中山研究，陆续主持编撰了《各方致孙中山函电汇编》、《孙中山史事编年》、《孙中山思想政见各方论争》，正在编撰《孙中山纪念编年》和《孙中山图像编年史》；关于辛亥革命，从大小历史的不同视角，分别撰写了三本专书，即《走进共和：日记所见政权更替时期亲历者的心路历程》（北京师范大学出版社2016年）、《旭日残阳：清帝退位与接收清朝》（桂林，广西师范大学出版社2018年）及《历史的原声：清季民元的“共和”与“汉奸”》（桂林，广西师范大学出版社2020年）。此外正在主持编撰包括辛亥革命与民国肇建纪念在内的民国重大纪念编年。努力的目标在于，搜集、整理各类新旧史料，深入探究一系列重大问题，并利用亲历者的日记，追寻近代中国政权鼎革之际各色人等的心路历程，作为重写大历史和呈现小历史的开篇，同时在整体联系的脉络之中，展现重要人物重要事件的历史枢纽作用，使得推进孙中山及辛亥革命研究与扩展深化整个近现代中国史研究（诸如晚清史、民初北京政府时期历史以及同时代形形色色的人事）相辅相成。

三 转身

民初乱象横生，社会动荡，康有为幸灾乐祸，将辛亥年写的不合时宜的文章汇辑成《不幸而言中不听则国亡》的小册子，以显示其有先见之明。而一般民众也常常抱怨早知如此何必革命。只是这样针对时势而发的怨言，并不能当成怀念清朝的证据，若是当真回到晚清，他们大概还是会毅然决然发动革命的。

集合概念往往后出，而“辛亥革命”或“辛亥革命史”的说法，则是事件还在进行之际就已经出现。武昌起事后，上海各大报纸对南北战事的胜负极为关注，纷纷开辟专栏，予以重点报道。1911 年 10 月 15 日起，《神州日报》关于武汉战事的报道，除了延续使用“鄂乱”、“湖北乱事”等指称，也明确说是“革命”，甚至出现每天固定的以“辛亥湖北革命史”为名目的专题报道。[①]随着形势的发展，10 月 26 日，《神州日报》又将该专题更名为“辛亥中国革命史”。1911 年 10 月 27 日，《时事新报》也将原来连续 14 天的专题报道“武昌乱事纪”改题“中国革命史”[②]，稍后又以期刊形式编辑出版《中国革命记》。由渤海寿臣编辑，五族民报社 1912 年 6 月出版，汇辑 1911 年 10 月 11 日至 1912 年 2 月 12 日各报关于革命报道的书，书名就叫《辛亥革命始末记》。或者称该书以及同年由草莽余生（廖少游，宇春）编辑出版的《辛

① 《神州日报》1911年10月16日，第三版“特别纪事”。

② 《中国革命史初纪》，《时事新报》1919年11月26日，第三版“特别纪事”。

亥革命大事录》，为最早见诸记载的“辛亥革命”一词，实则这一概念很可能源自《神州日报》的专栏，只不过事件进行中“中国”被凸显，时过境迁，时间的分别更受重视。据《蒋维乔日记》（北京，中华书局2014年），在10月18日至20日之间，上海的商务印书馆已经动议编辑《辛亥革命记》，后来陆续出版时定名《中国革命记》。

能够接得住或是承接得当，必须具有一定的条件，或是需要相当的知识储备，就此而论，开沅师当年提出的扩展范围或暂时跳出，确是远见卓识。之所以敢于承接辛亥革命与孙中山研究这类前人成果相当丰富的老题目，并且希望由此开始重写中国近现代历史，得益于三个相辅相成的方面：其一，相关文献的大规模出版。其二，晚清史等前后左右相关研究的深入拓展。其三，学习和借鉴近代学问大家治史的取径和方法。

治史理应后来居上，不能创新就形同废词，而根本的凭借是史料掌握的多寡和理解的深浅。套用一句流行语，研究历史光有材料是不够的，但没有材料则是万万不行的。21世纪以来，随着国力的增长和学术界出版界的自觉，各种历史文献被大规模编辑出版，就中国近现代史而言，其数量远远超过上个世纪的总和。包括清史工程在内的多种大型资料出版以及网络资源的迅速膨胀，使得相关研究的取材较以往大为便利。虽然一味以新材料研究新问题容易偏蔽，可是没有新材料仅就旧材料反复解释，更加危险。况且，这些公之于世的文献，虽然未必是尘封已久或躲在深闺，但除了少数机缘巧合者，相当多的部分要想接触利用可谓困难重重。大量的时间和精力耗费在动手动脚找东西的上穷碧落下黄泉上面，很容易误以为看得到比读得懂更加重要。治史应以平等眼光看待一切材料，并将新旧材料融汇贯通，进而比较不同的材料以近真且得其头绪。在大量文献容易利用的基础上，可以使读人所常见之书、说人所不常说的话的境界更上层楼。

就《旭日残阳：清帝退位与接收清朝》一书所及范围而论，包括开沅师的《辛亥革命史料新编》以及《袁世凯全集》、《赵凤昌藏札》和多种重要的日记文集，都在其列。尽管这些新编文献未必全是新问世，可是经过整理编排，对于在原有时空位置中还原史事本相和前人本意，大为便利。

治史是在整体之下研究具体，专精与博通互为支撑，因此不能盲人摸象，坐井观天。一味株守一隅，专攻一点，不及其余，做成打洞式的学问，难免偏蔽。个人的学术眼界如此，一个领域或方向的研究态势同样如此。学界如同江湖，高明者大都无门无派，无招无式，即便有所渊源，也要竭力超越，穷其变化。否则，派分就是局限，以固陋为独门奇技，岂不贻笑大方？

史料的大规模出版之外，对辛亥革命史研究直接促进作用最大的，首先当属晚清史研究的显著进展。晚清史与辛亥革命史，时段上高度重合，有时甚至可以说是二而一之事。开沅师最为识者称道的，恰是《翁张交谊与晚清政局》这类侧重晚清史的论著。在以革命为中心的年代，这样别开生面的研究的确令人耳目一新。

近年来，晚清史尤其是戊戌至清亡的研究，取得了长足的进步，诸多方面的成果明显较前深入和拓展。尤其是制度和人事问题，已经开始进入精细化的境界。或以相关研究者人数和发表论著数量的减少作为凭据，认为晚清史研究相对于其他领域还处于滞后状态。其实，学术研究的高下，非但不能以数量多少为断，而且从之者众的热闹，往往是肤泛表浅的表征。这也是中国近现代史的研究者和论著数量早已超过其他各个历史学分支，可是其水准和地位一直颇受诟病的重要原因。

学问之事，往往喧闹的热潮过后，才能渐入佳境。大浪淘沙，留下来的人当中，不乏训练和天分较好，素质较高，性情相宜，沉潜好学，耐得住寂寞的读书种子，正好适应时势的需求，进行精深的研究。经过不懈的努力，整体大幅度提升了晚清史研究的水准，与专人和论著的减少适成反比。由于对清朝的体制人事认识大为深入，为重新探究反清一面的言行提供了重要参照和比较的依据，单就革命势力一面立论的态度方式应当随之调整，这就为深化和拓展对包括革命在内的辛亥时期的历史进程的认识，形成内在驱动力。

中国近现代史的研究起步较晚，其发端又伴随学术之外的种种因素，预设前提的态度、粗放的研究方式以及随时而转的跟风趋时取向，严重影响了研究的格局和水平。在这方面，有必要学习古代史大家的治学经验，努力掌握其卓有成效的治学方法，应用于史料极大丰富的中国近现代史研究。陈寅恪、傅斯年等人倡导并且身体力行的长编考异与比较研究相结合的办法，尤其值得用心揣摩。长编不仅仅是资料排序或编年的初稿，也不像梁启超所说取材容易编排不难，既要在整体脉络中展现前后左右的联系，又要呈现比较不同史料以近真的比勘取舍过程。这不但有助于改变中国近现代史研究观念先行任意取证的偏蔽，以及事实未明急于说理的通病，更能强有力地推动进一步夯实基础，垫高平台，使良法与材料相辅相成，发挥更大的效率，进而由长编考异衍伸发展出良法的变体甚至可以说是变相的新法。

就个人而言，二十余年来进行的庚子勤王、孙中山、近代中国的知识与制度转型等方面的研究，对于重新接续辛亥革命研究不仅具有直接的促进作用，而且其效应相当显著。

着手庚子勤王的研究，其实是编撰《孙中山年谱长编》和准备撰写孙中山传记的副产品，按照长编考异之法将所有资料顺序编排，比较近真，得其头绪，发觉原来的解读几乎完全错误，根本不能将所有材料史事安放到得其所哉的位置。于是拨开迷雾，从头梳理，渐渐水落石出，以致真相大白。而近代中国的知识与制度研究，为集众的工作，参与者数十人，历时二十年，从最初隐约朦胧的雾里看花，到方方面面逐渐清晰，在中学、西学和东学的架构下，依据材料将人事放回原有的时空位置，将思想还原为历史，形成一整套行之有效的做法。这一次重回辛亥革命的努力，前后共得 50 余万字，分成《旭日残阳》和《历史的原声》两本专书，前者基本运用《庚子勤王与晚清政局》的成法，后者则为知识与制度转型研究的挪移。

“文革”的过来人都知道，曾几何时，凡事都好说时代与阶级的烙印，虽然是套话，细想也并非毫无道理。胡适指钱穆、张其昀等人是未出国门的苦读者，部分原因是说他们保留旧观念较多，不能如自己这般改得彻底。胡适的思想是否彻底，见仁见智，但是人在一定的社会环境中生息活动，如果没有外力作用，不易跳出思维的定势。欧洲走出中世纪，尚且如此，经历“文革”的洗礼，观念说话作文，难免留有印记。如今回头阅读早年的作品，一些遣词用字就有显而易见的痕迹。而教书的过程中惊奇地发现，一茬又一茬的青年学子流水而过，这些痕迹似乎在他们身上依然留下印记。不禁慨叹历史教育的基本规则，也有加强贯彻的必要。

长编考异与比较研究相结合，最能体现历史研究视角的相对性，有助于将钱穆所说的历史意见与时代意见清晰分别，并始终保持高度自觉。历史的相对性与所谓相对主义风马牛不相及，主要是指历史亲历者立场态度地位条件各异，所记只能反映其有限的知，必须前后左右多角度全过程比较参看，才能察其大体，把握内涵外延。如此这般，可以有效地防止以时代意见取代历史意见，探究观念事物的来龙去脉，渊源流变。

本书并非全面检讨辛亥革命史及其研究，而是聚焦武昌起事至清帝退位、民国肇建大约半年左右时间里，风起云涌的中国政治舞台上各种势力博弈角逐的历史进程。由此演出的一幕幕大戏，较荧屏银幕的演义何止精彩百倍。现实比魔幻更加变化万千，丰富多彩，而历史本来的变幻莫测，让任何添油加醋都黯然失色。

如果说革命党一方是堂堂正正之师，其他各方留在历史画卷上的则多是侧影和背影，包括清帝黯然退位下台，最后一代王朝寿终正寝。导致二千年的帝制一朝覆亡，进入共和时代，革命固然是主动力，谈判桌上的折冲樽俎，台面下的密谋斗法和交易妥协，同样至关重要。而清朝如何结束，民国如何成立，既有认识还存在不少盲点误区。由共和取代帝制，对于在帝王的灵光笼罩下生存了数千年的中国人，实在是石破天惊的大事。“孤帆远影碧空尽，惟见长江天际流。”望着那些逐渐逝去的背影，总有一种正面相对、仔细审视的冲动。也许这就是史家的天性。

读书篇

大众时代的小众读书法

所谓大众时代的小众读书法，是要向特定读者群提示与读书有关的下列各点：一、历代读书之法。二、读历代书之法。三、一般读书之法。四、读书与治学。自清季改行西式学堂的教学方式，后来又受到故意与前人立异之言的误导，读书逐渐变异为读教科书或是一味翻书找材料，真正意义上的读全书知本意，已是一种奢侈行为。可是对于有志于学的新进而言，要想成为读书种子，应当懂得放眼读书的必要与把握读得懂看得完的门道，读书治学才不至于终生参野狐禅。

一　不懂才要学

编辑《读书法》，是想为大学本科以上程度和一般有志于人文学科的爱好者提供一本方便的参考书，以便寻得门径，可以循序渐进地读懂浩如烟海的古今中外书籍。诸如此类有利于新进学习寻找进入堂奥之道的门径书，共计划编辑4种，已经出版了《近代中国学术思想》、《近代中国学术批评》、《国学的历史》等3种。就今日的普遍程度而言，这类浅显的入门书或许已经有些深难，因而对于以上层级或许也不无参考价值，因为不读书或读不懂书显然已经不是初学者才面临的困惑，只要程度适合，有所裨益，好读书者都不妨翻看。与之相应，还有《程师》一种，尚待编辑。只是对象有所不同。

《读书法》试图向特定读者群提示与读书有关的下列各点：一、历代读书之法。二、读历代书之法。三、一般读书之法。四、读书与治学。这几点虽然可以分开来讲，其实基本是一回事，而且只有明白为什么是一回事，并当成一回事来做，才能真正懂得读书之道。

编辑本书的初衷当然是为后学新进提供一本学习中国历史文化的入门书，但绝不是时下流行的可消费式精神快餐，也绝不如当年胡适提倡整理国故时所宣称的一般中学生也能够参与其事。一味迎合青年娱乐大众的文化商品，在流行与赚钱之余，难免误导和愚弄的无穷流弊，自身也往往陷入趋时即容易过时的尴尬。中国文化虽然一脉相承，未曾中绝，可是随着时间的推移和环境的变迁，深浅的标准也不断发生变化。远的不论，晚清编辑的一些中学教科书，民国时期就升格为大学参考书。而当年胡适等人鼓吹白话文之际所举为力证的宋元明清通俗易懂的白话小说，今日大学文史专业的本科生已经视同难以卒读的文言文。后来严耕望特意为穷学生撰写的治史小书，如今不仅开本放大，内容也不是青年学生容易领会，甚至不少青年教师也觉得有些费解。

所谓入门，含义有几层：

其一，虽然只是入门，仍然不要抱着一看就懂的幻想，有志趣者必须通过认真学习和仔细揣摩才能有所领悟，充斥书肆坊间的那种貌似一看就会的文字和自诩不学而能的办法，大都不过是自欺欺人的江湖骗术。正如学习各种程式化的技艺，除了少数天赋异禀者与生俱来的一往情深，对于绝大多数人而言，长时间不断重复的基础性练习可能相当枯燥乏味，却是培养兴趣逐渐变成内行不可或缺的必由之路。中国传统饱受后人诟病的记诵式学习，道理相同。梁启超所鼓吹的“学问之趣味”，也只能由此而滋生。

其二，入门阶段，必须取法正确，若是行差踏错，走岔了路入偏了门，再努力也是缘木求鱼，甚至南辕北辙，以致终生横逸斜出，参野狐禅。时下学界乱象横生，良材被雕为朽木的情况屡见不鲜。无知者无畏，越是乱来则越是敢于一往无前。一般情况下，读书得法，常常伴随由涩而顺的渐进过程。

其三，入门不过起始，进得门来，可以望见那些浩如烟海、汗牛充栋已是井然有序，但是要想进一步深入堂奥，还须放眼读书。取法得当，读书越多，读懂的可能性越大，读书的能力越强。如果没有高远志向，有书不读，办法再好也是无用。

其四，探寻门径不是专讲方法，如钱穆所说，方法是为读过书的人讲的，对没有读过书的人讲方法，有害无益。因此，博览群书与揣摩读书之法必须相辅相成，读书不富而欲深谙读书之道，绝无可能。恰如要学会游泳不能只在岸上练习，懂得吃饭的方法而不吃则永远不饱一样，读懂书的妙诀便是大量读书。只有多读书，才有可能领悟读书法的奥妙。

本书虽然是为后学新进而编，却不适合浅尝辄止之辈，娱乐游戏之众以及钻营取巧之徒，而是面向有志于学之士。雅俗共赏不过是客观效果，如果刻意追求，很可能上不着天下不着地，流行一时与垂范长久实在不易兼得。那些连《红楼梦》也读不下去且无意读下去的受众未必愿意读，而饱学之士则不必读。若一味以生意眼取舍，旨在向广大微阅读人士提供消费快餐，以为读书法应该一看就懂，看了读书法就可以读懂所有书，未免自欺欺人。诸如此类的娱乐游戏乃至江湖骗术早已充斥坊间，若以一般受众现时的阅读能力为准，而不是着眼于提升其阅读能力，要想读懂历代书乃至一切书无异于痴人说梦。如此，则编辑本书的意义就荡然无存。

二 读书与读教科书

关于读书，宋以来专论不少，清代以及民国时期论述尤多，前人已经编辑过若干种专书，内容各异，取法不一，主观目的与基本取材则不无相似。之所以还要再编一种，一方面是因为从前的选本尚有未能尽意之处，另一方面，则是鉴于读书已成普遍难题的现状，希望借此提示一些读书门道，留住一些读书种子。

当今社会，节奏加快，信息爆炸，令人无暇读书，除了通过各种渠道获取资讯外，只能浏览快餐式的书刊。不仅如此，连习称的上学读书，也早就变了味道。从小学到大学，所谓读书，其实主要是读教科书，很少有机会真正读书。即便进入研究乃至教书阶段，如今通行的做法大概也不大读书。虽然每日少不了或主要是与书打交道，只能说是翻书寻找自己需要的材料，并非读书。作者的立意，全书的主旨，似乎与己无关。如此看来，读书已成一项奢侈之事，许多人一生当中读书的机会甚少，真正通读过的书自然为数不多。

既然读书不多，如何才能读懂，便成为问题。在力求读懂之前，首先应当明白，上学读书，就是要逐渐读懂那些读不懂的书，并且内化为自己的知识。如果一味只看那些一看就懂的书，获取感官愉悦，而美其名曰雅俗共赏、老少咸宜，则无论读多少书，也是低水平的重复，至多增加一些茶余饭后的谈资，很难有知识水平的进步提高。上大学的主要目的之一，就是努力读懂自己原来读不懂的书，使得读懂的书越来越多，读不懂的越来越少。检验上大学收效的标准之一，就是看原来读不懂的书读懂了多少，还剩下多少。以此为准，分为各个学期学年，可以验看提高进步的程度幅度，总体考察，则读懂的书越多，读不懂的书越少，成效越大。如果毕业之际与入学之时读懂书的能力相差无几，则有虚度光阴之嫌。

上大学的学习方式与中小学有所不同，初学发蒙，是从全然无知到逐渐有知，灌输式的教学必不可少，待到由背诵记忆积累起一定的知识，便具备相应的自学能力，可以通过各种形式主动延伸学习和扩展知识。大学阶段则应转变方式，以自学读书为主，听授为辅。大学老师的作用，首先是明道，即探求指示学问整体与分支的渊源脉络，其次则解惑，照本宣科式的授业只不过初级形式。若学生不读书，不问学，教师便只能盲目施教。而一视同仁的讲授无论多么认真规范，其实是最简单省事的办法，起不到因材施教的作用。由于高考以中学教育的内容为据而不以大学教育的需求为准，太阿倒持，以致如今大学本科阶段的教学，已经相当程度的高中化，不仅以课堂听授为主，而且从形式到内容都是高中阶段的延续翻版，学生学习的时间被大量规范化的课堂讲授填满，以至于很少有时间进图书馆系统读书。

当然，学生即使有时间也不愿读书的情形同样相当普遍，许多人在应付课程、交游、上网、闲聊等等之后，如果还有余暇，才随意翻书，而且由于心浮气躁，只看那些容易看懂的书，看不懂的便束之高阁。类似情形在海峡对岸也同样存在，据媒体调查，彼处大学生每天读书的时间平均不到一小时。也就是说，即使对于专门读书的大学生，读书也成为一项业余活动。不从被动转为主动，大学学习的效果自然不佳，学生掌握的知识以及与之相应的能力很难得到切实提升。近年来学生普遍反映大学阶段没有学到东西，原因至为复杂，家长和社会对于大学期望值的错位、大学理念的流失、教师资质的下降等等之外，就学生自身而言，最应该反躬自省的就是是否实现自觉转型，主动学习。被抱进大学的一代要做到这一层，实属不易。

大学阶段，要推动学生改变被动学习的习惯，由耳学而眼学，主动进图书馆博览群书的环节至为关键。尝戏言大学里唯一增值的就是图书馆，其余包括所谓高科技在内，都是高投入高消耗。尽管图书馆的书籍也有一些时过境迁即无甚价值，相当部分的图书随着光阴的流逝反而不断增值。珍本原版典籍产生的视觉冲击效果，很难为其他形式所取代。由于资源稀缺，不仅价格高昂，后设的大学图书馆财力再充足，收藏也极为有限。当然，藏书家与学问家对于书的需求有所分别，有心向学者偏重于后者。时下学生面临的主要问题是不会找书（包括进图书馆和利用网络），也不喜欢看书，而不是无书可看或看不到书。尤其是随着网络资源的日益丰富，坐拥书城已是普遍状况，无书可读的情形一去不复返，而上学不读书的现象却依然是到处的共相。章太炎曾经预言大学不出学问，原因之一，正是鉴于大学只听授而不读书的教学方式。认真读书，正是防止其不幸言中的可行之道。

胡朴安论及1920年代学界的风气，有如下评议："今之学者不求所以自立，徒为虚憍之气所乘，以盗窃为能事，以标榜为名事，不仅文话白话然也，一切学问，莫不如是。于是不知算学而言罗素，不知生物而言杜里舒，不知经史而言崔东壁，不知小学而言高邮王氏父子，无闭门读书之人，只有登坛演讲之人，无执卷问业之人，只有随众听讲之人。演讲与听讲，非不可行之事。然必演讲者对于所讲之学问，有彻底之了解，听讲者对于所讲之学问，有相当之根基。今演讲者自知学问之未了解也，于是好为新奇之说，以博听者之感情；而听讲者不仅无相当之根基，并无听讲之诚意。……真正为学问之宣传而演讲，与为学问之研究而听讲者，可谓决无其人。至其比较稍善者，亦不能由具体之研究，而求治学之条理，或抽其一二枝枝节节为之。此等治学者，一中于欲速之心，二中于好奇之念，盖具体的研究，非穷年累月不为功，且无新奇可喜之说，足以动人闻听。今摭拾一二事，彼此钩稽，甚且穿凿附会，为之者计日可成，听之者诧为未经人道，于是治学者遂有二途：一曰求中国隐僻之书，以比附西方最新之说；一曰求单文孤证，以推翻前人久定之案。尤以翻案之学说，风行一时。”①

时间过去90年，所描述的情形即使不能说变本加厉，至少不见显著改善。那些抱怨在大学期间没有学到东西的学子，不妨自我反省，而大学和教育行政部门也应当作出调整。近年来呼吁改革高考制度的声音不断，不过正如清季停罢科举一样，在欧洲成为文官考试楷模的科举制本身未必非废止不可，今日高考制度的症结，当在上一级学校的考试录取以下一级学校的教学为标准，本末倒置。所谓升学率，不过是皇帝的新衣。中学阶段的学习，

① 胡朴安：《论今人治学之弊》，上海《民国日报·国学周刊》第14期，1923年8月8日。

不能逐渐接续大学的教学，结果导致进入大学后不得不从头做起。而大学不断强化的规范化教学，反而有将学生的学习态度和方式的转型进一步延迟到研究生阶段之势。如果大学教师希望学生忘却其原来所学知识，彻底脱胎换骨，那么，此前的教育就应当全面反省。

三　要读书，不要只读《读书》

端正了基本态度，接下来就是了解恰当的取径和掌握行之有效的办法。

中国有文字记载的历史很长，如何读书的问题，却并非古今一贯地困扰着人们。唐以前受书写材料和相关技术的限制，书籍的种类和阅读的人数，相对较少。而中古自魏晋至两宋受佛教影响，成为中国思想演变的大事因缘，如何解读先秦的原典，先有两汉经古今之争，后来又进一步加入了清人的所谓汉宋之分。

宋儒在中国思想文化史上占据承前启后的重要地位，中庸大道，古今兼顾，考据义理并行，中外相辅相成，读书讲学并重，很有些相反相成的辩证意味。随着造纸和印刷术的发展普及，宋儒开始着重关注和讲究读书法的问题，力求既能正确理解原典，又可充分吸收外来文化而有所创获。明代偏重讲学，流弊所及，以致空谈误国。有鉴于此，清初诸大儒提倡读书，不以讲学为然，影响所及，有清一代风气重读书而轻讲学。清代可以说是继宋之后又一特别讲究读书的时代，无论学校还是书院，讲学之事越来越少。进学主要是读书，而非听授。

晚清中西学从冲突到共存，始终无法兼收并蓄。科举改革，主要是试图解决中西学两套系统如何兼容的困扰。停科举兴学堂，等于在经历了夷夏大防、中体西用之后，中西学的地位乾坤颠倒，不仅事实上用夷变夏，而且形式上以西学为优为尊。清季改科举为学堂，本意是培才与抡才合于一炉，实际上不得不将中学纳入西学。学堂里按照西式架构设置的科目课程，不仅变读书为读教科书，而且主要的教学形式由读书改为听授。与之相应，中学内容不得不以西式分科为模范，分门别类编成教科书，以适应教学的需要。而学术的分科与学制的分科相互影响，中学里面貌似文史政经的部分被西学吸纳，至于找不到适当对应的经学，在经历了一圈进入学堂的巡游之后，尴尬地退出历史舞台，逐渐被其他学科所分解。

清季民初的输入新知确有全盘西化之势，两宋和明清之际诸儒取珠还椟以免数典忘祖的苦心孤诣，变成高扬西化大旗的挟洋自重。民国时期讲学之风再度兴起，便是借助多位来华西哲的西风而成弥漫之势。再加上明治后新汉语的大量输入，用印欧语系的语法条理中文，以及以白话文取代文言文，看似一脉相承的中国文化实际上出现明显深刻的断裂，造成古今的隔膜，如何用学堂里学来的知识解读历代文献而不至于穿凿附会，成为令有识之士头痛不已的一大难题。

尽管西化蔚然成风和讲学盛极一时，汉语言文字和历代典籍毕竟是绝大多数国人知识的源泉以及汲取外来新知的凭借。为了解决沟通古今中外的难题，民国时期学人尤其好讲读书法，名目繁多的读书杂志层出不穷，作者贡献自己的读书心得和经验，介绍各种新书，提示中外名著的要义以及阅读办法，激发一般读者看书的兴趣。可是久而久之，却使得一部分读者将读书类的报刊文章当作书来读，将后人的认识当成原作的本意和全貌，反而有碍于读书解书。所以曾经戏称要读书，不要读《读书》，意思就是不要将读书类的报刊等同于原著，不能以阅览《读书》来代替读书。这与不要将教科书当作书来读一样，旨在强调不要误以为后人的认识都是当时的事实。同理，阅读《读书法》也不能替代读书，任何读书法，只能提示读书的门径，只有读书的人，才能用得其所。

此说引申而言，一切后来的认识，包括注疏、解释、导读、教材等等，在看似方便读者的同时，也难免增加了误导的可能，或是限制了后人的思维。从清代梳理历代文籍，到今日的古籍整理，在增加所谓含金量的驱使下，用力越大，错误越多，文本的内涵越是难以得到充分释放。傅斯年正是鉴于后来附加于史料的成分越多，可信度可能反而越低，才断言材料越生越好。史家的功能之一，就是剔除各种附加成分，还原文籍本意和事实本相。可见，要想尽可能充分地让文本的意思得到释放，最好的方式，就是使之素颜直面读者。

即使按照读书与治学分为不同阶段的观念，作为基础性的读书也并非轻而易举可以讲好之事。在好讲读书治学方法的近代学人当中，胡适尤其喜欢金针度人。可是，深入浅出如果流于浅薄，就容易误导众生。1928年，清华研究院毕业的陈守实“无聊中阅胡适《读书》一篇”，在日记中写道：“此君小有才，然绽论甚多，可以教小夫下士，而不可间执通方之士也。”[①]读书高明者，所讲读书法才能得其要领，而善读者既不做两脚书橱，也不以专家自诩，而是精博相济，繁简两宜。

一时代要学问好，建树多，首先要育人，出人才能出货，有高人才会有佳作。而史学面向今天以前的一切，必须绝顶聪明的人下笨功夫，即使天纵奇才，也非经长期训练积累不能奏功。所以钱穆说读书要志向远大，虚怀若谷，否则读不进，参不透。人才可否成群结队的来，固然有时代、环境等等机缘，不可强求，师资的良否也是关键因素之一。而师资同时又是治学的主体，一身二任，关系重大。抗战结束时，王重民鉴于学界乱象，希望胡适办研究院，连二掌柜一起收。“要教习翰林，还要把作教习的人，给他们一个学习的机会，或者不得不学习的机会，则学术的生长点上，方有不断的新的进步。”[②]尽管胡适好讲方法，后来影响也大，在见识稍深的学人看来，未必是拨乱反正的最佳人选。只是仅仅

---

① 陈守实：《学术日录［选载］·记梁启超、陈寅恪诸师事》，《中国文化研究集刊》第1辑，第429页。

② 杜春和、韩荣芳、耿来金：《胡适论学往来书信选》上册，石家庄，河北人民出版社1998年，第302页。

以学问为职业而非事业志业者，与小夫下士相差无几，胡适的治学方法也就足以成为他们暗自参考的枕中秘籍了。这也是胡适可以为一般人树立新的学术典范，而近代高手大家治学却并不经过亦不遵循其所创范式的要因。

四 书多终有读完时

古今中外的书籍数量庞大，一般读者当然无须尽阅，也无暇博览，无力通读，但是对于有志于学者而言，读完书却不仅是应有的抱负，也是实现理想的必由之路。

读书必须志向高远，才能沉潜持久。钱穆说过："为学标准贵高，所谓取法乎上仅得乎中。若先以卑陋自足，则难有远到之望。标准之高低，若多读书自见。所患即以时代群趋为是，不能上窥古人，则终为所囿。从来学者之患无不在是，诚有志者所当时以警惕也。"①

有志者事竟成，书再多，只要持之以恒地坚持读下去，总有读完终卷之日。况且书籍的形成及其传衍，自有其历史脉络，数量再大，也是有迹可循，而非无法可读。中国历代典籍种类卷帙之多，在世界之林或可称最，可是善读者却说30岁以后即无书可读，而不得要领者却终生如牛负重。

---

① 致唐端正书，《钱宾四先生全集》第53册，台北，联经出版事业公司1998年，第456—457页。

诚然，今日的国民教育体制，有分段约期递进的时限，教人先读教科书，然后进入专题研究，在大量课程的压力下，即使到博士研究生阶段，也基本没有阅读教科书或讲义以外的真正读书，更不要说有充裕的时间放眼读书，加之训练有限，学生读书的速度和读懂的能力都明显不足，一般情况下亦不敢或不愿尝试缓不济急的放眼读书。好在学习阶段，还有老师指导把关，虽然未经博览群书，若得良师随时提示指教，一定程度可以弥补读书的不足，不至于乱读胡解。当然，若是不读书之人教书，横通妄言，势必误人子弟，贻害大众。随着老师宿儒的逝去，由今日通行教育方式培养出来的学人，好以自己的经验为治学的要诀，传授弟子，鼓励其择一前人未曾着手的领域，长期钻研，美其名曰占领制高点。可是在占山为王的取向下，因为没有整体观念，不能衡量高下当否，难免误以洼地为高峰。退一步讲，开垦一座荒山，固然有其价值，但是否当了山大王就是占领制高点，也大有可议。胡适当年倡导大胆假设，小心求证，萧公权便意识到可能出现看朱成碧的误会，主张在大胆假设之前应有一放眼读书的阶段，以免将天边的浮云误认作树林。凡此种种，都表明博而后约的法则仍然不可逾越。拖延越久，则后遗症越重，或举步维艰，或不断重复，或盲目冲撞，学问难以精进。

虽然现代教育体制下很难循着先博而后约的正途大道，无法读完书再做学问，早已让章太炎等人断言大学不出学问，还是应该尽可能多读书，并且设法掌握读书的技能。本科阶段，应该读懂基本书或必读书。各种学问均有基本典籍，熟读大书，又知渊源流变和条理脉络，即可执简驭繁。蒙文通认为：“做学问必选一典籍为基础而精熟之，然后再及其他。有此一精熟之典籍作基础，与无此一精熟之典籍作基础大不一样。无此精熟之典籍作基础，读书有如做工者之以劳力赚钱，其所得者究有限。有此精熟之典籍作基础，则如为商者之有资本，乃以钱赚钱，其所得将无限也。”[①] 此说不乏具体范例，清华国学院的姜亮夫在成都高等师范时受教于赵熙、林思进、龚道耕等人，他回忆道：

“我一生治学的根底和方法，都是和林山腴、龚向农两先生的指导分不开的。他们特别强调要在诗、书、荀子、史记、汉书、说文、广韵这些中国历史文化的基础书上下功夫。他们说：‘这些书好似唱戏的吊嗓子、练武功。’并形象地指出读基础书就像在大池里栽个桩，桩子栽得稳，栽得深，满堂的浮萍、百草都会同桩子牵上，乃至水里的小动物也属于这杆桩子了。龚先生还说，由博反约这个约才能成器，不博则不可能有所发现。得林、龚二师之教，我在成都高等师范那几年，便好好地读了这些基础书。这点，为我后来的治学，得益确实非浅。”[②]

在保证熟读基本书的基础上，或者说为了更好地理解基本书，可以适当放宽阅读范围。放宽不等于盲目随意，最好是围绕研究

① 参见蒙默编：《蒙文通学记》（增补本），北京，生活·读书·新知三联书店2006年，第3页。

② 《姜亮夫自传》，晋阳学刊编辑部编：《中国现代社会科学家传略》第1辑，太原，山西人民出版社1982年，第251—252页。

的题目前后左右延伸。傅斯年曾经批评留学生乱读书："此时在国外的人，囫囵去接一种科学的多，分来去弄单个问题的少。这样情形，不特于自己的造诣上不便，就是以这法子去读书，也收效少的。读书的时候，也要以问题为单位，去参考书。不然，读一本泛论，再读一本泛论，更读一本泛论，这样下去，后一部书只成了对于前一部书的泻药，最后账上所剩的，和不读差不多。"[①]理不清条理头绪，犹如一团乱麻，自然分不出轻重主次。

以问题为单位，由博返约，适宜于研究阶段精读西书，但对于新进之人也会产生漫无边际无所适从的困惑。昔人读书，以目录为门径，由目录入手。"凡目录之书，实兼学术之史，账簿式之书目，盖所不取也。"读其书而知学问之门径的目录书，只有《四库提要》和《书目答问》"差足以当之"[②]。这两种书成为晚清民国时期不少成名学人早年自修的指引。所谓学海无涯，很难无师自通，没有师承，也只是说不一定拜师入门而已，若无高人指点，大都盲人摸象。为师的作用在于明道，不仅要指示读书治学的一般轨则，更须具体讲究学问整体和各个部分的渊源流变。张之洞鉴于"读书欲知门径，必须有师，师不易得，莫如即以国朝著述诸名家为师"，所编《书目答问》特附《国朝著述诸家姓名略》。清代学人曾经系统整理历代书籍，故"知国朝人学术之流别，便

① 傅斯年：《刘复〈四声实验录〉序》，欧阳哲生主编：《傅斯年全集》第1卷，长沙，湖南教育出版社2003年，第419页。

② 余嘉锡：《目录学发微》，刘梦溪主编：《中国现代学术经典·余嘉锡　杨树达卷》，石家庄，河北教育出版社1996年，第13、24页。

知历代学术之流别，胸有绳尺，自不为野言谬说所误，其为良师，不已多乎”[①]。历代学术经过清人的条理和谱系化，固然添加了清人的时代意见，却也指引了门径和途则。尤其是清代学风受顾炎武等人的影响，反对讲学，鼓励读书，编撰《四库总目提要》和《书目答问》这样的目录书，使得后学者一书在手，不啻于获得读书的钥匙，可以循序渐进，自学成才。所谓指点迷津，金针度人，此之谓也。

读书须明道，所谓明道，包括人与学的传承的渊源流变。辨章学术，考镜源流，不能仅仅将目录简单地当作簿记索引看，而要即类求书，因书究学。其要旨包括四个方面：其一，窥知门径，可以逐渐登堂入室。其二，把握学问的整体及其来龙去脉的大势。其三，可知全系统与各部分的关系。其四，可辨主干与枝蔓，分别主次轻重，有选择地着重阅读原创性的经典，以求执简驭繁。

前贤法古尊圣，以学问为天下公器，著书大都述而不作，着力于注疏解释发挥圣言旨意，真正原创性的典籍，为数有限。这倒不一定是先圣智慧超凡，而是在书写条件有限的情况下，反复琢磨自然、社会、人生及其相互关系的最基本和最主要的道理，并以极为精炼的文字表达出来。即便读书一事，基本要旨既经指出，后人不过领会发挥而已。而且，既然圣言已成放之四海而皆准的公理，而非一家之言的私议，就不必详细注出，也没有所谓著作权的概念。老师宿儒之所以过目成诵者不乏其人，凭借之一

① 范希曾编：《书目答问补正》，南京，江苏古籍出版社2000年，第302页。

即在于熟记原创性典籍。一些中外学人于此有所误解，用当今通行的西式观念，断为前人好抄袭沿用，进而追根寻源，穷追不舍，看似旁征博引，其实形同废词。因此，只要熟读原典，再看其余多数著述，可以如风扫残云一般席卷而过。

古人识字与背书相辅相成，不仅识字快，而且记诵深。循序渐进，终生受用。若有家学渊源，更是锦上添花。所以老辈学人治学，成竹在胸，又能相对地贯通各层面，自然拿捏得当，游刃有余。清季教育革新，推行西式学堂，即使所谓“私塾”，也比照学堂，大加改良，基本典籍不再是一定阶段识字讲书的凭借。古文虽是文言，看似书面语，却讲究声韵，因而读书是要发出声音的，诘屈聱牙，读不顺则文不通。近代改文言为白话，号称我手写我口，读书反而变成默认。缺了童子功，单靠后天弥补，往往事倍功半。由于近代以来西学新知取得压倒优势，中学不得不按照西式分科重新编排安置并据以实施传承教育，误读错解中学的问题一段时期内看似无碍大体，甚至利大于弊，而各种技术手段的日新月异，或许可以提供权通的办法。只是技术的发达不仅不能取代读书，反而更要讲究读书，否则一味仰仗技术进步而不谙读书之法，容易走火入魔。读过书的人利用新技术可以如虎添翼，若是不读书而滥用，则有百害而无一利。

今人大都简单地以为中国传统目录学所言只是图书分类，而非学术分科，晚清以来，受到西式分科治学的影响，才将四部与七科相对应。固然，以为近代学术转型是从四部到七科，很大程度上是误解中西学术及其相互关系的格义附会，但是以为中国固有的目录学只是图书分类，同样受到西式分科治学观念的制约，而对传统学术有所误解。如果目录书起不到提示即类求书、因书究学的作用，过去学人能够缘此进学就有些不可思议。关于此节，宋育仁明确指出："古学是书中有学，不是书就为学"，"学者有大义，有微言，施之于一身，则立身行道，施之于世，则泽众教民。……今之人不揣其本，而齐其末，不过欲逞其自炫之能力，以成多徒，惑乱视听。既无益于众人，又无益于自己。凡盘旋于文字脚下者，适有如学道者之耽耽于法术，同是一蛊众炫能的思想，乌足以言讲学学道，适足以致未来世之愚盲子孙之无所适从耳。"[①] 钱穆也说，不把书籍作学问的对象，其实是过于主观自信的表现。虚心读书，积累系统知识，才是向学的正道。只是今人翻看目录学书籍，大都感觉茫然，只能当作索引找书，很难把握其中指示的系统。而书中有学，因书究学，恰是中国目录学与西式索引本质不同之所在。

五　如何读得懂

看得完之外，更重要的是读得懂。今人阅读历代书籍文献，大都需要借助预设的架构观念，而且还是挑拣自己想要的片段，不然的话，很难看懂本来和整体的意思。而各种预设，基本上都

① 问琴：《评胡适国学季刊宣言书》，《国学月刊》第16期，1923年。

是后出外来，除非穿凿附会，否则与前事本意适成凿枘。

清季以来，朝野上下为了将中西学熔于一炉，经历过纳西学于科举和纳中学于学堂的调整转变，结果等于用西学的架构肢解重组中学，学堂读书逐渐变为读教科书，而教科书的观念体例往往取自域外，不过是外来后人的认识而已。将教科书所说内化为知识，误以为教科书所描述的就是事实，流弊深远。民国时期流行一时的用科学方法整理国故，用西洋系统条理中国材料，将中国原有书籍统统视为无系统的断简残篇，而非学问的对象，进一步造成强古人以就我的偏向。加上多将前人著述当作史料，无视作者的主观用意，所有的意思必须以后来观念重新认定，结果更加积重难返。古今之间隔着中外这一重，等于戴上西式有色眼镜，虽然善于借助新进观念方法者对于古籍可能有新的或进一步的解读，可是若生搬硬套，所解读的意思难免扭曲变形。

如何才能与古人沟通，程度不同，主张各异，如果奢望多数人能够做到，只好翻译成当今通行的语言。如此一来，固然能够起到引起普遍兴趣的作用，可是经过几重转换，难免扭曲古人的原意，容易造成误解。对于一般读者而言，只要了解大意即可，不必深究，即使有所错误，也无伤大雅。但是对于有心向学之士，就有可能误入歧途而不自知，以致贻误终生。没有理解古人的本意，不读书、少读书或只读当下懂的书，要想提高读懂的能力就只能是刻舟求剑。书只有读，才可能懂，读得越多，懂的几率越大。将难读难懂的书读懂，阅读能力才会不断提升。恰如发蒙的学童，如果只拿其看得懂的文字作为编辑教材准则，岂非终生目不识丁？

要想读懂文献的本意，避免用后来的观念解读前人前事，必须努力接近作者及其时代，不见古人面，须懂古人心，若需仰视才见，则只能猜来猜去，很难沟通理解。具体做法可以尝试如下几点：

其一，读书先逆行而上（尤其注重民国、清代、两宋、两汉、先秦等关键时代），再顺流而下，回到无的境界，探寻有的发生及其演化。

今人以为古典难读，实则经过历代注疏，大都可以通解。当然，也难免掺杂后人的观念意见。先逆上去的好处，一是行文习惯近今，逐层上溯，可以逐渐熟悉，功力不深者或许看得下去；二是可以发觉后人渐次附加的意思以及前后不一的渊源流变，力求接近前人而不带后来的意识。等到能够回到没有后人附加成分的状态，理解各种学说观念的原生形态，再顺序看下来，可见后来层累叠加的演化。如此，则能够顺时态解读历代文献的本意，进而了解把握各种学说观念发生演化的历史轨迹。

其二，以俱舍宗治俱舍学之法，循着前后左右无限延伸的具体联系，了解把握文献的本意与史事的本相。

据说当年欧阳渐研治俱舍学，三年不成，后来沈曾植告以应从俱舍宗入手，结果三个月即通。此事不仅提示一般读书之道，对于阅读中国文籍，尤为关键。中国素重伦理政治，罕有形而上的抽象思维，各种思想学说，均有具体的时空人等项要素，要前后左右读书以通语境，由求其古以致求其是，尤其要将影响思想学说生成演化的所有具体要素全面掌握，循序展开相关历史的全过程和各方面，力求在重现史事的进程中呈现思想言说的本意及其流变。正如陈寅恪所说："夫圣人之言，必有为而发，若不取事实以证之，则成无的之矢矣。圣言简奥，若不采意旨相同之语以参之，则为不解之谜矣。既广搜群籍，以参证圣言，其言之矛盾疑滞者，若不考订解释，折衷一是，则圣人之言行，终不可明矣。"[①]这对于主张但凭己意直面文本而欲求其是的高论大言，可谓当头棒喝。而要将思想还原为历史，解今典究实事至关重要。

其三，要读通篇，知本意。

读书应当首先读懂全文本意，不可全当翻检材料。为此，读书要虚怀若谷，力求理解前人通篇的本意，不要设定架构，先入为主，断章取义，穿凿附会。也就是说，读书是要读出作者的意思，而不能一味挑拣自己想要的材料。若存了前人无本意、不可求的成见，读书再多，也犹如"以明清放浪之才人，而谈商周邃古之朴学。其所著书，几何不为金圣叹胸中独具之古本"[②]。六经注我式的强古人以就我，不过是借古人之口来表达自己的意思，不仅难脱好依傍的积习，而且是看似自信实则自卑的表现。所谓

① 《杨树达论语疏证序》，陈美延编：《陈寅恪集·金明馆丛稿二编》，北京，生活·读书·新知三联书店2001年，第262—263页。

② 陈美延编：《陈寅恪集·金明馆丛稿二编》，北京，生活·读书·新知三联书店2001年，第258页。

自信，即自以为胜过古人，所谓自卑，则是不敢直言己意，而要托庇于古代圣贤以张大声势。

读不懂典籍又喜欢望文生义地理解域外学说者有两说，一是历史不过人们心中的历史，二是古书无所谓本意。关于前者，其实是误会第一历史与第二历史的分别，史实即所谓第一历史须由历史记述即所谓第二历史加以展现，任何历史记述都不完整，有视差，因此历史认识与本事只能近真，难以重合。但这并不能否定历史事实的存在，也无从改变其任何形态。关于后者，熟悉域外中国研究状况的余英时教授断言：

我可以负责地说一句：20 世纪以来，中国学人有关中国学术的著作，其最有价值的都是最少以西方观念作比附的。如果治中国史者先有外国框框，则势必不能细心体会中国史籍的“本意”，而是把他当报纸一样的翻检，从字面上找自己所需要的东西（你们千万不要误信有些浅人的话，以为“本意”是找不到的，理由在此无法详说）。①

其四，要由书见人，知人解书。

读书应当了解把握作者行事著述的习惯风格，揣摩其人其学在历史脉络中的位置，所属时代风尚与人的做派、学的趋向的相关性以及前后变异，也就是说，理解书的本意不仅以学为断，更以人为判。对不同书的解读要因人而异，若一概而论，则势必肤浅外在。知人与解书应当相辅相成，才能领悟本意。近代崇尚科

① 余英时著，傅杰编：《论士衡史》，上海，上海文艺出版社1999年，第459页。

学化的学人一度批判中国学术不以学分而以人分，其实这恰好是研究中国学术的一大关键。

学人著述，心中或显或隐的言说对象往往不止一重，心思越是细密繁复（如陈寅恪），或是故弄玄虚（如好小学的太炎门生），则言说对象越是复杂，层面越是丰富。阅读此类文献，能够揣摩到那一层，实在考验读者。若不能层层揭出，领悟其具体所指与要旨所在，读懂本意，便是空话。由于读书不细，或学力不足，看不懂他人著述，又好妄加揣度，常常曲解人意，不仅故意挑剔，甚至深文周纳，借批判以扬名。诸如此类的解读，既不符合文本的纸面意思，距离作者心中所想更加离题万里。有时则明明意思显然，却故意混淆抹杀，非但以狗尾续貂为临门一脚，还自诩佛头着粪是满树新花。

宋儒和明末清初诸名士，深受佛教和耶稣会士的影响，却要取珠还椟，以免用夷变夏；清季西学东学相继涌入，与中学相互参杂，发生变异。如有鉴于此，还须沟通域外，由文本而语境，比较解读，才能得其头绪，条理史料史事可以具有统系且不涉附会。当然，这类书比较难读，仅从字面望文生义，固然隔膜，追究历史渊源，则实证未必是实事，而实事却往往不得实证。

六 读书与治学

古人读书与治学本为一事，孔子说：“古之学者为己，今之学者为人。”后人解读为“古之学者纯意于德行，而无意于功名。今之学者有意于功名，而未纯于德行。至其下，则又为利而学也”。范晔指为己是因心以会道，为人则凭誉以显扬，前者为了完善自己，后者旨在沽名钓誉。因此晁说之说为己其终至于成物，为人其终至于丧己。或将陈寅恪“读书不肯为人忙”的意思，解读为要有创见，显然还存在不小的距离。

这样泾渭分明的区别，后来却有些含糊其辞，以致演化为读书为己之后应当为人。胡适在《略谈人生观》一文中，从王安石的诗文找出其为己的个人主义人生观，认为王安石曾将古代极端为我的杨朱与提倡兼爱的墨子相比，说：“为己是学者之本也，为人是学者之末也。学者之事必先为己为我，其为己有余，则天下事可以为人，不可不为人。”并且解释道：“这就是说，一个人在最初的时候应该为自己，在为自己有余的时候，就该为别人，而且不可不为别人。”这样的解读，如果作为读书之道，显然与孔子的意思差异甚大。

今人或盲目望文生义，或有意别出心裁，将读书为人说成是贡献于社会，提出读书有为知、为己、为人的三为说，而且宣称三为之中，为知为己比较容易被常人理解，为人则必须有大胸怀和大抱负。如此一来，为人的境界犹在为己之上许多。只是此为人非彼为人，言辞相同，意思迥异。或者进而称有为己之学，有为人之学。读书得间，自出机杼，成一家言，此为己之学；汇编史料，译介经典，制作索引，泽被天下后世，此为人之学，并以兼及二者为上佳。诸如此类的转义，与胡适等人所说又有分别。虽然各有凭借理据，可是容易混淆读书为己的本意，看起来反而为人较为己不仅先后秩序有别，而且境界犹有后来居上之势。当然，也有人不愿模糊分际，晚清放过广东学政，又长期主讲上海龙门书院的刘熙载就依然坚持为己为人不可混淆，断言：“学有九分为己，参以一分为人，则此一分便能移掇九分一同向外，最可怕。”（《持志塾言》）

即便按照读书为己之后为人的说法，也应该读完书后还有余力和创见才能有所撰述。这样的取法，今人听来或有故标高的之嫌，不仅压力之大无暇读书，取径之偏无缘读书，甚至被人误导以为不必读书。1928年，正式主持新建历史语言研究所的傅斯年鉴于“西洋人作学问不是去读书，是动手动脚到处寻找新材料，随时扩大旧范围”，针对中国传统治学首重读书的风气，明确宣称：“总而言之，我们不是读书的人，我们只是上穷碧落下黄泉，动手动脚找东西！”还要用找东西的成果，更“改了‘读书就是学问’的风气”。[①]

傅斯年此番言说的对象，其实是史语所那些读过书且训练有素的学人，同时高揭旗帜，划分壁垒，借以排斥那些在他看来不能扩张材料而想进入史语所的读书人。可是对于所内的新进后学以及社会上的好学青年，仍然产生不小的流弊。民国以来，不仅

① 《历史语言研究所工作之旨趣》，欧阳哲生主编：《傅斯年全集》第3卷，长沙，湖南教育出版社2003年，第6—12页。

学生只读教科书而不读书，学人也只是为了写书而翻书找材料。普遍而言，今日之学界，读书就是学问的风气已经荡然无存，如西洋人那样不读书而一味找材料则成为时趋常态。

当然，近代学人不读书而一味找材料的风气，并非始于傅斯年的旨趣。此前王国维批评胡适的整理国故，担心之一，就是“胡先生想把国学开出一细帐来，好像是索引，一索即得。但是细帐开好后，大家便利了，也就不读书了”。[①]为此，萧公权主张在假设与求证之前，应有一放眼看书的阶段，以免“思而不学则殆”[②]。到了抗战期间，民族危机促使学人重新检讨战前学术风气的偏蔽，以及学术的社会功能。1941年4月，钱穆应邀在江苏同乡会演讲“我所提倡的一种读书方法”，批评“现在人太注意专门学问，要做专家。事实上，通人之学尤其重要。做通人的读书方法，要读全书，不可割裂破碎，只注意某一方面；要能欣赏领会，与作者精神互起共鸣；要读各方面高标准的书，不要随便乱读。……读一书，不要预存功利心，久了自然有益”。[③]

按照君子协定，“中研院”史语所不治近代史，很长时期近代史领域由社会所经济所兼顾。可是傅斯年的旨趣对于近现代史的研究影响尤其大。如果说古代史领域不读书而一味找材料的问

① 蒋复璁：《追念逝世五十年的王静安先生》，《幼狮文艺》第47卷第6期（1978年6月）。

② 萧公权：《问学谏往录：萧公权治学漫忆》，上海，学林出版社1997年，第70页。

③ 严耕望：《治史三书·钱穆宾四先生与我》，沈阳，辽宁教育出版社1998年，第242页。

题也有日趋严重之势，毕竟文献有限，多翻亦可以熟悉，而在一般人认为书多读不完的近现代史领域，不读书而一味找材料几乎成为理所当然的正确取径，读书治学反而成为例外。清代以来，史料大幅度扩张，图书、档案、报刊、民间文书、影像资料和口述史料等等，每一项均超过此前历代文献总和的百倍以上。加上各种文献不仅数量庞大，形式内容多样，而且大都未经过认真梳理解读。而晚近史料史事繁杂，各种可能性激增，大量今典本事，解读起来较古籍更加困难。所谓放眼读书，如何实现？

面对既读不完也读不懂的现实，在专精与博通的两难取舍之间，学人往往倾向于前者，连陈垣等详于文献的老师宿儒也主张缩短战线。本来缩短是由于人力所不及，不得已退而求其次，相沿成习，居然演变为成名捷径。学界通行的抢占制高点之说，成为师弟口耳相传的心诀。可是读书治学，志向高远才能有成，若以为书太多读不完而干脆放弃放眼读书的努力，开头即囿于一隅，一味窄而深的结果，不仅必然偏，而且容易错。断代和分门别类的小圈子自成一统，日积月累，形成集体无意识，不能察觉偏蔽之所在，更无法探寻致蔽的根源和除蔽的门道，反而不断强化先是自娱自乐继而自欺欺人的所谓行规。这样破绽百出、衣不蔽体的乞丐装看似时髦，在放眼读过书、治学胸有成竹的高人看来简直就是难以遮羞的破渔网，何谈八面受敌，滴水不漏？

读书少而著述多，为时下学界通病。读书不够，主要表现有二，其一，未经放眼读书的阶段，即以过于狭隘的知识做凿空蹈隙的专题。不仅见木不见林，甚至将天边的浮云误认作树林。其二，不读书而一味找材料。以今日出版的不断加速以及网络资源的极大丰富，学人坐拥书城的梦想早已成为普遍的现实。遍览群书，可做的题目俯拾皆是，即使近现代史，也罕有完全不能下手的问题。但找材料不读书，则家有金山，却沿门托钵，踏破铁鞋得来的珍馐美味，或许不过是珍珠翡翠白玉汤。

学人应当多读书，不能只是为了写书而翻书。为写书而翻书，即是不为己而但为人的表现，等于不读书而一味找材料，往往有先入为主的成见目的，并据以权衡取舍，难免看朱成碧的危险。尽管如今读完书再做学问已是奢求，毕竟没有整体，具体很难把握得当。所谓非碎无以立通，前提还是放眼读书，然后由博返约，整体之下研究具体，并非由碎开始，以碎为通。通与碎的关联，全在于能否拿捏适当，得其所哉。将局部放大为整体、将局部等同于整体或用个别片断拼凑成整体，都是想通而不能通的表现。专题研究有通与不通之别，宏观通论也有胡言乱语与贯通无碍之分。

对于有志于学者而言，放眼读书的好处无穷，概括列举，至少有五方面：1. 能从常见材料查知真历史，不一定要踏破铁鞋找前人未知，却能敏锐捕捉和善于应用新出材料。2. 无须竭泽而渔。一般而言，用五成功夫可得八分材料，再用五成功夫只能增加一成或一成半材料，另有一至一成半只能阙疑以待。做什么即看什么，由于不知大体边际及脉络底细，仿佛暗夜摸黑，总感到茫然忐忑，不知究竟要看到何种程度才能掌握事实本相的来龙去脉。

经过放眼读书，则用五成功夫已经了然于胸。3. 大体不错。一味找材料容易先入为主，只见确证，不见反证。以晚近文献之多，筛选过滤出来的材料即使偏于一端亦往往能够立论，虽然看似自圆其说，却与本事不合。放眼读书，没有成见，则不至于对反证视而不见。据而立论，不会出现大的偏差。4. 先慢后快，先涩后畅。不经过下苦功读书，终生或局于一隅，或翻来覆去。每换一研究专题，就要将所有文献重新翻检一过。读过书则不必如此繁琐，同时可研治多项专题，相互支撑贯通。5. 厚积薄发，功力可以日益精进。放眼读过书，犹如练过少林内功，功力随着时间的流逝自然继长增高，前 10 年未必胜，中 10 年不会败，后 10 年无须战。

七　读书与找材料

概言之，治学首要在于读书，不要以找材料的态度读书，而应以读书的态度看各种类型的材料。

所谓以读书的态度看各类材料，首先，治学必须经过放眼读书的阶段，不预设藩篱，尽量不受现在分科的局限以及后人成见的制约，不以分科的眼光看待所谓专门史的界域，不以后出的观念生出专题的问题意识，努力把握学问的基本和大体及其渊源流变。

不读书而治专题研究的流弊之一，就是专而偏，误以当时的系统为历来的系统。所谓研究历史学术文化，实际上是按照后来的架构重新条理解读。抗战结束后，有学人针对当时学界的流弊指出："晚近治史者，喜称专家。凡治某朝者，即只知某朝之一二事物，而不识某朝一代制度所以损益及其演变之故，其著述论证，多所附会穿凿。"[①] 后来钱穆进一步批评道："民国以来，中国学术界分门别类，务为专家，与中国传统通人通儒之学大相违异。循至返读古籍，格不相入。此其影响将来学术之发展实大。"[②] 主张以既有的分科门类，参融旧籍，求其会通。

时过境迁，风气流转，专家先是成为学界的尊称，继而畸变为坊间的调侃，影响学术事业何止是大而已。分科教育之下，未经放眼读书，则起步阶段已经偏于一端。不要说放不进学科体系的经学无从解读（望文生义的门外文谈不在考虑之列），即使近代经过对应重新条理的文史哲等科，若是按照今日通行的分界观念，不仅所读之书大为局限，解读之法更是格义附会，越有条理，去古人真相越远。

"学问必先通晓前人之大体，必当知前人所已知，必先对此门类之知识有宽博成系统之认识。然后可以进而为窄而深之研讨，可以继续发现前人所未知。"[③] 而要做到这一层，必须放眼读书。这虽然与现时的教育体制及知识系统不无矛盾，很难在上学阶段实现，至少应在毕业之后努力设法弥补。否则终身参野狐禅，很

① 王钟翰：《隋唐制度渊源略论稿》，《燕京学报》第30期，1946年6月。

② 钱穆：《钱宾四先生全集25：现代中国学术论衡》，台北，联经出版事业股份有限公司1998年，第5、10页。

③ 钱穆：《发刊辞》，《新亚学报》第1卷第1期，1955年，第5页。

难踏上正轨，登堂入室。治学不读书而一味找材料，只由教科书接受一些常识套话，就进入细小的专题研究，不知前人大体和已知，守成尚且力有不逮，又迫于环境，急于创新超越，凭借翻译介绍的域外义理或讲座论坛等耳学零碎，追逐新奇，道听途说，横逸斜出。所谓创新，难免无知者无畏。如果只是为了写书而翻书，等于不读书一味找材料。而做什么只看什么，所写不出所读范围，著书不是所知的冰山一角，而将内囊尽了上来，犹如日暮时分盲人骑瞎马行险道，实在是万分危险的事。

其次，应读书以发现问题，不要悬问题以觅材料。否则先入为主，难免偏蔽。

不读书而做学问，所研究的问题只能依靠后来预设，治学的顺序前后颠倒，先有论点，再找论据。不仅问题本身或非前人所有，或为自己生造，挑选、取舍和使用材料往往演变成为预设的观念填充作注，而不会从文献中读出历史本相，用事实说话，顺时序地重现史事的发生、联系及其演化。由于读不懂前人著述的意思，便以为前人无意思，总是要将各种文本史事原有的时空联系割裂，打乱成为任意取舍的材料，以便纳入后设的框架，曲解附会。如果遵循固有联系，则反而无法连缀，不能通解。就所撰写的文字看，似乎前后照应，自圆其说，实则断章取义，削足适履。即使稍高明者，能够言出有据，面对材料史事的繁杂，也很难入木三分，力透纸背，容易误入前人所设陷阱而不自知。如此这般被构建出来的历史，自然不可能呈现历史的本相，只能流于作者自己的思想史。所以王国维说："宜由细心苦读以发现问题，不宜悬问题以觅材料。"①

读书以发现问题，所要发现的主要不是书的问题，而是研究对象的事实问题。不要仅仅限于读书得间，一味找漏洞钻空子，而应关注历史发展变化的枢纽大节和线索脉络。最好同时关注多个问题，不要终生固守一个方面甚至孤立的一点。

不读书而只是找材料，必然有材料范围难以捉摸的问题，细分化并不能解决史料边际无从把握的困惑，再小的题目，也很难穷尽史料。以索引找资料，则会遗漏大量从题目、关键词不可见的重要史料。况且关键与否，也要出自泛读博览，而不能单凭后设。因为不知研究对象的范围，也就难以把握所治专题的史料边际及其关联度究竟何在。由此出现相反相同的两种情形，或是动手动脚找不到材料（实则往往视而不见），或材料太多而不能驾驭。犹如秉烛夜行，灯下黑与不远见均不可免。于是研究一个题目究竟要掌握材料到何种程度方可出手，而且能够保证大体不错，将来材料进一步发掘披露，可以补充，可以局部调整，甚至可以个别细节正误，但基本的判断和用力的方向大致正确，后续研究只是加强，而不至于颠覆已有结论，而且所论不仅仅是发表见仁见智的议论，便成为难以拿捏捉摸的普遍难题，也是史学艺术一面的奥妙所在。不能掌握书的规模条理脉络而专题治学，无异于

① 周光午：《我所知之王国维先生——敬答郭沫若先生》，陈平原，王风编：《追忆王国维》，北京，生活·读书·新知三联书店1997年，第165页。

学术上的冒险赌博，成败只能听天由命。

其三，熟读基本书，熟悉旧材料，才能有效运用新材料。

近代以来，提倡扩张史料而不读书的流弊之一，是人所共知的书都不看，一心只找前人未见书。殊不知不熟悉旧材料，则不可能恰当地利用新材料。结果往往问题和材料就在眼前，却视而不见，就算找到前人未见的材料，因为不知大体全局，也无法认识得当，只能望文生义、穿凿附会，导致研究流于凿空蹈隙。虽然看似有扩张领域之利，其实不过是图立说容易之便。

片面强调以新材料研究新问题，不读书而一味扩张材料，造成对资料的迷信和垄断，产生两种看似相反而实相同的偏颇：一是不看身边易见书，专找人所不见的材料，不知历史的大体已在一般书中，熟悉旧材料，才能恰当解读新材料。二是少见多怪，因为见识有限，总以为己所不知即人所不晓，近代以来学界层出不穷的所谓再发现，大都诸如此类的蜀中日光。三是过度依赖材料的独占，只看自己拥有的秘笈，不与其他资料比勘互证。如果研究某人某事只看直接资料，以其人的所见所知为全部事实，等于以其是非为是非。或以某一类资料为直接可信，以为材料即事实，于是只看这类材料，甚至排斥其他资料，不能相互参证，非但事倍功半，也容易错解误判。而在打洞式的专题研究之下，学术成果很难被重新验证，使得不读书但找材料，用看得到来掩饰读不懂的偏向不断加剧。今人能够看到的文献远过于前人，而读懂文献的能力则远不及前人。于是价值越高的史料，因为愈是难读，利用者反而愈少，即使查阅，也只是从中挑选自以为“看懂”的东西。正因为找不到看不全弄不懂，研究者干脆不顾史料的全体、异例及反证，敢于断章取义，强材料以就我，以举例为归纳，凿空逞臆，轻率立论。不读书而只是动手动脚找材料，“上穷碧落下黄泉”的结果，自然是“两处茫茫皆不见”。

其四，应如严耕望所说，治学要读人人常见之书，说人人不常说的话。此意与黄侃所说发现与发明有异曲同工之妙。

1930 年，留学北京大学的吉川幸次郎专程到金陵拜访黄侃，后者针对学界的时趋，“诰以治学之法曰：‘所贵乎学者，在乎发明，不在乎发见。今发见之学行，而发明之学替矣。’”[①] 此说可以吉川本人的亲身经历为证。吉川在北京期间，对于《经典释文》中“释旧作某”的含义百思不得其解，先后请教过包括其他章门弟子在内的诸多先生，均不得要领。而与黄侃见面时，一提及此，黄侃便立即指示此处是夹入了宋人的校语，闻言之下豁然开朗的吉川觉得第一次遇到真正的学者。

对于一味追求发现新材料的学术趋向，哪怕是各方一致赞誉有加的王国维，黄侃也予以尖锐批评。1928 年 6 月 18 日，他在日记中写道：

“国维少不好读注疏，中年乃治经，仓皇立说，挟其辩给，以眩耀后生，非独一事之误而已。始西域出汉晋简纸，鸣沙石室发得臧书，洹上掊获龟甲有文字，清亡而内阁档案散落于外，诸

① 《吉川君来书》，《制言半月刊》第5期，1935年11月16日。

言小学、校勘、地理、近世史事者，以为忽得异境，可陵傲前人，辐辏于斯，而国维幸得先见。……要之经史正文忽略不讲，而希冀发见新知以掩前古儒先，自矜曰：我不为古人奴，六经注我。此近日风气所趋，世或以整理国故之名予之，悬牛头，卖马脯，举秀才，不知书，信在于今矣。”并进而评判道：“近世之学，钩沈优而释滞拙，翻案出奇更拙。”①

发明是接着说，发现则容易流于对着干，温故知新与不破不立，虽然在近代学术发展史上都有所贡献，毕竟高下有别。

不仅如此，善于治史者，伪材料亦可见真历史。陈寅恪说：“以中国今日之考据学，已足辨别古书之真伪。然真伪者，不过相对问题，而最要在能审定伪材料之时代及作者，而利用之。盖伪材料亦有时与真材料同一可贵。如某种伪材料，若径认为其所依托之时代及作者之真产物，固不可也。但能考出其作伪时代及作者，即据以说明此时代及作者之思想，则变为一真材料矣。中国古代史之材料，如儒家及诸子等经典，皆非一时代一作者之产物。昔人笼统认为一人一时之作，其误固不俟论。今人能知其非一人一时之所作，而不知以纵贯之眼光，视为一种学术之丛书，或一宗传灯之语录，而断断致辩于其横切方面。此亦缺乏史学之通识所致。”②

---

① 黄侃：《黄侃日记》，南京，江苏教育出版社2001年，第302、392页。

② 陈寅恪：《冯友兰中国哲学史上册审查报告》，陈美延编：《陈寅恪集·金明馆丛稿二编》，北京，生活·读书·新知三联书店2001年，第280页。

将重心由找材料转向读书，由看得到转向读得懂，改变以外国义理为准则的趋向，由借助外力条理材料转向理解文本史事的本意本相，通过比较而近真并得其头绪，透过表象探究史事背后的内在联系，以免进一步误读错解前人言行。如此，解读文本，重现史事，才能领会本意，查知本相，得其所哉，立于不败之地，从而改善提升研究的格局与水准。

《读书要略》解说

书名《读书要略》，内容自然是关于如何读书的取径办法。几年前曾经编过一本《读书法》，之所以还要重新再编一本，主要出于以下几方面的考虑：其一，这一套丛书，意在指示初学者读书治学的门径，如何读书必不可少。其二，原来的《读书法》，仍然较详较深，可以进一步简要浅显些，以方便初学者。其三，《读书法》的取材，尚有可议之处。其四，由于版权等等因素，《读书法》不能照搬纳入丛书。因此，有必要重新编辑，以便解决上述问题。《读书要略》并非《读书法》的简本，除了所用底本尽可能改从原始版本外，选材也做了较大幅度的调整，以期体现要略之意。当然，因为包含读中国书尤其是古代典籍，再简要也不可能让所有人觉得通俗易懂，初学者或浅学者可以用心揣摩，循序渐进。也可以从看得懂的部分开始，逐渐深入。

读书应有一定之规，不能乱读。章法一乱，就难免参野狐禅。韩愈深知“华夏学术最重传授渊源，盖非此不足以征信于人”，所以首先就要“建立道统，证明传授之渊源”[①]。清人读书从目录入手，凭着《书目答问》和《四库总目提要》，可以辨章学术，考镜源流，摸着门径，自学成才。晚清以来，社会变动，思想革命，连带学问之事也喜欢不破不立，可是不等于不要法度。虽然不乏打倒前人，树立自我，截断众流，横逸斜出的成功范例，还是要遵循万变不离其宗的规矩。民初马良、章炳麟、梁启超等仿法兰西研究院发起函夏考文苑，议论人选名单时，“说近妖妄者不列，故简去夏穗卿、廖季平、康长素，于壬秋亦不取其经说”。[②]绝不苟同今文家的妖言惑众。胡适看似创造新典范的成功者，对冯友兰、陈寅恪等人以正统派自居不以为然，[③]而在章太炎眼中，却是游谈无根，还比不上梁启超。

跟着瞎教书的人乱读书，真的就是清风不识字，何事乱翻书。或许因为无拘无束，自觉痛快一时，却好比陷入泥淖，动作越大，陷得越深越快，直到灭顶之灾，还不知死法。如果满山跑野马之后，遇到高人指点迷津，或是用心揣摩，或许还有救药，可以回归正道，否则无知无畏，勇往直前，就只能打打杀杀，很难修成正果。

历来教人读书，大都是示以门径取法。民国以来，受东西两洋教学列举参考书的影响，教书好开书目。有名的如胡适、梁启

---

① 陈寅恪：《论韩愈》，陈美延编：《陈寅恪集·金明馆丛稿初编》，北京，生活·读书·新知三联书店2001年，第319—322页。

② 方豪：《马相伯先生筹设函夏考文苑始末》，《方豪六十自定稿》，台北，学生书局1969年，第2002页。

③ 《胡适的日记》手稿本，台北，远流出版社1990年，1955年1月24日。

超等人开列的国学必读书目，就引起很大的争议。因为每个人心中的国学有异，应读之书自然有别，加之必读和基本究竟标准如何，也不一致，很容易造成聚讼纷纭，让来者无所适从。窃以为开书单教人读书，并非好的办法，照所开书单一一阅读，未必可以摸着门道。不过开书单的行为本身，倒是可以成为有意思的研究题目。如果将历来学人所开书目汇集起来，进行比较研究，进而追踪各自教学授徒的效果，从中可以领略不少读书治学的奥妙及教训。

喜欢开书目，或许还有另一重原因，即西学东学潮涌而来，令国人应接不暇。加之还有中古入华的天竺之学，近代中国人要同时面对四套系统性的知识，其中起码中、西、东学已是必不可少。如果说中学还能探知渊源流变，西学东学一般而言就只能望洋兴叹。所谓学贯中西，心向往之，实不能至。五四百年纪念前夕，曾想就晚清和五四两代知识人的知识谈一些看法，因故未果。虽然时下谈及这个历史时期知识界名人辈出的情形，大都充满敬仰，实则能够贯通中的一面，已经难能可贵。只是西风已然压倒东风，用夷变夏成为常态，读西书东书虽然比不上留西学东学，毕竟是更广大人群的日常需求。面对一个完全陌生的知识世界无涯的群书，人们不知路在何方，希望有所凭借，而不能总是雾里看花，摸着石头过河。能够开列西学东学书目，可以说就掌握了时代话语权。西书整体上不敢奢求，勉强可编汉译目录，至于东学书目，反而有些犯难。因为东学兴起的时间短，数量大，又没有依据，且都用汉字，不能只顾译书的部分，所以几乎无从着手。

社会变动时期，因循旧轨与开创风气有着相当程度的紧张。当朝野还在为如何才能使得中西学兼容并蓄而左右为难之际，1897年康有为出版了《日本书目志》，著录的日本新书相当详尽，据说涵盖了明治以来全部书籍的一多半，分门别类也相当成熟。如果该书出自康有为的原创，则其东学水准即使在日本也算得上出类拔萃，因为连当时的日本学人也很难有这样完备的目录学知识。该书全面展现了日本在知识领域的领先，对于举国转而通过日本学习西方起到推波助澜的作用，以致造成东学压倒西学的情形，也使得康有为熟悉域外新知的形象大为丰满。康有为自称“购求日本书至多，为撰提要，欲吾人共通之。因汉志之例，撮其精要，翦其无用，先著简明之目，以待忧国者求焉”。虽然言之凿凿，煞有介事，可是程度实在过于超前，后来引起中外学人的质疑，长期反复探究，始终不得要领。直到2010年，王宝平教授发表了《〈日本书目志〉出典考》，才知道该书实际上是康有为根据1893年编辑出版的《东京书籍出版营业者组合员书籍总目录》加以调整改造而成，虽然在著录及分类方面有所补充改动，所收书目及分类办法，基本袭用《东京书籍出版营业者组合员书籍总目录》。[①]

尽管康有为对该书目有所加工，毕竟只是一份出版目录，但

① 王宝平：《〈日本书目志〉出典考》，古典研究会编：《汲古》第57号，第13—28页，平成22年6月。

就是这样一份出版目录，已经构成中国趋新人士心目中东学的系统，可以按图索骥，寻找自己所需之书。康有为的东学知识相当有限，不动声色地照搬拿来，抢占了先机高地，所做加工改造，望文生义的成分居多，却并不妨碍他俨然成为先知先觉者。按照梁启超的说法，中国要想自强，以译书为第一要义。为此康有为“早睊睊忧之，大收日本之书，作书目志以待天下之译者”。虽然这份书目是为译书准备的，译书的目的，还是为了便于阅读。康有为认为，后发者可以赶超先进，泰西变法五百年而成治艺，日本只要三十年就能成就。中国取法日本，三年可成。况且日本文字与中国大同小异，泰西诸学的好书，日本大概已经翻译，“是吾以泰西为牛，日本为农夫，而吾坐而食之，费不千万金，而要书毕集矣。使明敏士人，习其文字，数月而通矣。于是尽译其书，译其精者而刻之，布之海内。以数年之期，数万之金，而泰西数百年数万万人士新得之学举在是，吾数百万之吏士识字之人，皆可以讲求之，然后致之学校以教之，或崇之科举以励之，天下向风，文学辐凑，而才不可胜用矣。于是言矿学而矿无不开，言农工商而业无不新，言化光电重天文地理而无不入微也。以我温带之地，千数百万之士，四万万之农工商，更新而智之，其方驾于英美而逾越于俄日，可立待也。日本变法，二十年而大成，吾民与地十倍之，可不及十年而成之矣。”①

① 梁启超：《读〈日本书目志〉书后》，《饮冰室合集·文集》之二，北京，中华书局1989年，第52—54页。

之所以不厌其详地征引康梁的文字，并非惊叹于这些大跃进式的蓝图美景，而是希望读者明白一个事实，近代维新革命的先驱者，未必真的懂多少他们所鼓吹的新知，除旧布新在知识与制度转型时期固然有着强劲的助推作用，但是他们的理想常常带有乌托邦色彩，关于东学西学，他们其实所知有限，而且所欲祛除之旧，也不能深入堂奥。破坏的时代一旦过去，或者他们自己回归正途，或者由弄潮儿成为落伍者。可是他们的影响，在青年身上却代代相传，无拘无束的任意驰骋与青春期反叛心理交相作用，打破常规似乎成了他们超越前人的唯一捷径，连趋新时的钱穆也被其鼓动得热血沸腾，很长时间都不是对传统抱有温情的儒者。

如果说康有为的拿来主义不足为训，类似的情形也发生在后来那些被认为是学贯中西的一代人身上。1930 年底，中华教育文化基金会董事会成立编译委员会，由胡适担任委员长，张准任副委员长，下分甲乙两组，甲组文史，乙组科学。甲组委员有丁文江、赵元任、陈寅恪、傅斯年、陈源、闻一多、梁实秋，皆一时之选。[①] 主持其事的胡适提出历史和名著的拟译名单，正是这份书单显示出各人西学水准的高下。胡适所开历史书单为：1、希腊用 Grote【格罗特】。2、罗马用 Moumsen【莫姆森】与 Gibbon【吉本】。3、中世纪拟用 D.C.Munse【穆斯】。4、文艺复兴与宗教改革拟用 E.M.Hulme: *The Renaissance, the Protestant Revolution & the*

① 曹伯言整理：《胡适日记全编》5，合肥，安徽教育出版社2001年，第759页；胡颂平编著：《胡适之先生年谱长编初稿》，台北：联经出版事业公司1984年，第950页。

Catholic Reformation《文艺复兴，新教革命和天主教改革》。5、近代欧洲拟用 A. W.C.Abbott: *The Expansion of Europe*【艾博特：《欧洲的扩张》】（1415-1789）。B. H.E.Bowrne: *The Revolutionary Period*【鲍恩：《革命时代》】（1763-1815）。6. 英格兰拟用 I.R.Green【格林】或 E.Wingfield Stratiord: *The History of Brirish Civilization*【温菲尔德·斯特拉福德：《不列颠文明史》】。7、法国拟从李思纯说，用 Albert Malet: *Nowvelle Historie de France*【阿尔伯特·马莱：《法国新史》】（1924）。8、美国拟用 Beard: *Rise of American Civilization*【比尔德：《美利坚文明的兴起》】。

文史组议论胡适的书目时，陈寅恪认为："前四人悬格过高，余人则降格到教科书了。"胡适的答复是："此亦是不得已之计，中世与近代尚未有公认之名著，故拟先用此种较大较佳之教科书作引子，将来续收名著。比如廿四史中虽有《史记》、《汉书》，也不妨收入一些低二三流之作也。"傅斯年"则主张 *Cambridge Medieval History*【《剑桥中世纪史》】"，对此胡适表示"此意我也不反对"。[1] 此事表明，胡适其实并不具备在所有西书中依据一定标准选材的能力，答复未免牵强，傅斯年所举则差强人意。如果所谓西学可以成立，总体而言，雷海宗的《西洋文化史纲要》对整个人文社会科学的覆盖较为完整，了解较为深入。只是范围

---

① 曹伯言整理：《胡适日记全编》5，合肥，安徽教育出版社2001年，第822—823页。

如此广大，系统如此清晰，应该另有所本。

晚清以来，读书之所以成为问题，主要是由于中国人不得不同时拥有中学与西学两套系统性知识，这对于一般人普遍而言，几乎是力所不及的事。如何将二者融为一体，成为国人苦思冥想的大事。起初试图容西学于科举，多方努力，未能如愿，不得已，改为纳科举于学堂，结果等于用西学条理中学。这样的改变不限于学堂内部的教学，整个知识体系，都是用西学的架构肢解重组中学。于是读中国书不得不舍弃旧途，依靠西学，用西学的分科讲中学的部类，成为天经地义，不得不然。

对于知识体系的西风压倒东风，有人认为实际上是西学为体，中学为用，亦不为过。可是作为体的西学毕竟不是原生土产，根在外面，无论读西书还是留西学，充其量只是一知半解。况且究竟有无西学这一集合体，还大有可议。如果哪一位泰西人士自称西学好，一定会被视为大言不惭。西学号称科学，不过是分科之谓，分科使得条理清晰，系统分明，易于传授和传承，国人初遇西学，大都折服于这些分科系统，以为是优于中学的关键。留学欧洲后才知道，科学背后其实是问题，成为分科的系统大都是 19 世纪下半叶的事。牺牲问题追求系统，势必舍本逐末，得不偿失。

问题的复杂性还不仅仅如此，因缘西学而来的东学，比中学更早更好地承接了西学，又借由西学创造出一整套适合东亚的话语体系，而且有所谓同文之便，让本来就好望文生义的国人觉得便于掌握。其实东学是凭借中学承接西学，却两面均若即若离，形成看似左右逢源、实则非此非彼的独立系统，经由东学输入和理解西学，容易造成双重误读。结果国人对于西学更加隔膜，对于东学的认识也似是而非。

印度佛学在近代中国，是中、东、西学之外的一个亚系统。佛教进入中国，由来已久，相当程度已经内化，儒表佛里，一般人谈论佛学，未必会直接联想到印度。清季民初，佛教复兴，喜欢谈佛的各色人等日益增多，尤以学人为甚。可是佛学不仅涉及天竺，还有僧俗两界之别，好谈佛学者兼及印度，于佛教固然是门外汉，于天竺也是一知半解。梁漱溟早年被蔡元培援引进北京大学教授印度哲学，待到真正的内行钢和泰来北大，即抽身而去。同样喜谈佛教的梁启超，也知道自己的解读所据文本很可能只是错译的结果，便很少再谈内典之事。章太炎参与支那内学院事后，颇有所悟，晚年嘱咐门下将其著作中论佛学的一概删除。王国维中年以后不再谈论德国哲学，与此也不无类似。

概言之，晚清和民初趋新知识人的知识其实相当尴尬，心仪西学以及西学笼罩下的东学，但所知有限，大都不过皮毛而已；厌恶已久的中学业已隔膜，总是用西学的有色眼镜来看，不得要领。这样的文化夹心状态，使得他们往往破坏有余，建设不足。其中不少人都经历过早年一味趋新，附会西学，中年以后回归本位，自我救赎的变化，除了梁启超不断以今日之我与昨日之我战为与时俱进外，更多的是悔其少作，包括章太炎于佛学儒学，刘师培于周秦诸子，王国维于哲学美学等。其他如钱玄同、钱穆、顾颉刚，乃至傅斯年，均难逃此例。这样的学术取径，姑且称之为杀人放火受招安的梁山泊式道路。不打倒前人，很难扬名立万，但若是在这条道上一路狂奔，则最多只能横行于江湖。但总体上中西杂糅的新学，则取代所谓旧学成为主导主流。

不仅如此，民国时新进学人总以为中国是以人为本，不是以学为本，因而没有分科，却好讲宗派，与时下以立派为荣迥异其趣。殊不知中国崇尚综合，划派即有局限，学术史上的派分，多为他指后认，很少自称，而且往往含有贬义，并非褒奖。朱熹谈浙学即其一例。金毓黻虽然承认廖平为今文学的经师，但指“其学凡四五变，年愈老而语愈怪。吾无以名之，可名之曰蜀学”。[①]章太炎说湘学不易讲，亦有类似的意思。这与中国治学讲究综合不无关系。以派分论学，看似建立山头，实则自我矮化。非但不足以自傲，反而显出几分自卑。近代日本对中国学问了解较深的京都学人，对此心领神会，因而从不以他指的“支那学派”名号为然。其意为治学须向极高明，而非派分地缘所能局限。民国时学人大抵还能坚守此道，唯有陶希圣，被人蛊惑，一度不能自持，真想开宗立派。好在幡然醒悟，悬崖勒马，才不至于沦落为无尽来者的笑料。

话说回头，从时趋来看，陶希圣若是胆子再大一点儿，或许真的成了大宗师也未可知。不知起于何时何事，随着专家的称号由讥讽变为荣衔，创立学派或学术分支也成为人们孜孜以求的高

① 金毓黻：《静晤室日记》第七册，沈阳，辽沈书社1993年，第5275页。

尚目标。或以国以地分，或以门以类论。其实诸如此类的高大上，转换角度，也许如同江湖中的门派，名头响当当的，未必就是武功最高强。或者说，中国研究现在几乎是唯一的世界性学问，其余或为外国包办，或为本国独揽。所谓中国学派，如果是研究中国，意味着不能引领世界学术潮流，转移时代风气，还不及丸山真男倡导的日本的日本研究，逐渐使得欧美学人也觉得只须将日本的日本研究译成西文即可；如果是中国的外国研究，则号称一派很难得到认同，只不过自我慰藉而已，甚至可能流于自洽的遮羞布。在此招牌之下，不能正视自己，承认差距，才会造成学术发展的最大障碍。

国以下的地域之学也不无类似。中国虽然历来重视地望，可是历代地理沿革，名实有别，形同实异，古今不可一概而论。宋明理学凸显门派，意在张扬师承，竞逐正统。严格说来，分省意识，主要是清中叶尤其是晚清以后的事。只要不是望文生义地以后认为事实，真正与省相连而且即时自称的地域之学，大致起于戊戌前后以省籍为名的学会，越往后，就越是附会到之前的说法之上，每每不是说明其因时因地因人而异的发生衍化，而是用后来的观念编造完整的谱系。大张旗鼓的结果，就是重蹈越有条理系统，去事实真相越远的覆辙，乡贤之学难免畸变为“乡愿之学”。

由此可见，清季以降，主观上试图推陈出新的两代知识人，所具有的知识中西参半，不新不旧，或者说，中西两面都只有半桶水，所以合成的新学总喜欢破旧立新。除了少数特立独行，即使那些不世出的高人，年轻时也往往附会西学，好用西法部勒故籍，随着年龄阅历见识的增长，才回到正途。一般而言，敢于开列书单以为金针度人者，大都还不得要领。世纪回眸，学术演进早已旧貌换新颜，来者不察，因年龄阅历学识尚且不及，依然高山仰止，奉若神明，以横通为博学，其实中西两面皆靠不上，不过内心深处喜欢离经叛道，遂以无知无畏为不二法门。只可惜游谈无根，不免随风飘荡，循着旁门左道，或许能够欺世盗名，要想修成正果，却是难于上青天。

史料篇

晚清民国研究的史料与史学

前不见古人，
后不见来者。
念天地之悠悠，
独怆然而涕下。

——陈子昂《登幽州台歌》

上穷碧落下黄泉，
两处茫茫皆不见。

——白居易《长恨歌》

横看成岭侧成峰，
远近高低各不同。
不识庐山真面目，
只缘身在此山中。

——苏轼《题西林壁》

王国维关于成就人生的事业学问须经历三境界说，世人耳熟能详。上引唐宋三诗，则似与今日治学的三种状态神似。前者凭空天降，横逸斜出，无知无畏。其次则动手动脚，踏破铁鞋，实则家有金山，却沿门托钵。后者各以一定之规裁量所有，看似清晰，其实始终茫然，且不自觉。治学以及读书，必须熟悉前人研究、相关材料以及事实问题，才有可能拿捏得当，三者缺一不可。否则谨慎者难免心中无数，忐忑不安，摸着石头却过不了河，大胆者索性扫除羁绊，打倒前人，凿空逞臆，以便随心所欲。即使见识高明，也有不知有汉何论魏晋的智者之失，乃至不温故而欲知新的臆论妄言。诸如此类的超越创新，不知前人何在，也就很难真正突过，充其量只能沉浸在坐井观天的自娱自乐之中。

历来讲究治学方法，大抵分为二途，专论往往流于纸上谈兵，实用则浅学不易捉摸。良法必须学识功力兼备才能领会把握，一味面向后学新进的趋时横通，犹如江湖术士的自欺欺人。近代以来，分科治学，各种时髦方法，大都生成于域外，移诸禹域，难免具有统系却格义附会，导致越有条理去事实真相越远。要想立于不败之地，还须恪守古训，读书为己，严格自律，以免治学则无知无畏，教书则误人子弟。

本书各篇，主要分为三个方面：其一，有关近代中国研究的史料与史学的通论及专论。其二，关于各种类型史料的认识与应用的分说。其三，关于各个具体研究领域、方面的史料与取法的探讨。虽然因缘各异，长短不一，内容则主要涉及史料的规模类型、解读应用以及与此相应的治学的门径办法。以往凡有著述，都要专门用心写一绪论，说明研究办法以及书中未能备述各事。本书多少有些例外，各篇大都是相当于绪论的各种解说，再写绪论，似乎多此一举。因此只是简略交待些写作因缘，并略作申述。其中有些看似题外话，却是读书治学的应有之义，读者不妨心领神会。至于各自悟出什么，全凭因缘造化。

所谓近代中国，为一相对概念，随着时间的流逝，具体时段难免有所变化。原来指为现代史的 1949 年以前部分，如今普遍被划入中国近代史的范围。相比之下，晚清民国的概念较为固定，但也并非没有异议。晚清的终点大概清晰，起点就有些含糊，至少未必得到公认。至于民国，海峡对岸的学人对其下限也会有所意见。晚近的说法，今人少用，民国时期的学人则不乏使用者，其上限与下限都较为模糊，尤其是上限，或许涉及清初乃至晚明。方便之处，一则避开近代史开端的分歧，二则防止将清史截然分为两橛，不相连贯，三则避免治近代中国史上不出嘉道之讥。尤其是关注和阅读史料方面，过于清晰分界，等于画地为牢。使用各种概念，看似混淆，实则语境不同，含义有别，强行一律，反而体现不出差异。集合概念大都后出，不用则难以表达，泛用则容易引起歧义，关键在于是否有碍于认识史事本相和前人本意。作为方便名词或因缘时空关系把握分别，就不至于产生混淆，以致增减害意。而从定义出发，虽然裁剪整齐，却往往捉襟见肘，与事实不符。

一 两种史法

本书的写作，缘于友人进言，可写些文词浅显的短文，为初学后进提示读书治学的门径。其实此类书前贤早已具备，无庸置喙，而且要想深入浅出而不逾矩，实为难上加难之事，并非如一般所以为的那样可以信手拈来。深入则难解，浅出则乱来，不易兼而有之。不过当时也心有所动，并拟就数十则条目，从求师谈起，逐层递进，显示读书与治学的取径途辙。只是动起手来，犹豫再三，还是改变初衷，不欲刻意追求浅显易懂，雅俗共赏。因为学术研究，必须取法乎上，才不至于等而下之。而良法必然高深，不可专为小夫下士乃至坊间流俗道。此非故标高的，但凡针对一般时趋立论的，立意本来不高，结局势必陷入对立面的窠臼。而基本的途辙门径，看似简单易行，实则内里乾坤，万千变化，听授者程度悟性不同，领略各异。从者众与和者寡，高下立判，少有例外。

王国维谈哲学，有可信则不可爱，可爱则不可信之说，这样的两难也可以放大到各类学问。就清代以来学术的取径表现看，大概都有可爱与可信的难以兼得。沟通之道，是将可信之学做到可爱。所谓可爱，并非人见人爱的万人迷，而是情有独钟的生死恋，是潜心向学者心仪的挚爱，不是一般读者兼具的泛爱。讲座之类的耳学，对于听授者而言，大抵为可爱之学，图个热闹，刺激一下感官，振奋一下精神是可以的。循此要想登堂入室，则很可能是缘木求鱼为多。固然，讲者也可以不顾听众感受，径直宣讲其可信之学。其结果势必听者藐藐，门可罗雀。要使从学者能够领悟可信之学的可爱，决非讲座之类可以成就。

历来讲治学方法大体有两种，一是读书治学有成，述其心得，所言不是空谈方法，而有应用成功的范例，皆有裨于治学的实际，可以助长功力；一是专讲方法，犹如纸上谈兵，花拳绣腿，说得天花乱坠，打得刀光剑影，临阵却不切实用，反而可能误导。近代新进学人颇为尊奉的章学诚，在乾嘉学术系统中便属于专讲史法一类。其所讲古代学术，谬误甚多，而其侈谈如何治史修志，下手却鲜有成功实例。如此还一心想以金针度人，难免招来无数的物议。若非近代学人比附西学，误解科学，以为章氏所言符合西洋的科学化准则（其实西洋不存在公认的科学标准，也没有不言而喻的普适性科学方法），遂被再发现重认识，其学术地位更加可议。

专讲史法与治学心得不同，前者不仅有凿空逞臆之嫌，而且不无以讹传讹之处。教条般的高头讲章，看似头头是道，井井有条，实则于治史百无一用。解读材料研治问题，必须讲究有效实用，避免夸夸其谈。凡不能以所讲方法做出高明具体研究者，充其量无非章学诚的翻版再世。而读书得间的领悟，哪怕只是一孔之见，也有助于解读材料，研究史事。前贤好以序跋的形式言说其心中推许的理念方法，这些序跋，作为对相关著述的评介，未必完全适当，或是不免有所隐曲，而作为心中期许的标的，却往往能够体现高远意境。尤其是那些出类拔萃的高人雅士，所言大都经验之谈兼高妙之论，品味隽永，收效显著。相比之下，专门论述治学方法的著述，虽然不乏常识通则，反倒显得浮泛疏廓，或以域外之陈言，为华夏之新知，夹杂各种横通之论，只能蒙骗小夫下士。若是应用于实际的读书治学，则非但无济于事，还可能误入歧途，以致不可救药。

有鉴于此，不必侈谈史学理论和方法，而要依照前贤所指示的途辙，根据治学所悟，提供一些使用材料、研究问题的取径做法。这些行之有效的取径和做法，或者本来不过读书治学的基础门径，且经前贤反复论道，卑之无甚高论；或者为近代学术大家治学的良法美意，贯穿体现于其代表性著述之中，必须反复揣摩，以求心领神会。二者看似高下有别，但治学方法的基本与高明其实相辅相成，基本所在往往也是高明所由。即使技术层面以下的规则，如果理解到位，拿捏精当，也可能成为万变不离其宗的根本。当然，在专讲史法的人看来，前贤的经验心得反倒有不像乃至不是方法之嫌。

听授者大体也有两类，一是读过书，有过治学的实践，一是只读过教科书，充满耳学，却从未或很少眼学。按照钱穆的说法，方法是对读过书的人说才有用，向没有读过书的人谈方法，往往有害无益。受清季以来推行的国民教育的制约，无论学习多么系统，读完书再做学问已是奢求。而有效实用的方法，是治学者的心得，没有读书的经验，则无法判断深浅优劣高下，很难体会其中奥妙，甚至越是浮泛，越有共鸣，反之，则无动于衷，无所适从。

倘若新进以为先学会了方法再读书治学，可以事半功倍，则犹如试图在岸上学习游泳的各种姿势要领，然后期待下水就会劈波斩浪一样，不仅奢望，而且无稽。尽管诸如此类的误人子弟如今在大学里已经并非异态，毕竟不能以其昏昏使人昭昭。

中国历史文化悠久，史学尤为发达，治史方法极其讲究。近代以来，虽然社会整体发展相对滞后，文史之学依然可观。本书所讲方法，大体是学习历代读书法的要旨，揣摩近代学人治学的苦心，移植来研治史料极大丰富的近代中国的历史。治学必须先因而后创，能够将前贤已知承接下来，才有可能发展创新。而前贤所用的方法，已经其实践证明行之有效，深刻领悟，善加运用，功力可以大进。当然，前提之一，应当切实准确地把握，若良莠不分，也会南辕北辙；前提之二，应恰当合理地运用，否则良法未必当然成就美意。若是接不住而试图超越，只好破字当头，抹杀前人，以彰显自己。

近代学术大家卓有成效的治史方法，是在宋代史家方法的基础上发展演变而来。而宋人治史，尤以长编考异之法最为精当。此法在近代的运用，概括者如沈曾植以俱舍宗治俱舍学之说，稍详者如陈寅恪《杨树达论语疏证序》：

> 夫圣人之言，必有为而发，若不取事实以证之，则成无的之矢矣。圣言简奥，若不采意旨相同之语以参之，则为不解之谜矣。既广搜群籍，以参证圣言，其言之矛

盾疑滞者，若不考订解释，折衷一是，则圣人之言行，终不可明矣。[①]

中国历史文化，特重政治伦理，所谓思想学说，多有具体的时空人事因素，少有形而上的抽象，研究此类对象，不能简单地直面文本，望文生义。要想全面认识蛋的外观内里，来龙去脉，还必须追究下蛋的那只鸡。只有了解下蛋的鸡，才能对其所生之蛋认识透彻。

更为详尽的发挥，则见于傅斯年《史学方法导论》比较不同的史料以求近真并得其头绪的论述。[②]三说详略各异，要旨则一，认真揣摩这一治史最根本也是最紧要的方法，并且根据具体研究对象的千差万别而灵活运用，不仅可以立于不败之地，而且有望臻于化境。

在具体研究领域，各学术大家通过其代表性成果从不同层面展现了治学良法的成效，诸如顾颉刚的《孟姜女的传说》，钱穆的《先秦诸子系年》，傅斯年的《性命古训辨证》，梁方仲的《一条鞭法》，严耕望的《唐代交通图考》等，问题有别，而主旨一致。陈寅恪将中国固有的长编考异、合本子注与域外比较研究的事实联系各法参合运用，注意章程条文与社会常情及其变态的关系；

① 《杨树达论语疏证序》，陈美延编《陈寅恪集·明馆丛稿二编》，北京，生活·读书·新知三联书店2001年，第262页。

② 详见桑兵《傅斯年"史学只是史料学"再析》，《近代史研究》2007年第5期。

傅斯年用语学与史学的方法探讨事物的发生及其演化；钱穆注意历史意见与时代意见的联系和分别；顾颉刚注重史事的时空推演关系等，均可视为体现长编考异比较之法的本旨及其变相。

更为重要的是，以长编考异之法研治历史，既是基本所在，也是高明所由，既有助于矫正时下的种种学风流弊，又能够上探领悟前贤治学的精妙，实为万变不离其宗的根本所在。其主要准则有二：其一，解读史料史事，必须遵循时空人等具体要素，凡是脱离具体时空人的事实联系依照外来后出的各种观念架构拼凑而成的解读连缀，都是徒劳无功地试图增减历史。其二，历史的内在关联并非罗列史事即可呈现，而是深藏于无限延伸的史事错综复杂的联系背后，必须透过纷繁的表象寻绎联系的头绪才能逐渐认知。

史学要在讲究事实，历史已经过去，无论怎样认为，均不可能增减分毫。因此，治史所重不在如何认为，而在恰如其分地解读史料，适得其所地呈现史事，从各种层面角度显现前人本意和史事本相及其相互联系，并且表明依据什么说是如此这般，所用论据是否经过前后左右上下内外的反复验证。呈现事实及揭示内在联系本身就包含认识，如何述说同时也就是展现学人的见识。不能重现史事本相和前人本意的所谓认识，至多只能说是从阅读历史获得灵感的自我表现。在此类主体的眼中，历史无非和文学作品一样，一旦形成，就离开作者而独立，可以从中获取种种连作者也意想不到的联想。至于历史本身究竟如何，反而无关紧要。

历来学界争鸣，好以“我认为”扬己抑人，耸动观听，一般学术综述以及各种论著所提及的前人先行研究，每每好称引各自提出的论点，而不深究这些论点的依据以及所凭据的是否经过验证，即为重视“认为”的显例。其实各式各样的认为，并不处于同一水平线上。学问虽然可以见仁见智，却不能随心所欲，检验的标准在于本事，以及借由何种依据如何接近本相。历史已经发生，不会因为后人的意识而改变，凡是符合事实的，都不取决于个人如何认为，而形形色色的认为无论怎样高谈阔论，若与事实不符，则都是错误而不会影响历史事实，只能干扰淆乱对于历史的认识。也就是说，于史事而言没有任何意义，但是会作用于如何呈现历史。由于学人的述说各自呈现出来的史事常常因人而异，如何还原历史似乎成为无法验证之事。实则这些后人的看法五花八门固然令人无所适从，众口一词也未必就是事实俱在。善读者透过罗生门似的各种记录说法，可以逐渐近真并得其头绪。若是主观过甚，就只能快刀斩乱麻，剁碎了再来任意连缀。无论如何，史事本相与前人本意才是衡量检验后人认识当否高下的准则尺度，而不能本末倒置。

一般而言，学问之事，越是高明则懂的人越少，如果用多数取决的办法，被否定的很可能恰是远见卓识，而多数认定的观点即使未必正确，一定时期内仍然具有影响力。这与各式各样学术评价的道理大抵相通，抛开一切利害牵扯，也有见识高下之别。在高深的层面，真正的权威只是少数。权威的意见固然难免错误，但几率较低。所以学术研究只能自由，不能民主。民主式的学术容易导致平庸。

人们求知，存在相反相成的两面，一方面将既有知识当成裁量的尺度，一方面则作为吸收新知和开发智慧的工具，这是出现事实与认识反差的要因之一。盲从既有知识就是成见，以之为评判的规矩尺度，很容易自我禁锢，做了自身知识缺陷的奴隶，无数的论断，都不免流于自以为是的放大与泛滥，见仁见智成了分不清是非正误的遁词，从而失去进步的动力。

二　学界江湖

无论如何取法乎上，本书的用意之一，仍是作为入门书写给新进看，虽然不以专教小夫下士为荣，毕竟要显示一些基础门径。求学首先要会读书，少了童子功，又有体制的压力，无法放眼读书之后再做学问，在不得不为写书而翻书找材料的同时，如何避免偏蔽，就有赖于师。所以原来拟定的条目，是从求师开始。当然，若为师也偏于一隅，弟子就很容易坐井观天。

近年来，大学为何不出大师的问题令各方相当纠结，尤其困扰着大学及其主管部门的主政者。其潜台词是大学应该出大师，而且以前也曾经出过不少大师。其实这两方面均有可议。在堪称国学大师的章太炎看来，大学连学问也不出，何况大师？至少从中国传统学问的研究看，此言不无道理。章太炎以为，学问之事，在野则盛，在朝则衰，所以官学始终不及私学。而在今日的体制之下，即使不能说学人和学问都出自大学，也很难说大学以及体制性科研机构以外的学问超过大学，甚至很难说大学以外还有多少学人。严耕望说治学要读人人常见之书，说人人不常说的话。言他人所不能言，包括不敢言和不会言两种，如果只会讲不便说的事理，意在耸动一般受众的视听，显然很难称之为学问。

谈论大学与大师的话题，已经过滥而有流俗之嫌。不过，转换思路，不论大学应否、如何培养大师或是为何还没有培养出大师，而是深究一下大学怎么会与大师扯上关系，其中有多少误解和扭曲，倒是颇有意思，且为求师一节的应有之义。

所谓大师，本是古代的官名，后为佛教的尊号及谥号，俗世间有指称学或术高明者。将大学与大师联系到一起，时下指认的肇始者是梅贻琦。1931 年底，梅贻琦由清华留美学生监督回国就任清华大学校长，在就职演说中，为了强调一个大学之所以为大学，全在于有没有好教授，仿孟子故国说，提出“所谓大学者，非谓有大楼之谓也，有大师之谓也”。此说当时未必引起广泛反响，而近年来却反复征引，到处流传，作为大学教育今不如昔的铁证，甚或变成所谓世纪之问。可是不知不觉间，意思有了不小的改变。人们普遍质疑在大学的重点建设热潮中，只见大楼起，不见大师出。殊不知梅贻琦的大学有大师，所指是要聘请好的师资，并未赋予大学以培养大师的责任。在梅贻琦说那番话的时代，大学不要说培养大师，连能否出真学问，在堪称大师的章太炎等人看来，也还大成问题。近代中国的大学，官办（包括国立省立）者无非庙堂之学，私立者大行妾妇之道。况且大学不过是人生中的学习阶段，即使拿到博士学位（1950年代以前国内大学尚无此设置），至多只是奠定基础，就算潜力无限，距离大师也还相当遥远。所以梅贻琦说办大学有两个目的，一是研究学术，二是造就人才，这是合情合理之论。若宣称要培养大师，便成妄言。

此事从梅贻琦长校的清华大学本身就能得到印证。清华开办国学研究院，从全国各处招收来的学生大都已经学有所成，相对于刚刚入校的清华本科生，功力不止深了一层，又得到几位名师的亲炙，足以成家者甚多，帮助清华一举摘掉无学的恶名。可是不要说毕业之际，就算功成名就之时，有哪一位敢以大师自居？国学院出身的姜亮夫就承认，直到晚年，他还是不懂陈寅恪当年上课所讲的内容。国学院因为请不到名师等原因而停办后，陈寅恪继续任教于清华大学的历史、国文两系，其在历史系开设的课程，因为程度太深，学生难以承受，不得不一再降低难度。可见让大学培养大师，多少有些天方夜谭的味道。时下一些名校的大师班，以及虽然没有贴上标签，却宣称以培养大师为宗旨的种种宏伟计划，若非另有所图，就是愚不可及。

从请名师的角度看（名师有具时名、名副其实之别，如今更有命名、成名与实至名归之分），清华国学院所请的梁启超、王国维等，虽然各有长短，当时确已被指称为大师。在近代中国学术界，如果这几位不能当之无愧，可以候选的也就屈指可数。梅贻琦敢于宣称大学要有大师，显然与他们响亮的名头不无关系。其余包括首席国立北京大学在内，都缺少如此充沛的底气。或许梅贻琦的大师说，不无挤兑没有或不敢称大师的北京大学之意。可是，清华国学院的几位大师，都没有大学的学历，也很难说是由大学培养的。梁启超只进过学海堂和万木草堂，王国维海内外的学历也很低，陈寅恪虽然读过欧美各国的多家名校却不取文凭，甚至没有注册，且从不称引师说。他以朱熹为楷模，对待域外文化，尽量取珠还椟，以免数典忘祖。梁启超、王国维等过世后，清华国学院拟聘的几位大家，如章太炎、柳诒徵等，也都不是大学出身。而拿不到全美最容易拿的哥伦比亚大学博士文凭的胡适，被认为是有资格的受聘者，他敢于就任北京大学教授，而婉拒清华国学院导师的礼聘，不无自知之明。民国时期几位无所不能、号称大师如卫聚贤、郑师许等，在学术史上并未留下深刻印记，以致于今日学界知道其人其事者为数甚少。至于时下票选出来的国学大师或是打着国学大师旗号的风水先生，不过是大众的自娱自乐，江湖术士的故技重施，大都由自诩代表民意的各种媒体炒作出来，不必当真，也当不得真的。

进一步追究，出大师之外，即使是有大师之说，梅贻琦长校时的清华大学也不无可议。几位导师或亡故或离去后，硕果仅存的陈寅恪移席史学系，因主持系务的蒋廷黻主张社会科学化的新史学，力挺雷海宗，有逐渐被边缘化之嫌。只是由于他的学术声望高和人脉广，才不至于失势。至于雷海宗，虽然如今间或也被捧为大师，学术上毕竟不止略逊一筹。其对学生的影响，层级越低则越大，待到进入高深研究甚至教书阶段，就不免褪色。抗战时期清华和北大、南开组成西南联大，如今成为人们津津乐道的在艰难困苦的环境中培养大师的典范。可是，从钱锺书《围城》所描写的三闾大学及其各色人等看，至少在他眼中，这里不仅没有大师，良师也为数不多。而且他本人的遭遇即显示，潜在的大师在此同样不能被预测和善待。固然，钱锺书是否大师，或许还有争议，但是，如果连他能否成为大师也未可预料，中国的最高学府又如何能够自产自销“大师”？又如何当得起“大学要有大师”这样的理念呢？

所谓大师者，须天资超凡，非同寻常，而天才不可人为塑造，天才与优才相距决不止一步之遥，所以大学未必能够造就大师，大师或许可以成就大学。如此解读，虽不中，亦不远。

大学未必有大师，而大学为师须有一定之规。大学老师教书育人，应授业、解惑、明道三者兼备。金毓黻认为，大、中、小学为师，至少应分别达到这三个层次。大学为师，必须具备最高一级的明道。所谓明道，即包括人与学的传承的渊源流变。只有掌握学问整体与部分的关联以及古今中外因时因地因人而异的演化，才能通晓各方面的来龙去脉。这样博大精深的极高境界，既目不可及，又深不可测，难以兼得。按照分科的专门之学来明道，或许可以把握近代以来学问的演进，若要上溯中国历代的思想学术文化，则难免格义附会；照本宣科的授业，只能重复教科书的套话；天南海北的解惑，大都不着边际的妄言，都不免直把良材雕成朽木的流弊。

学问之事，难能才可贵，越高明则懂的人越少，这一通则，即使在专门从事教书治学的大学亦无例外。因为受教育者永远是有待雕琢的素材，无力分辨，却必须听授，所以大学如江湖，骗子最易横行。若无高度自觉和自律，一味鼓动后学新进，势必以横通为博雅，为了哗众取宠，不惜信口雌黄。近代中国那几位被戏称为大师的学人，涉猎广泛，著述等身，看似无所不通，名噪一时，如今不要说坊间大众，学界也不大知其名讳事业。而陈寅恪任教于清华大学之时，虽然一再降低标准，所开设的课程学生仍然难以听受，最受欢迎的反而是雷海宗。雷氏深受德国的斯本格勒文化类型学的影响，后者的著述虽然在第一次世界大战后的欧洲一度大热，却不过震动社会与坊间，算不上学院派的学问。若以学习为主业的青年学生作为教学效果甚至水平的评判准则，岂非本末倒置？

学问必须系统教授，才能随时随地将东倒西歪的醉汉扶上正轨。讲座之类的往教耳学无济于事，弄得不好，还会乱人心智，使得新进误入歧途。因为高深的学问以及高明的讲法一般难以承受，必须循序渐进，不能横逸斜出。而意在取悦听众的媚时语，虽然可以吸引眼球，博得掌声，不无感官刺激，容易引起浅学的共鸣或公众的兴趣，于深入堂奥的学问之道却是有害无益。如果扶醉汉之人也是醉汉，非但不能奢望其指点迷津，反而可能跟着误入歧途，走进死胡同，踏上不归路。

学问之事，有虽不能至，心向往之的境界。有无这样的追求，品味大异其趣。近人以为，古人一字不识学者之耻的观念，使得每个学人不堪负重，学问不能扩张，形同两脚书橱。可是未经放眼读书，不知整体的结果，又导致学问没有高度深度，流于侏儒化。形形色色的成果不计其数，而量的扩张非但没有带来学术的发达，反而造成学人见识功力的积弱。只有凭借分科治学所形成的画地为牢的小圈子，在自定行规的自我评价中自娱自乐，才能自欺欺人地说着无知无畏的大话，做着突过前人、引领时趋的美梦。

大学是养育人才之地，人才辈出，则无论做什么成功的可能性都高。若是但出货不出人，货再多也难免假冒伪劣。读学位者一心寻找好题目，以为题好必然容易写好，其实大谬不然。能力不足，素养不高，再好的题目也做不好。所以攻读学位应以训练提升能力素养为主，只要基础扎实，潜心向学，不仅终有所成，而且可以持续释放潜力，向上攀升，不至于以获得学位为人生的高峰顶点，更不会始终乱做而不自觉。制度性地一味鼓励后进滥多发表，虽然有利于单位的排名和个人的升等，喂饱了图利的刊物，却毁了一代人的学术生命。

大学又是君子汇聚之所，君子不党，彼此相交淡如水，不像小人各有所图，无所不能利益交换，相互夤援，盘根错节，结成稳固的共同体。而且君子讲气节，有风骨，棱角分明，只宜远交，不易近处，尤其不宜于今日倡行的所谓团队精神。因此，学术机构要想方设法开拓足够的空间，使其相安无事，不能反其道而行之，二桃杀三士，挑动窝里斗。小人若是参杂其间，上下其手，必定容易得势。庙堂太小，自然供不起大菩萨真神灵，连罗汉也难以容身，小鬼横行就在情理之中。用雇匠之法求师，所得不仅有限，而且很容易上当受骗。

无论章太炎对于大学如何白眼相加，理想上参与其中的学人还是企盼建立一座座学术殿堂。若大学畸变成一处处码头，而学人大都行色匆匆地跑码头，学界就真的成了鱼龙混杂的江湖。江湖自有地位高下之分，争强斗狠，胜负输赢，无非为了名次先后。实力不济，又利益相关，难免裘千丈之类的骗子花样翻新的招摇撞骗。诸如此类的情形由来已久，今人无限景仰的民国时期的大学，亲历者当时就有学术江湖的慨叹，似乎并不像后来者憧憬的那样理想。只是那时送礼者的形象相当负面，北京政府时期，有一位颇具时名的后进，喜欢送礼，人所共知，可是非但礼往往送不进去，本人也因为声名不佳而逐渐淡出学术界。可见当时虽然政界商界的贿赂贪腐成风，爱惜羽毛、自命清高的学人大都并不吃这一套。况且即便是江湖，真正的高手超然世外，反而不屑于江湖地位。

三　系统与附会

民国时大学不止官办，私立的也为数不少。章太炎的意思，应该还有另一层，也许更为重要，即大学按照西式的分科架构讲中国学问，究竟能够理解中国几分。清华的几位大师，按照时人的看法，其实是国学大师。这不仅由于他们都任教于国学研究院，而且所治学问主要还在中国一面。同时，除了赵元任较为专门以外，其余各位教书治学大体还能因循传统通儒之学的轨则，至少不会拘泥于某一专科。当然，是否称得上国学大师，还要综合考察自称、他指和后认。虽然国学的涵义前后不一，因人而异，如果几方面参看，近代中国学人中堪称国学大师者唯有章太炎，其次勉强可算王国维，再次则梁启超。后来钱穆或有此资格，不过当时的地位尚未到如此高度。其他则姑不论学问的宽窄深浅高下，或不以国学自认（如傅斯年即明确反对国学一说），或虽然牵涉标名国学的机构组织，却极少甚至从不谈论国学（如陈垣、陈寅恪，前者还明确表示过对于国学概论之类课程的浮泛不以为然）。至于老师宿儒，新旧营垒之间的评价看法迥异，大都不被认为是属于新学问的国学家。

中国历来书籍分类与学问分别的关系，相当复杂，不可一概而论，尤其不可用后出的分科观念来裁量。中国学问，原以经学为统驭。近人疑古，只能追究先秦以上，而经学主要是管两汉以下，恰似欧洲的神学统驭中世纪的情形，不会因为《圣经》的文本存在歧义就无视神学之于中世纪欧洲的重要性。西学东渐以来，如何安置中西学的两套系统，始终困扰着朝野上下。开始清廷尝试以科举兼容西学，持续半个世纪不得要领，继而以学堂融汇中学，而学堂已是按照西学分科设置课程科目，等于要中学顺应西学，实际上是用西学架构分解重组中学。不断调适的结果，找不到对应的经学被迫退出，只能通过其他学科片断体现或挣扎于体制之外。至于文史等学虽然看似找到对应，却是用西式系统条理固有材料，使之扭曲变形甚至变质。若以哲学、文学、史学的分科讲国学，则失却国学的本意，不合中国学问的本相，更无论社会科学的不合体。

某种程度上，国学可以说是在经学失位失势的情况下不得已的替代。因为人们开始意识到，被西式分科分解组装的中学，很可能失去本意和作用。如同存古，其所谓古，不过是中国遭遇西学之时的学问。张之洞等人意识到中学与西学不同，不能以西学讲中学，但中体西用影响了中国固有学术思想的整体架构、地位和价值。所以后来恽毓鼎等人痛心疾首地指斥主张停罢科举的二张（张之洞、张百熙）为中国文化劫难的罪魁祸首。用西式架构条理中国学问，看似具有统系，实则牵强附会。既然学问的分门别类仿照域外，方法观念便不得不取自异域。而外国的架构是为了与其本国的主流学术对话，至于是否中国，并非首要考虑。就此而论，章太炎说大学不出学问，并非保守言论，拉车向后，而是具有先见之明。

关于中学的科目问题，近代治目录学者已经言人人殊。吕思勉、姚名达等受章学诚《校雠通义》的影响，附会西学分科，相对疏离，叶德辉和余嘉锡所讲则较为近真。宋育仁说书不是学，但书中有学，确为的论。作为中国学问概称的国学，只是近代的产物，与古代中国指称国子监的国学没有共性。近代国学其实是中国受东学（包括日本的国学）、西学（包括西人之东方学和汉学）影响的中学。就社会背景而论，讲国学是为了因应东学、西学的冲击。就学问形式笼统而言，所谓相对于西学指中学，相对于旧学指新学，往往就是对着东学、西学讲中学，既有与之对应者，也有与之反向者，所以国学也包括佛学和四裔之学，也就是傅斯年等人所谓的虏学。

不过，近代国学的讲法固然五花八门，因人而异，其共同性则是或有分科，而并不囿于专门，试图找回中国固有学问的形态和理路。这与今日言国学者，其实是在模糊概念的共同名义下各以专家讲专门之学大不相同。将专门拼凑起来以为国学，犹如用若干小师分授以图培育大师，不是自欺欺人，就是欺世盗名，都会误人子弟。恰如民国时钱玄同批评提倡复古读经，说不是经该不该读，而是提倡者配不配读。今日大概很难找到真正会讲能讲所谓国学的学人，也很难找到能学会学所谓国学的学生。除了普通教育阶段读过的教科书外，所学所讲全都是重新调理后的西式专门分科知识。

近代讲国学者大都程度不同地系统受过中国固有教育，虽然一度附会西学，误以为分科就是科学，如梁启超、章太炎、刘师培等，后来还是逐渐意识到未必能以中学对应西式分科之学。所以讲授国学虽有分科，但本人还能贯通各科或多科。可是弟子们往往无力兼修，即使国学院之类的教学机构，培育出来的也多是专门人才，只不过其专门学问较少西式框架的束缚而已。

晚清以来的学人以分科为科学，治学好分门别类，用以自修，则畛域自囿，若用分科眼光看待他人的研究著述，更是本心迷乱，看朱成碧，非但不足以裁量他人，反而自曝其短。尤其是历史研究，即使在讲求分科的近代中国，史学与其他各科的关联及分别，也是剪不断理还乱。一方面，今日以前的一切都是历史，而且所有历史事实之间存在错综复杂的联系，就此而论，历史是一门综合的学问，治史无所谓分科，但凡分科，则难免割裂历史本来的联系。另一方面，历史虽然具有综合性，仍是整个学问体系当中的一门，同时正因为牵涉各科范围，又可以用各种分科的观念来研治历史，形成日益细分化的分门别类史。

鉴于史学与各科学关系的复杂，遂有学人慨叹让历史融化在一切学科之中。实则治史必须在整体之下研究具体，具体问题涉及甚至属于特定的分科范围，而研究的眼光办法却不能囿于分科的观念知识，否则等于将史事先验地划分为某科的事实，而某科的观念为后来形成，史事并不会按照事后的分科观念发生及演化。滥用后出集合概念认识历史而不自觉其局限，势必无法把握史事的原貌和脉络。有鉴于此，近代具通识眼光者强调治学要点、线、面、体相辅相成。若一味打洞，再深也是限于一点，不及其余，既不知此点在整体中的位置，也不知与相关各点的联系，如此则对于此点很难把握得当。将此一点故意放大则心术有亏，盲目拔高则见识不足，都不能得其所哉。

本科到博士，尚在学习阶段，虽然未经放眼读书，若得良师把关，还能中规中矩。不过，有志于学者，不会以获得学位为人生事业的巅峰，而是作为学术生涯的起步。治学若无高远志向，必定浅尝辄止。早在游学美东之际，陈寅恪鉴于中国学术文化传统惟重实用，不究虚理，缺乏精深远大之思，士子群习八股，以得功名富贵，学德之士终属极少数，近代留学生又一味追求实用，希慕富贵，不肯用力学问，尤其是不愿学习亘万古横九垓而不变，凡时凡地，均可用之，精深博奥的天理人事之学，而救国经世，尤必以精神之学问（谓形而上之学）为根基，曾经断言：

> 此后若中国之实业发达，生计优裕，财源浚辟，则中国人经商营业之长技，可得其用；而中国人当可为世界之富商。然若冀中国人以学问、美术等之造诣胜人，则决难必也。[①]

这番话在当时一心追求富强的国人听来，大感疑惑。可是将近一个世纪过去，却不得不服膺其远见卓识。

于是，如何才能提升在学问、美术方面竞逐世界之林的能力，对于国人可谓一大考验，不能不反躬自省，有心向学者更要时时

① 吴宓著，吴学昭整理：《吴宓日记》第2册，北京，生活·读书·新知三联书店1998年，第101页。

扪心自问。

陈寅恪所说的学术不断趋时与永不过时的问题，还可以进一步深究。关于民国时期学术的研判，常有一异相。好尚者所推崇的，大都是文史学人，尤其是研治中国文史之学的学人。而当年文史学人频频抱怨的，恰是当局倾全力扶持实用的自然科学与社会科学，各种实用学科不但资源占尽，还吸引了无数青年才俊向往科学，以致报考人文学科的选材不易，后继乏人。对此，自然科学与社会科学的学人各有解释，或质疑今人认识有所偏差，忽略了社会科学家对社会的贡献；或认为自然科学与人文学科性质有别，前者必须筑塔积薪，后来居上，用今日的标准衡量，民国学人的水准不高，且已过时，而后者未必青胜于蓝，对前贤先哲只能高山仰止，难以跨越。两说各有道理，也各执一偏。如果经济学名家断定经济学本质上是说明过往的观点可信，则其贡献不会与 GDP 有多少联系，更不可能用 GDP 来测量。抱持这样的观念，不过是经济高速成长期人们对于经济学的普遍迷信。实际上经济发展与经济学的关联度远比人们想象的低。而自然科学在欧洲学术发展史上，拥有许多过去却不过时的大家，只是民国学人达不到相关学科发展进程中里程碑式的境界高度，只能在一定的时空条件下享有时名和地位而已。其贡献不能脱离具体的环境因素。诸如此类的现象，今日未必不会重演，所以不少的似曾相识，还有待时光的检验。

即使在中国文史之学领域，近代以来，由于中西学乾坤颠倒，国人以西为尊为优，除少数高明，所谓道教之真精神与新儒家之旧途径，已成异数。而一味输入新知，则难逃跨文化传通大都误解肤浅的定势。而大势所趋之下，沈曾植、王国维、陈寅恪等大家，都是照远不照近，照高不照低，能够承接其学问者，惟有并世高人与读书种子。这使得那些借助域外引领时趋者大都有意鼓动青年，以求造成时势风尚。对于近代以来中外学术思想文化关系的种种变相，陈寅恪考古论今，再度预言：中国自今日以后，即使能忠实输入北美或东欧之思想，其结局当亦等于玄奘唯识之学，在中国真能于思想上自成系统，有所创获者，必须一方面吸收输入外来之学说，一方面不忘本来民族之地位。[①] 今日看来，其预见性正在逐渐显现的过程中。潜心向学者可以引为针砭，以免误入歧途却一往无前。

其实，若以高为准，则低实际上也在其笼罩之下。晚清民国时期那些引领潮流，树立典范的名士，因为成名太早，见识不够，所言难免破绽百出。浅学者既无力察觉，对立面的抨击又新旧缠绕而难以取信，只有通人能够明察秋毫，有所讽喻。享有时名者耳闻目睹，往往暗自修正，并不明说变化的所为何来。而指点迷津的通人大都不愿直言，一则自高身份，不肯指名评点，或旁敲侧击，或隐晦透露；二则所评必是千虑一失，一般读者未必领会，反而看高明者的笑话，以为盛名之下，不过如此；三则被评点者

① 陈寅恪：《冯友兰中国哲学史下册审查报告》，陈美延编《陈寅恪集·金明馆丛稿二编》，北京，生活·读书·新知三联书店2001年，第284—285页。

往往亦颇自负，偶有疏失，未必甘心受教，有时还会意气相争。有鉴于此，一般的学术论争，大都外行浅学逞其口快，或旨在博取时名。而高手过招，却不动声色，不露痕迹。学人失察，将好胜者的口角当成学术焦点，误以为轰动一时的热闹是学术发展的前趋。就此而论，近代学术风气的开创与引领究竟应该如何裁量衡定，还大有讲究。若以众从为准，则引领多数浅学者自然成为主导。只是从者众能够形成风气，却并非学问的指标。

治学取径，有削足适履与量体裁衣之别。谈方法过重履和衣的制式，而忽略体的形态和足的大小，或者说只是从履和衣的角度来看足与体，难免本末倒置。不能量体裁衣，势必削足适履，其结果不断变换衣履，却始终无法合体。所谓与国际对话、瞄准世界学术前沿之类，无非其变相。因为域外学人的看法无论是否高明新奇，仍是后来怎么看的认识，必须用中国的实事进行衡量。量体之尺可以西式，裁出的衣服必须中国。只有熟悉体和足，才不至于被衣履的样式色泽所眩惑以至盲目。

中国历史上受域外影响最大的三时期，魏晋至两宋以及明末清初诸儒的态度均为吸收输入外来学说与不忘本来民族地位相反相成，只有晚清民国转为以西化为主导准的。这一时期的学人大都经过附会西学的阶段，然后逐渐回归本位。当然也有始终勇往直前者。像陈寅恪那样从头至尾坚持仿效前贤，取珠还椟，以免数典忘祖的，为数不多。依照时贤的看法，研究中国历史文化，越少用外国框框的，价值反而越高，则陈寅恪当在其列，且是有数之人。

史学应以史事为准则，不能以前人研究为尺度。在所谓世界眼光的主导下，与国际对话成为时趋。欧美的中国研究，面向中国的实事，却处于本国学术的边缘，必须接受和按照主流的观念方法，才能取得与主流对话的资格。而其主流学术的理论方法及观念架构，并非因缘中国的社会历史文化生成，用于解读中国，往往似是而非。

欧美的主流学术固然乐见自己的理论方法具有放之四海而皆准的普适价值，其边缘学科也借由运用这样的观念架构研治其他国家的历史文化而获得主流学术认可的资格，并且凭借西风弥漫的优势，取得引领各国学术时趋的地位，所牺牲的，恰好是作为检验标准的中国文献的本意和历史的本事。如果欧美的边缘性学术再转手成为中国学习的榜样，流弊势将进一步蔓延扩大。既然附会西学越少的成就越大，则今日研治中国史事，应当以事实为基准，检验中外学人的成说，而不宜在与国际对话的基础上立论。

或疑如此做法与后现代类似，实则后现代的所谓解构，只是将有说成无，殊不知错也是一种实事，也要说明其如何从无到有的发生及演化，并且在此过程中，把握原有和应有的大体及渊源流变。

如陈寅恪所说，重在准确的史学常常由细节所决定，因此，史学可以说是一项事实胜于雄辩的学问。史无定法，必须具体问题具体分析，历史上人事均为单体，所以治史不能套用千篇一律的阶段、程序和架构。历史发展的可能性千变万化，呈现出来的过程和状态千差万别，如何才能做到精细准确，显然不能由简单的归纳概括或先立论再找论据并举例说明的方式达到。所谓不嫌琐细，尤其与通行做法异趣。今日治史的普遍症结之一，恰在不善于处理材料，讲清事实，呈现材料及史事之间固有的内在联系。不预设观念架构，既看不懂材料，也不知史事究竟如何，或多用材料却难免堆砌罗列，如同流水账。而使用外来观念架构取舍材料，裁量史事，又会陷入形似而实不同的尴尬，日后学问越是增进，越觉得凿枘不合。

1930年代，钱穆针对北平学术界非考据不足以言学问的风气，强调义理自故实出和非碎无以立通。史事的具体细节相互联系，不仅非碎无以立通，而且谈碎之际就有通与不通之别。不从故实出的义理，或削足适履，或纸上谈兵，或橘逾淮为枳。没有义理连接的故实，相互牴牾，支离破碎，不仅偏窄，而且错乱。要将所有单体的史事安放到适得其所，必须碎与通相辅相成。研究要专而不宜泛，专则窄，容易流于细碎，但专未必就是不通。由碎而通，不仅要注意碎与碎之间存在关联，即便碎本身，得其所哉也是通的体现。否则，高谈阔论，门外文谈，便是泛而非通，实为不通之至。同样，碎也要通，一方面碎为通的部分，另一方面，贯通才能放置细碎得当。具体的专题研究若是孤立片面，非但不通，而且易误。有时甚至越是深入，越加偏颇。

治史不嫌详尽琐细，对于研治近代中国尤为重要。按照时空顺序排列比较材料，是史学的基本功夫，也是长编考异法的主要形态。相对于时下两种流弊无穷的方式，即援引后出外来理论架构的宏观概括，以及先立论再找依据的举例说明，尤其具有针对性，善用可以避免宏论的以偏概全和例举的任意取舍。一般以为万言可尽者，能以数十万言详究，而且层层剥笋，环环相扣，多为佳作。当然，字数繁多并不等于深入精细准确。王国维所说“证据不在多，只要打不破”，能够将数十万言不能尽意的史事以万言表达，且取舍精当，恰到好处，同样是一等一的高手。能够做到这一层，背后仍须有长编考异的贯通功夫，而不能单靠悟性聪明，运气猜测。所谓胸有成竹，才能游刃有余。正因为近现代史料史事繁杂，虽然选题不难，可是驾驭不易，也最容易煮成夹生饭，无数的成果，反而糟蹋了无数的好题目。

四 为己与自律

近代学人每好标新立异，一则事事欲突过前人，二则总想根本解决。前者难免有意寻隙，后者实为子虚乌有。治学须先因而后创，必须掌握前人已知，才有可能后来居上，而不至于无知无畏。同理，读书须为己而不为人，陈寅恪“读书不肯为人忙”的意思，仅以德行完善自己，反对将学问视为沽名钓誉的手段为断，或许有些局限，但解读为要有创见，多少有违孔子读书为己的初衷和陈寅恪的本意。固然，治学先要读完前人书，吸收既有，才有可能更进一步。

读书少而著述多，为时下学界通病。读书不够，主要表现有二，其一，未经放眼读书的阶段，即以过于狭隘的知识做凿空蹈隙的专题，不仅见木不见林，还会将天边的浮云误认作树林。其二，不读书而一味找材料。以今日出版的加速进行以及网络资源的极大丰富，学人坐拥书城的梦想早已成为普遍的现实。只要放眼读书，可做的题目俯拾皆是，材料史事极大繁复的中国近现代史，更是罕有完全不能下手的问题。家有金山，却沿门托钵，踏破铁鞋得来的珍馐美味，或许不过是珍珠翡翠白玉汤。

即使按照读书为己的新解，也应读完书再做学问。这样的取法，今人听来或有故标高的之嫌，不仅压力之大无暇读书，取径之偏也无缘读书。善读者 30 岁以后即无书可读，而面对浩如烟海的文献典籍，如果不会执简驭繁，势必终生如牛负重。尤其是清代以来，各类文献大幅度扩增，若是以为读不完而干脆放弃放眼读书的努力，一味窄而偏的结果，很可能误而错。以读书为己作为准则，学人应当多读书，不能只是为了写书而翻书。为写书而翻书，即不为己而但为人，等于不读书而一味找材料，往往有先入为主的成见目的，并据此加以权衡取舍，难免看朱成碧的危险。尽管如今读完书再做学问已是奢求，毕竟没有整体，具体很难把握得当。所谓非碎无以立通，前提还是放眼读书，并非由碎开始。况且放眼读过书才能从常见材料查知真历史，无须竭泽而渔，也能大体不错。

一般讨论历史问题，主要做法有三，即举例、归纳、比较，三者依据大抵相同，均将看起来类似实际上无关（即没有直接的事实联系，或可能有间接关系而尚未证出）之事强牵硬扯到一起。以此为准，20世纪前半期的史学争鸣，尤其是那些参与广泛的热门议题，有不少是外行说话，而后半期发声的虽是内行，却因为时势而往往用了外行的态度。

治史既要与古人梦游神交，又须与今人心意相通。尽管中国文化一脉相承，经过晚清、民国的知识与制度转型，要想二者兼顾，左右逢源，上下贯通，也是难事。历史错综复杂，不可能整齐划一，凡是太过条理井然的叙述，往往以牺牲史事为代价，任意裁剪取舍。而这样的叙述在外行乃至一般同行看来，以为深获吾心，易于引起共鸣。至于曲折繁复的本事再现，反而觉得故作摇曳，不得要领。治学本应好疑，而学人对于自己的知识，却往往深信不疑。以至于看不懂时不是努力学习，而是质疑他人是否说清楚。其所谓清楚，自然是以心中之是为尺度，而非以史事为准绳。

读书应当首先读懂全文本意，不可全当翻检史料。学人下笔时，心中的言说对象往往不止一端。心思越是细密繁复（如陈寅恪），或是故弄玄虚（如好小学的太炎门生），则言说的对象越是复杂，言说的内涵越是丰富。阅读此类文献，能够揣摩到哪一层，实在考验读者。由于学力不足，读书不细，看不懂他人著述，又好妄加揣度，常常曲解人意，不仅故意挑剔，甚至深文周纳。诸如此类的解读，既不符合文本的纸面意思，距离作者心中所想更加离题万里。有时则明明意思显然，却故意混淆抹杀，非但以狗尾续貂为临门一脚，还自诩佛头着粪是满树新花。

治史每每材料不能完整，而学人因为工具见识不够，时时力有不逮，必须阙疑与藏拙。就客观而论，史料之于本事，无论多么丰富，总是片断，因而总有文献不足征之处，应当留有以待。就主观而论，个人学识再高，总有局限，力所不及，不可勉强出手。不会阙疑和藏拙，势必进退失据。面对今人，或有天低吴楚眼空无物之感，毕竟山外有山，天外有天，人外有人，当阙疑处不能强说，当藏拙处不可炫耀，否则自曝其短，适以露丑。高论固然不易，无论何时何地都不说外行话，同样难能。欲达此境界，非经放眼读书不可。时下的成名之士，已非昔日饱读诗书的老师宿儒可比，未经系统读书的训练，又好看似无所不知的激扬文字，开口便错，句句绽论，虽然博得无数拥趸，却是贻笑大方。知之为知之的古训，应当成为时下读书不富而好放言无忌的闻人免开尊口的信条戒律。

学术讲究自律，学行重在口碑，而口碑因人而异。或者不免口称敬畏，心生轻慢，但重生前的名利，不顾身后的清誉。学界斯文道丧，势必乱象横生。懒虫与笨伯的抄袭剽窃，容易识破，自以为是的聪明人，或毁尸灭迹，有意回避直接参考的先行研究，反而大加征引各种间接论著，以炫其用功博学，蒙蔽智者，取信浅人；或制造问题，故意曲解抹杀，以前人不屑说不及说不必说为人所不知，标新立异，以为独创；或倒因为果，刻意将材料史事的时空关系错置，制造论据，形成论点，各类手法，往往混用。其人工于心计，善于文辞，谈史论理，貌似广博征引，具体扎实，条理清晰，逻辑严密，非熟悉前人研究、材料以及史事者，往往为其所迷惑。正因为此类行为易于得逞，较抄袭为害更烈。只是前贤无处不在，来者源源不绝，天下人不可尽欺。有心作祟者，得逞于一时之际，也就是被钉上历史的耻辱柱之时。

学海无涯，高深莫测，学人治学，惟有高度自律，不可为所欲为。因为学问但凭良知，无法借助其他权力加以有效的制约监督，学人若无自我约束，即无学术可言。正因为治学全靠自律，学人心中的天平，但凡受学术以外的任何因素作用而有所偏倚，便是心术不正，而心术一偏，便已失却治学的资格。如学术评价，或利益牵扯，或学识不够，砝码轻重失衡，天平难免倾斜，无法测量得当，能够免于负筛选已经难得。因此，学人必须爱惜羽毛，无心之失尚可改过，有意逾矩不能宽恕，一失足成千古恨，再回头已百年身，绝无在哪里跌倒就在哪里爬起的自新机会，只能永远退出学界。

学人志向，唯以学问争胜，学问是一辈子，而非一阵子的事，著述不能但求博取时名，罔顾传世。或谓分科治学的时代，所出不过侏儒之学。此说或许反映了部分实情，但即使身陷其中，也应努力超越，不争草头王，不以偏门为时趋，不做诸侯封疆，胸怀天下，才是大道正途。如果能够少些权谋的算计，多些学问的冥想，则不仅学界清静几许，没有那么多乌烟瘴气的斯文扫地，有望多出佳作，而且有助于坚守道德底线与社会良知，进而澄清风气，端正人心。有鉴于此，钱穆所说论学术必先及于心术与风气，才能具有绝大义理，经得起绝大考据，确为的论。[①] 若起步之初即不能洁身自好，后续如何确保不是歪门邪道下坡路？

① 钱穆：《发刊词》，《新亚学报》第1期，1955年8月，第8页。

晚近史的史料边际与史学的整体性

晚近史料的种类与数量大幅度扩张，规模大大超过历代文献的总和。而搜集阅读之难，逾于古史，史料的保存状况之劣，也在古籍之上。在史料不可能竭泽而渔，甚至难以把握边际的情况下，学人或分门别类，缩短战线，或随意比附，看朱成碧。前者畛域自囿，后者隔义附会，使得晚近历史的整体性逐渐流失，盲目性不断增大。治史须先因后创，由博返约，先识大体，胸有成竹，才能庖丁解牛，以免盲人摸象，坐井观天，甚至指鹿为马。要想改变晚近史料收藏与利用的两难，恢复史学应有的整体性，当务之急，必须解开收藏、学术、出版各界相互制约的连环套，多快好省地大规模出版晚近各类文献资料，使得研究者处于大体平等的资料条件基础之上，促使学人将重心由看得到转向读得懂，由借助外力条理史料转向理解文本史事的内在联系，并且因缘史料的繁多，探究进一步处理史料与史学复杂关系的良法，从而化弊为利，改善提升晚近史研究的格局与水准，使晚近史的研究在深度与广度上超越古史。

今人研治晚近历史，常常遭遇资料易得而难求其全的尴尬，由此引发一系列令人困惑的难题，直接关系到研究的高下得失成败。其中至少有三点牵涉全局，其一，迫于史料繁多而不得不缩小范围，分段分类的专门之学日趋精细。可是随着专题研究的细分化，历史相互联系的整体性逐渐丧失，不知具体在整体中的恰当位置与意义，反过来具体研究的准确度也会大打折扣。分科治学起于晚清，而史料并不按此设列，用分科眼光看史料，即用后来观念解读前事，难免以偏概全。专门化逐渐形成小圈子的学问，参与者的能力决定其整体的水准。若无高明者领军，难免等而下之。

其二，细分化并不能解决史料边际无从把握的困惑，再小的题目，要想穷尽史料也几乎不可能。以索引找资料，则会遗漏大量从题目、关键词不可见的重要史料，并且因为不知主题的关联范围，也就难以把握所研究主题的史料边际究竟何在。由此出现相反相同的两种情形，或找不到材料，或材料太多不能驾驭。于是研究一个题目的材料究竟要掌握到何种程度才可以出手，变得难以捉摸。研究的情势有如秉烛夜行，灯下黑与不远见均不可避免。

其三，由于资料收藏和学人境遇的限制，资料接触处于不对等状态，又片面强调或理解以新材料研究新问题，结果人所共知的书都不看，一心搜寻前人未见的材料，且以找材料的态度翻书，或者说看书就是为了翻检材料，且以看得到掩饰读不懂的局限。或以垄断材料为研究基础，结果过度依赖对于材料的垄断，导致研究某人即以其材料为视野范围，不看其他相关材料，最终势必以其是非为是非；或以某一类资料为可靠，以为材料即事实，于是只看这一类材料，甚至排斥其他资料，不能相互参证，非但事倍功半，而且容易误判错解。

以上三点相互作用，治史如同摸黑盲行，导致本来具有综合性的历史研究日益支离破碎。而这一切，均与晚近史料边际的模糊紧密关联。近年来苦思冥想破解之方，以为唯有打破收藏、学术、出版各界相互制约的连环套，使得不同境遇的研究者所有的资料条件大体相近，改变那种以为历史大体和真相基本还尘封于人所不知的秘笈之中的误解，不仅有助于图书馆、档案馆、博物馆等文献收藏机构乃至藏书私家摆脱资料保存与公众利用的两难，而且促使学人将研究重心由看得到转向读得懂，由借助外力条理材料转向理解文本史事的内在联系，改变以外国义理为准则的趋向，以免进一步误读错解近人的文本及其思维行为，从而改善提升晚近史研究的格局与水准，甚或因缘史料的繁复，借鉴古史的经验，进一步探究处理史料与史学复杂关系的良法，化弊为利，使得晚近史的研究能够驾古史而上之。

一　晚近史料的类型与规模

历史研究的史料边际，首先是整体的规模、范围与系统。史学为综合的学问，须先广博而后专精，由博返约（专、精、博、通的关系，牵扯繁多），读完书然后再做研究，所谓“通学在前，专精在后，先其大体，缓其小节，任何一门学问，莫不皆然，此乃学问之常轨正道”[①]。可是，这样的常轨正道在晚近史的领域，却显得悬的过高，相当奢侈，甚至强人所难了。中国文化发达甚早，为了维系千差万别的广大地域的统一，巧妙运用文言分离的功能，极其重视文字的功效，与之相关的发明多而且重要。中国古代典籍号称汗牛充栋，浩如烟海，从世界范围看，此言不虚。法国汉学家葛兰言当年即因为治上古社会史缺少材料而转向中国。

可是与晚近比较，古代史的资料显得相当有限。《四库全书》共收书3500余种，存目6800余种，禁毁书约3100余种，合计也不过13000余种。其中相当一部分为乾隆以前的清人著述（仅存目书即十居四五）。至于清代的著述，《清史稿・艺文志》和武作成编述《清史稿・艺文志补编》，共收录清人著述20000余种，王绍曾主持编纂的《清史稿艺文志拾遗》，在《清史稿・艺文志》及《补编》之外，著录清代著述54000余种。而据李灵年、杨忠主编的《清人别集总目》和柯愈春的《清人诗文集总目提要》，仅诗文集一项，即达40000余种之多。除去乾隆以前的重合部分，

---

① 钱穆：《〈新亚学报〉发刊辞》，《新亚学报》第1卷第1期，1955年，第6页。

也已经超出修四库之前中国书籍的一倍。考虑到著录遗漏等因素，清代典籍总数当在 8 – 10 万种，大大超过历代的总和。[①]

令人惊异的是，这些数量庞大的典籍，只占整个清代文献的一部分，而且还是小部分。中国大陆档案馆系统收藏的清代档案共 2000 余万件（册），其中 50%存于中国第一历史档案馆，其余散置于各地方档案馆。这还不包括私家收藏的档案以及图书馆、博物馆系统所藏的档案（其实档案只是存放资料方式的类型，而不是资料的类型。档案中的函电、官文书等，很难与其他机构或私人的收藏区分。如清季谘议局文件，在各地即分别入藏档案馆或图书馆）。台湾地区和欧美、日本等国，也分别收藏了数量不等的清朝档案，总数至少有数十万件。[②]

报刊为清代史料的又一大类，而且数量更加巨大。明以前也有一些勉强可以算是报刊的文献，不仅数量少，价值也相对较低，即所谓断烂朝报。清季以来则大不同，数量大幅扩增，内容极为丰富，反映社会各个层面。据统计，自 1815 年中国的近代报刊创刊以来，至 1911 年，在中国和海外共出版中文报刊 1753 种，

① 参见戴逸《国家清史编纂委员会·文献丛刊总序》，戴逸著，北京市文史研究馆编：《涓水集》，北京，北京出版社2009年，第472页；辛德勇《谈清人著述的目录与版本》，《中国图书评论》2005年第8期；蒋寅《一部清代文史研究必备的工具书——〈清人别集总目〉评介》，《中国典籍与文化》2001年第3期。

② 参见冯尔康《清史史料学》，沈阳，沈阳出版社2004年，第四章"档案史料"；邹爱莲《清代档案与清史纂修》，《清史研究》2002年第3期。

在中国出版的外文报刊136种。[①]就种类而言，清季报刊的数目似不算多，不少报刊的寿命较短，可是也有相当数量的报刊持续的时间相当长，发行卷数多，尤其是日报，日积月累，且越往后版面越多，篇幅越大。清季报刊受体制和立场的局限，道听途说与一面之词不在少数，若将不同背景的报刊相互比勘，并与其他类型的资料彼此参证，可以补充连续性活动和细节记述的不足，并且测量社会的反应。更为重要的是，通过阅报，能够逐渐回到历史现场，与近人感同身受，从而对当时的人与事具有了解之同情。

各种形式的民间文书，数量同样庞大，仅各大图书馆藏家谱就有2万余种，以清代居多。这类材料，以前一般不为学人所注意，五四新文化以后，才开始收集。1920年代北京大学国学门收集并展出风俗物品，还遭到非议。除个别类型之外，各公私图书馆还是少有收藏。近年来，随着研究层面的下移，这类资料越来越为学界所重视，但与资料存留的数量相比，收集工作的规模进度，仍然相当滞后。

以上所述，仍有不少遗漏。如晚近人物的日记、函札乃至诗文集，未刊者甚多，仅日记据说已经掌握信息的就有千余种。近来编辑出版的《清代稿钞本》第一辑（广东人民出版社2007年），共收录日记22种、诗文集140余种和清季广东谘议局及相关文

① 史和、姚福中、叶翠娣编：《中国近代报刊名录》"前言"，福州，福建人民出版社1991年，第1页。

件20余种，其中相当部分为各种目录书未曾著录。有的早已为海内外学人所关注，如杜凤治的《望凫行馆日记》。杜氏由幕而官，同光年间在广东多个县为官，每日记事颇详，史料价值极高。后续各辑还有不少未刊稿钞本。如晚清广东大儒之一的陈澧，一生著述极多，随著随刻，又不断修改，留下大量手稿，内容与坊间刊本多有不同。由于种种原因，稿本仅存其半，利用极难，而据原稿钞录的钞本则大体完整。翻译书和教科书，为晚近新有，前者关系中外，后者为知识载体，重要性不言而喻，一般目录较少著录，迄今为止，连确切数目也不能完整掌握。目前海内外学人关注者甚多，已渐成所谓热点，而所见明显不足，仓促立论，未能至当。

此外，晚清以来，中外交通频繁，各国公私档案（包括政府的外交、殖民、移民、军事、商务部门，教会、公司、传媒、国际性团体组织等机构，以及相关个人的文书），大量涉及与中国的关系。陈寅恪早年批评民初撰修清史过于草率，特别指出："自海通以还，一切档案，牵涉海外，非由外交部向各国外交当局调阅不可，此岂私人所能为者也？边疆史料，不详于中国载籍，而外人著述却多精到之记载，非征译海外著述不可。"[①] 如将海外各类档案著述收罗完整，史料的数量还将大幅度扩增。

文献的几何级递增，与出版机构及印刷技术的改进普及密切

① 陈守实：《学术日录[选载]·记梁启超、陈寅恪诸师事》，《中国文化研究辑刊》第1辑，上海，复旦大学出版社1984年，第422页。

相关。晚清 70 年，时间约占清代的四分之一，文献数量的比例却远不止此数。民国以后，出版扩张的速度更快，北京图书馆根据北京、上海、重庆三家图书馆的藏书编辑的《民国时期总书目》（北京，书目文献出版社，1986 — 1995 年），共收录 37 年间出版的各类中文平装图书 124000 余种，超过整个清代文献的总和。档案方面，据《全国民国档案通览》（北京，中国档案出版社，2005 年）编委会的不完全统计，全国 1000 多家各级档案馆共收藏民国档案 1400 万卷，即使平均 1 卷只有 10 件，也是明清档案的 7 倍。报刊更加惊人，截至 1949 年，中文报刊的总数至少达到 4 万种以上（其中报 4000 余种，刊 36000 余种）。照此估算，则清季报刊仅占三十分之一。

分门别类的研究在失去整体性的同时，并不能真正消除史料边际模糊带来的困惑。目前已知的近代史料已经不胜其繁，而扩张的速度幅度又极大，再具体的题目，要想穷尽材料，也戛戛乎其难。《清史稿艺文志拾遗》著录书 54880 种，编撰者仍然坦承“未见书目尚多”[①]。况且，各书目大都依据前人所编目录，并未核对各馆库藏原书，从《清代稿钞本》的编辑以及其他相关情况看，各图书馆有书无目或有目无书的现象不在少数。非公共性的公家图书馆，既不对外开放，管理人员又缺乏专业训练，编目更难完善。而博物馆系统，限于体制，所藏文献均作为文物，内部人员也难

① 王绍曾：《清史稿艺文志拾遗·前言》，《清史稿艺文志拾遗》上，北京，中华书局2000年，第22页。

得一见庐山真面。至于私家收藏，秘不示人，尚有许多信息未曾公开。尤其是近人的函札、日记、著述等未刊稿本，躲在深闺人未识的为数不少。

《民国时期总书目》的编辑原则是必须见书，因而有目无书的就只能阙如。线装书、少数民族文字和外文图书暂未收录。中小学教材仅收录人民教育出版社图书馆和北京师范大学图书馆的部分藏书，未及上海辞书出版社及全国其他重要图书馆的相关藏书。少年儿童读物，则三家图书馆漏藏或不入藏者较多。台湾、香港及边远省份出版的图书收藏也不全。此外，民国时期还有不少书籍因为政治、道德等原因遭到禁毁，其中既有政府行为，也有行业（如书业公会）自律，尤其是后一种情况，销毁相当彻底，海内外公私收藏甚少。这些都影响了收录的完整性。加之书目的编辑未兼收全国其他重要图书馆的藏书，虽然后来调查认为遗漏不多，只有10%左右。可是因为基数太大，10%就是12000种，几乎相当于清以前历代图书的总和！

报刊方面，据中国50个省市级以上图书馆所藏，仅1833—1949年9月以前的中文期刊，三次编目，均有不同幅度的增加。1961年首版未收录中国共产党各时期的党刊、抗日民主根据地和新中国成立前解放区出版的期刊，以及国统区出版的部分进步刊物。1981年增订本加入上述部分，共收中文期刊近2万种。据“编例”，“仅收录比较有参考价值的品种。县级以下的期刊和有关中小学与儿童教育的期刊，酌量选收。至于纯属反动宣传、诲淫海盗以及反动宗教会道门等毫无学术史料参考价值的期刊，不予收录。伪满、伪华北、汪伪等汉奸军政机关出版的期刊，除自然科学方面的期刊酌收外，其他的不予收录”。[①] 以今日的眼光看，这些刊物的学术参考价值当然不言而喻。所以，从1985年底起，由国家图书馆和上海图书馆共同主持，全国56个省、市、大专院校图书馆参加，编辑了一本补充目录，共补收期刊16400余种，其“编辑说明”特意强调：“其中包括：珍贵革命刊物，国民党党、政、军刊物，抗日战争时期敌伪刊物，中小学教育刊物，儿童刊物，文艺刊物等。”[②] 与增订本相加，近代中文期刊总数当在36000种以上。报纸据统计约4000余种，仅国家图书馆缩微中心以全国各图书馆藏为底制作成缩微胶卷的就有2900种。

晚清民国号称史料大发现的时代，所重主要还在古史，而各类新发现的古史资料相加，与近代史料的扩张速度幅度相比，真可谓九牛一毛。

二 史料膨胀对史学的影响

如此大量的资料，任何一类，都已经超过中国历代各类资料的总和，叠加在一起，令人有不堪重负的压迫感。一般学人能力

---

① 全国第一中心图书馆委员会全国图书联合目录编辑组编：《1833—1949全国中文期刊联合目录（增订本）》，北京，书目文献出版社1981年，Q2页。

② 国家图书馆、上海图书馆主编：《1833—1949全国中文期刊联合目录（补充本）》，北京，中央民族大学出版社2000年，第1页。

或有不及，而最重史料功夫的史学二陈，不免也会望洋兴叹。熟悉各国文字，又勤于翻检旧籍的陈寅恪，“淹博为近日学术界上首屈一指之人物”[①]，少年即立志读完中国书，后来尤其讲究史料与史学的关系，他比较上古、中古、近代的史料多寡与史学研究的差异，认为：“上古去今太远，无文字记载，有之亦仅三言两语，语焉不详，无从印证。加之地下考古发掘不多，遽难据以定案。画人画鬼，见仁见智，曰朱曰墨，言人人殊，证据不足，孰能定之？中古以降则反是，文献足征，地面地下实物见证时有发见，足资考订，易于着笔，不难有所发明前进。至于近现代史，文献档册，汗牛充栋，虽皓首穷经，迄无终了之一日，加以地下地面历史遗物，日有新发现，史料过于繁多，几于无所措手足。”[②]1940年，陈寅恪为陈垣《明季滇黔佛教考》作序，就史料一层感叹道：“寅恪颇喜读内典，又旅居滇地，而于先生是书征引之资料，所未见者，殆十之七八。其搜罗之勤，闻见之博若是。”[③]由此可见遍读晚近书籍之难。

主张治史要将史料竭泽而渔的陈垣，同样苦于近代史料的漫无边际。他说：“史料愈近愈繁。凡道光以来一切档案、碑传、文集、

① 陈守实：《学术日录［选载］·记梁启超、陈寅恪诸师事》，《中国文化研究辑刊》第1辑，第422页。

② 王钟翰：《陈寅恪先生杂忆》，纪念陈寅恪教授国际学术讨论会秘书组编：《纪念陈寅恪教授国际学术讨论会文集》，广州，中山大学出版社1989年，第52页。

③ 《陈垣〈明季滇黔佛教考〉序》，陈美延编：《陈寅恪集·金明馆丛稿二编》，北京，生活·新知·读书三联书店2001年，第272页。

笔记、报章、杂志，皆为史料。如此搜集，颇不容易。”于是主张：“宜分类研究，收缩范围，按外交、政治、教育、学术、文学、美术、宗教思想、社会经济、商工业等，逐类研究，较有把握。且既认定门类，搜集材料亦较易。”[①]这与近代以来西学影响下分科治学的时尚相一致，清季学人如刘师培等即将中国既有学问附会西学分支，胡适、梁启超等人的整理国故，也着重提倡专史研究。影响之下，专史研究形成风气，对此后学人的学术取向制约深远。

分科治学起于晚清，而且是用外来的知识系统关照固有学问，这样的办法，民国时一度被认为是用西洋系统条理中国材料的进步，后来更被奉为建立新的学术典范。可是，用分科以后的观念看待此前的史料史事，难免强分畺界，隔义附会。而缩短战线，分门别类，固然一定程度上有助于解决史料繁多，无法尽阅的难题，但也带来不少偏蔽。其最大问题，当在割裂史学的整体性。由于书多读不完，不可能读完书再做研究，而收缩分类等于将整体肢解为互不关连的部分，治史犹如盲人摸象，坐井观天，不仅学问的格局不能大，无法通，更使得窄而深的局部研究发生扭曲变形。具体表现为：

其一，治学不识大体，不读书而一味找材料。“学问必先通晓前人之大体，必当知前人所已知，必先对此门类之知识有宽博成系统之认识。然后可以进而为窄而深之研讨，可以继续发现前

---

① 约1929年12月3日致台静农，陈智超编注：《陈垣来往书信集》，上海，上海古籍出版社1990年，第380页。

人所未知。”[1] 如今只在教科书层面接受一些常识甚至套话，接着就进入细小的专题研究，不知前人大体和已知，守成尚且力有不逮，又急于创新超越，凭借翻译介绍的域外义理或讲座讲坛等耳学零碎，追逐新奇，道听途说，横逸斜出。因为不知前人已知，所谓创新，难免无知者无畏。

其二，分科治学之下，学人的眼界日趋狭隘，没有成竹在胸，无法庖丁解牛。或以为横切竖斩，总能深入核心，殊不知若无大局整体，问题意识于见仁见智，见树见林之外，很容易将天边的浮云误认为树林。[2] 而学人又不甘于局部边缘，贯通无能，却好以各种名义将局部放大为整体，以落草为寇当作画地为王。一方面不断细分化，一方面则夸大其专门为引领时趋，力图放大所据之点，以侏儒充巨人。不知具体研究在整体中所处的位置及其意义，很难拿捏得当，恰当好处。史学主要在见异，与社会科学的求同不同。而见异并非仅仅研究具体，而是在整体之中研究具体。治史不能分清整体与局部的关系，表现有三：1. 以局部为整体，所谓盲人摸象。2. 从局部看整体，容易看朱成碧。3. 由局部求通论，难免强人就我。

其三，因为不知大体，无法了解前人著述的意思，于是以为前人无意思，将所有书籍当作材料，只能借助外来后出的现成框

① 钱穆：《新亚学报》发刊辞，《新亚学报》第1卷第1期，1955年，第5页。

② 杨联陞：《敬挽萧公权先生》，杨联陞著，蒋力主编：《哈佛遗墨——杨联陞诗文简》，北京，商务印书馆2004年，第87页。

架系统，先入为主，尽量使材料脱离原有的时空联系，随心所欲，断章取义。否则不仅不知材料有何意义，甚至不知如何解读其意思。

其四，以分科观念看待前人前事，强史事材料以就我，将历史人事纳入后来的现成框架，曲解附会。实则试图令古人按照今人的眼光轨则来思想行事。

面对数量如此庞大，各项编目工作严重滞后，规模不断扩张，系统无法把握的史料状态，研究者的确很难做到胸有成竹。更为严重的是，由于史料繁多，目录不全，学人反而不注意由目录入手，把握整体，探察系统。不要说用辨章学术、考镜源流的态度从目录看学术的渊源流变，作为索引的功能也未予以足够重视。近年来接触大陆、台湾、香港各校研究生，不少人博士毕业，还不知道多种目录书的存在，更谈不上利用。何况目录不能仅仅作为查询的索引。在这样的情况下，史料掌握到何种程度方可出手，而且能够保证大体不错，将来材料进一步发掘披露，可以补充，可以局部调整，甚至可以个别细节正误，但基本判断和致力的方向正确无误，后续研究只是加强，而不会改变原有成果，便成为近代史研究的难题，同时也是史学艺术的奥妙所在。

无庸讳言，近代史的研究相对后起，整体水准以往不及古史。但晚近史料繁多，在给学人造成巨大压力的同时，也提供了超越古史研究的可能。一般认为，近代史资料搜集不难，判断也相对简单，因而容易立论。胡适就说："秦、汉时代材料太少，不是初学所能整理，可让成熟的学者去工作。材料少则有许多地方须用大胆的假设，而证实甚难。非有丰富的经验，最精密的方法，不能有功。晚代历史，材料较多，初看去似甚难，其实较易整理，因为处处脚踏实地，但肯勤劳，自然有功。凡立一说，进一解，皆容易证实，最可以训练方法。”①他劝罗尔纲治近代史，理由便是“近代史的史料比较丰富，也比较易于鉴别真伪”②。甚至陈寅恪也一度认为：“研上古史，证据少，只要能猜出可能，实甚容易。因正面证据少，反证亦少。近代史不难在搜辑材料，事之确定者多，但难在得其全。中古史之难，在材料之多不足以确证，但有时足以反证，往往不能确断。”③揆诸事实，不能不说前贤的这些意见多少低估了近代史研究领域史料制约史学的复杂性，也忽略了由此带来的考验和提升学人创造力的可能性。胡适晚年穷究《水经注》案，陈寅恪则以盲目膑足之身，用十年之功撰写《柳如是别传》，分别以行动对此前的判断有所调整，只是效果大相径庭。

由于晚近史资料边际模糊，引证、论述与评判，往往主观随意，见仁见智成为信口开河的托辞。与古代史尤其是唐以前的研究相比，这样的指责的确无可否认，尽管宋以后已有类似问题，而且训练不够的学人在新材料减少的情况下，也出现一味用旧材

① 耿云志、欧阳哲生编：《胡适书信集》上册，北京，北京大学出版社1996年，第557页。

② 罗尔纲：《师门五年记》，北京，生活·读书·新知三联书店1995年，第28页。

③ 杨联陞：《陈寅恪先生隋唐史第一讲笔记》，《清华校友通讯》1970年4月29日。

料重新解释的偏蔽。可是晚近史的研究无疑更为突出。治古史的学人好以自圆其说为立论的起码准则，而在晚近史研究中，由于材料繁多，先入为主，甚至捕风捉影也能自圆其说。本来立论必须贯穿解释所有相关资料而无窒碍，而晚近史料边际不定，难以穷尽，看朱成碧，亦可言之有据，无论正反，均不易验证是否能够条贯所有的材料与史事。最为典型的事例，当为陈寅恪《柳如是别传》因不信官书，而作关于钱谦益两次被捕时间的长篇考证，居然能够成说。[①] 至于当今学人普遍采用的因果论证与条件判断，割裂材料与史事的时空及内在联系，任意拼凑组装，穿凿附会，形成观点，虽然都有不少论据，却不能贯通所有材料与史事，甚至不得不故意扭曲史事，强材料以就我。以此方式论证，稍微涉猎文献，就可以轻而易举地提出多种相异相反的观点，并且均能够提出支持论据。如此，则立说不难，却于解决问题毫无帮助，无法实质性地推进研究，反而淆乱视听。

材料繁多使得研究的层面可以进一步深入扩展，同时也加剧了掌控史料与研究关系的难度。古代史多重制度文化，晚近则首重人事，人为历史主体，最为复杂。而材料难得其全，导致在活跃的思维心理层面不易驾驭把握得当。处理史料与史学的关系，需要更加精细而具可操作性的办法。在古史领域，所谓直接材料与间接材料，或主料与辅料，又或者一手材料与二手材料等等分

---

① 参见何龄修《〈柳如是别传〉读后》，纪念陈寅恪教授国际学术讨论会秘书组编：《纪念陈寅恪教授国际学术讨论会文集》，第634—638页。

别，于史事真伪的判定关系极大。一般而言，这样的判断固然不错，可是比照材料与事实之间的复杂性，还嫌表面。近代学人强调有几分材料出几分货，但材料不会直接说明事实。或者说，材料只会展现记录人所知和所以为的事实。当事人关于本事的记录，除了最简单的真伪是否之外，如何才是真的问题相当复杂。梁启超即认为："不能谓近代便多史料，不能谓愈近代之史料即愈近真。"并指出近代史料不易征信近真的原因，一是"真迹放大"①，二是记载错误②。

所谓第一手资料的真与是，其实也是相对而言。历史上所有当事人关于本事的记录，由于角度、关系、层面等客观条件不同，以及利害有别等主观因素，往往异同互见，千差万别，横看成岭侧成峰的原因，在于立足点的远近高低各不同，罗生门的现象因而相当普遍。前贤所谓以汉还汉，只能剔除后人的叠加，不能区分当时的异见。就此而论，所谓真至少有两个层次，即史事的真与记述史事的真。史事的真只有一种，但人们必须根据各种相关记述来还原史事，而即使亲历者关于史事的记述也各不相同，甚至相互牴牾矛盾，间接材料的差异往往由此敷衍而来。当事人的记述无论由于客观条件还是主观因素的作用所产生的差异，间有放大或掩饰的故意，却不一定是有意作伪，不仅所记大都是真（当

① 《中国历史研究法》，《饮冰室合集》专集之七十三，北京，中华书局1989年，第37、91页。

② 《中国历史研究法（补编）》，《饮冰室合集》专集之九十九，北京，中华书局1989年，第6、80页。

然也有不同程度的失真），更重要的是，他们如此这般或那般记载这一史事，同样是真。前者是他们的眼见为实，后者固然有部分隐晦，但他们如此记述，仍然是真实心境的写照。研究历史，一方面通过比较不同的记述逐渐接近史实，另一方面则要探究不同的当事人何以记述不同，尤其是为何会这样而不是那样记述。史事的真与相关人心路历程的真相辅相成，只有更多地了解所有当事人记述的心路历程，才有可能更加贴切地接近所记事件的真实。

古史材料遗存有限，仅凭断简残篇，很难深入这一层面。陈寅恪评冯友兰《中国哲学史》上册称："凡著中国古代哲学史者，其对于古人之学说，应具了解之同情，方可下笔。盖古人著书立说，皆有所为而发，故其所处之环境，所受之背景，非完全明了，则其学说不易评论。而古代哲学家去今数千年，其时代之真相，极难推知。吾人今日可依据之材料，仅为当时所遗存最小之一部，欲借此残余断片，以窥测其全部结构，必须备艺术家欣赏古代绘画雕刻之眼光及精神，然后古人立说之用意与对象，始可以真了解。所谓真了解者，必神游冥想，与立说之古人，处于同一境界，而对于其持论所以不得不如是之苦心孤诣，表一种之同情，始能批评其学说之是非得失，而无隔阂肤廓之论。否则数千年前之陈言旧说，与今日之情势迥殊，何一不可以可笑可怪目之乎？"

以往学界多注意上述文字，而忽略紧接下来的这段话："但此种同情之态度，最易流于穿凿附会之恶习。因今日所得见之古代材料，或散佚而仅存，或晦涩而难解，非经过解释及排比之程序，绝无哲学史之可言。然若加以联贯综合之搜集及统系条理之整理，则著者有意无意之间，往往依其自身所遭际之时代，所居处之环境，所薰染之学说，以推测解释古人之意志。由此之故，今日之谈中国古代哲学者，大抵即谈其今日自身之哲学者也。所著之中国哲学史者，即其今日自身之哲学史者也。其言论愈有条理统系，则去古人学说之真相愈远。”陈寅恪虽然表彰冯友兰的著作“能矫附会之恶习，而具了解之同情”，利用材料别具特识[①]，可是他批评民国学者“竞言古史，察其持论，间有类乎清季夸诞经学家之所为者”，又声明自己不敢观三代两汉之书，有心与清儒立异外，不愿图画鬼物，当是重要原因。[②]

晚近史料遗存的丰富详尽，使得学人不必依据残篇断简神游冥想，但是因为数量过多，边际模糊，形成雾里看花，仍然难免穿凿附会的流弊。有鉴于此，处理史料与史学关系的办法，也须较研治古史深入一层。具体而言，既然当事人的记述各异，不可能与事实完全重合，但又并非伪，而是部分真，则所谓第一手资

① 陈美延编：《陈寅恪集·金明馆丛稿二编》，北京，生活·读书·新知三联书店2001年，第279—280页。朱自清记：1933年2月13日浦江清与之论著述，“以为只总结帐及划时代之作为价值，述古多而创新少则不足论。冯芝生哲学史，渠意当属此类。”又3月4日记：陈寅恪论哲学史，“以为汉魏晋一段甚难”（朱乔森编：《朱自清全集》第9卷，南京，江苏教育出版社1997年，第196、202页）。浦江清所说，显然是陈寅恪的意见。

② 《陈垣〈元西域人华化考〉序》，陈美延编：《陈寅恪集·金明馆丛稿二编》，北京，生活·读书·新知三联书店2001年，第269—270页。

料的权威性其实难以断定，至少无法区分其中可信的程度以及哪些方面较为可信。所谓第一手资料所能证明的问题，大体上只是时间、地点、相关人物、大体过程等等比较简单的部分，至于更为复杂的思维盘算、人际关系以及相关作用的详情究竟如何，一般很难以哪一位当事人的记述为准。所以，所有类型的资料都只能部分地反映真实，只有尽可能完整全面地掌握相关记述，并且四面看山似地比较不同的记述，即所谓俱舍宗式地前后左右了解语境，理解文本，把握错综复杂的相互联系，或许可以逐渐接近事实的真相。在此过程中，探究相关当事人何以如此记述与了解事实的真相相辅相成，史实永远不可能完全还原，但是，随着对相关史料的掌握逐渐增多以及了解各自记述差异的潜因逐渐深入，史实的真相可以多层面地逐渐呈现。

就此而论，所谓重建史实，迄今为止，仍然既是科学又是艺术，缺一不可。一再强调要将历史学的研究自然科学化，尤其是生物学地质学化的傅斯年不得不承认："凡事之不便直说，而作者偏又不能忘情不说者，则用隐喻以暗示后人。有时后人神经过敏，多想了许多，这是常见的事。或者古人有意设一迷阵，以欺后人，而恶作剧，也是可能的事。这真是史学中最危险的地域啊！"① 正因为如此，高明的史家重建的史实，其实是再现历史场景、人物关系乃至各自具体的心理活动，所有历史人物原景实地再度复

① 《史学方法导论》，欧阳哲生主编：《傅斯年全集》第2卷，长沙，湖南教育出版社2003年，第341页。

活，如演戏般重新演历一番。不过再现的途径是严谨的考证，以实证虚，而非文学的创想。

恰当分门别类的前提，是能够准确把握整体与部分、以及部分与部分的相互关系，否则指鹿为马而不自觉。材料与史事之间，本来存在受时空约束、无限延伸的内在联系，不能把握整体，很难探究具体。由于不能清晰了解把握史料边际，分段分类的研究，在解读材料，条贯史事方面，未免有几分盲目，研究者心中无数，不知向何处下手，也不知何时可以出手。于是谨慎者束手，胆大者妄为，琐碎化与随意性相反相成，都在侵蚀晚近史研究的整体性。要想完全防止分科治学之于专题研究的偏蔽，至少目前条件下难以做到，只能尽力减少其负面作用。

首先，应知分乃人的天赋功力以及外界条件有限，不得已的无可奈何之举，不要畛域自囿，更不能坐井观天，盲目自大。即使身陷其中，也要努力超越其外。无此远大志向，自学则害己，教书则误人。

其次，不以专家之学自矜，虽然现代教育体制下难以先博而后约，无法读完书再做学问，早已让章太炎等人断言大学不出学问，还是可以亡羊补牢，尽可能放眼读书，了解前人已知，体会前人的苦心孤诣，并把握学问总体与分支的渊源脉络即系统。

其三，尽可能利用海内外学人编辑的各种目录工具书，至少掌握前人已知的资料状况和已有成果。目前档案、报刊、文集、方志、族谱、日记、文史资料、研究论著等等目录的编辑，加速进行，日见完备详尽，学人应随时注意，掌握信息，善加利用。

其四，在专门研究方面，如王国维所说，须读书以发现问题，不要悬问题以觅材料。一般而言，悬问题以觅材料则先入为主，不易发现反证，难免主观成见；读书以发现问题，则问题意识由材料和史实的连缀中自然生成，在此过程中，只见一面之词的概率相对较低，不仅有助于避免先入为主，而且对材料和史实的各方面关联性有所领悟把握，可以逐渐贯通，有效地防止误读错解，以偏概全。

三　出版史料与扩张史学

解决晚近史料边际模糊的一大障碍，是资料的收藏、出版与利用条件，与史料的规模相比，极不相称。目前晚近史料在保存、利用、整理、出版等环节，形成难以解脱的连环套，导致史料的收藏单位、出版机构以及读者和研究者相互缠绕的诸多困扰。

晚近史料虽然数量庞大，种类繁多，收藏却相当分散，查访、搜集、利用极为不便，同一种书的不同版本、同一人的著述、同一种报刊、同一人的日记函电，甚至同一部书的不同部分，分别藏于几家乃至多家图书馆的情形比比皆是。各图书馆因为这些资料的数量庞大，内容杂乱，牵涉不同分类，很难全面梳理分别，评估把握缺乏恰当的准则，又大都够不上古籍善本的标准，只能采用一般规则收藏保存。而晚清以来的各类史料虽然时间不过百余年甚至不到百年，因为普遍改用机器造纸，可以存放的时间远不及古籍久远，加以保管条件相对较差，阅读者又较多，磨损、霉变、虫蛀、松脆等情况相当严重。对此，不少图书馆采取收费、限制借阅甚至禁止借阅等措施，但是一来不准翻阅未必能够收到保护文献的效果（有时更差），二来晚近史与今人关系密切，研究和关注者日益增多，限制措施加剧了图书馆与社会公众及研究者的矛盾，使其面临越来越大的压力。随着纳税人意识的增强，压力还会进一步加大。长此以往，公共图书馆方面收藏保存与借阅服务的两难局面势将日趋严重。

1931 年清华大学 20 周年纪念，陈寅恪撰文纵论《吾国学术之现状及清华之职责》，文末专门论及图书馆事业："虽历年会议，建议之案至多，而所收之书仍少，今日国中几无论为何种专门研究，皆苦图书馆所藏之材料不足；盖今世治学以世界为范围，重在知彼，绝非闭户造车之比。况中西目录版本之学问，既不易讲求，购置搜罗之经费精神复多所限制。近年以来，奇书珍本虽多发见，其入于外国人手者固非国人之得所窥，其幸而见收于本国私家者，类皆视为奇货，秘不示人，或且待善价而沽之异国，彼辈既不能利用，或无暇利用，不唯孤负此种新材料，直为中国学术独立之罪人而已。"① 四分之三世纪过去，这样的状况早已大有改观，但是具体到晚近史的研究，尽管近年来文献资料出版的速度明显

① 陈美延编：《陈寅恪集·金明馆丛稿二编》，北京，生活·读书·新知三联书店2001年，第362—363页。

加快，规模已然不小，陈寅恪当年痛心疾首的情形在某种程度上仍然有所体现。

研究者同样面临两难，史料量大、分散、杂乱，使得学人或过度依赖资料，或全然不受资料约束。一方面，学人因为条件限制，掌握资料的难易程度相去甚远，实际上处于不对等状态，坐拥书城者可以足不出户，而选题的范围相当宽松，否则四处奔波，选题还须严格限定。龟缩于一地一人，虽然可以扬长避短，但也难免舍本逐末，长此以往，还会产生以无可奈何为大势所趋的虚幻自大。另一方面，垄断资料导致对资料的迷信，由此产生两种看似相反而实相同的偏颇：一是所谓灯下黑，身边易见的书不看，一味查找人所不见的材料，不知历史的大体已在一般书中，旧材料不熟，不能适当解读新材料；二是只看自己拥有的秘笈，不与其他相关资料相互参证，研究某人即以某人所见所知为全部事实，甚至以其是非为是非，结果尽信书不如无书。而在专题研究之下，材料的限制使得一项研究很难被重新验证，研究者敢于断章取义，强材料以就我。如今日的考古界，能够参与发掘，接触资料者水准有限，解读运用，错误百出，而高明者则苦于无法参与发掘过程，接触相关的文物文献，疑窦丛生，可以提出反证，难以正面立论。于是，因为史料不能完整平等公开地提供给所有的研究者，使得以找材料的态度读书，用看得到来掩饰读不懂的偏向不断加剧。同时，正因为找不到看不全，或者则干脆不顾史料，以举例为归纳，以断章取义得来的只言片语为论据，凿空逞臆，轻率立论，完全无视能否贯通史事与材料。

出版界也遭遇难题。晚近史料的多、散、乱，保存状态的恶化和限制性措施的加强，导致整理的极端困难，出版也就无从谈起。由于不少资料具有唯一性，收藏单位往往向阅读、整理等使用者收取高额磨损费，若是作为出版之用，所收底本费和磨损费有时更是如同天价。出版近代史料，卷帙浩繁，投资成本高，销售风险大，再加以高额底本磨损费用，不免令人望而却步。如果的确出于保护文献的目的，未可厚非。可是有时使用者要求将所有文献复制两份，以便将原本妥善收藏保管，今后只借阅复印本，却得不到正面回应，令人怀疑出发点的真实性。除了财政、法规上有一些不合理规定的因素外，收藏单位的观念严重滞后，当为主因。公共图书馆、档案馆并非旧式私家藏书楼，提供服务为天经地义，因为其职责只是代纳税人管理公共财产以供社会公用。而目前以古籍整理办法出版近代史料，进度太慢，远远赶不上史料毁损的速度，况且近代史料校勘，至少不比古代容易，全用标点整理，能够胜任的学人大都无暇，目前的评估体系又不鼓励，水准不够，难免乱来。今人整理点校的各种近代文献，错误随处可见，即使高明者，因为今典本事太多，很难掌握周详，也无力面面俱到。在傅斯年等人反对疏通的影响下，本来作为史家基础的文献注疏，变成文献学者的专门，又分属文史两科，治史者不读书而一味找材料，做专题研究，文献整理的能力大幅度下降。由专题研究训练出来的学人，好将个别经验放大，往往喜欢擅改前人用字，犹如清人校勘典籍以及近人治先秦子史之学，改订旧文，多任己意。[①] 由于原本难得一见，即使心中疑惑，也无从比勘正误。整理出版者费力不讨好，只能裹足不前。

根据现状，首要应是如何在较短时间内尽可能地大规模照原样出版近代史料，以实现保存与使用的双赢。理想的方式，当然是在国家的统一组织和协调布局下，调动各级政府和收藏、研究、出版各方面的人力物力，以适当形式发挥各自的积极性，分工合作，有计划按步骤地有序进行。如果在政府支持的背景下，由兼通各面的适当人选主持其事，将是较为完善同时也是最为合理节省的途径。但从目前情况看，各方面的认识差距较大，短期内难以达成一致。尤其是细分化的格局之下，图书、档案、出版、学术等部门关于整理出版史料的观念态度做法各不相同，学术界的不同学科甚至不同研究时段之间也是意见分歧，极少能够统合全局，兼顾各方。各执己见往往不过单一角度的所谓行规，而分的眼光只是后来认识的局限，并非天经地义的道理。综合考虑各方面因素，窃以为切实可行的办法，唯有以收藏机构为单位，大规模分类影印出版，才能多快好省地逐步实现。具体办法为：

1. 史料收藏单位（包括私人藏家）愿意开放并提供所有底本。目前图书馆和档案馆对于大规模出版相关资料的意见不一，此次《清代稿钞本》的出版，首先得益于广东省中山图书馆和中山大

① 陈寅恪：《刘叔雅〈庄子补正〉序》，陈美延编：《陈寅恪集·金明馆丛稿二编》，北京，生活·读书·新知三联书店2001年，第258页。

学图书馆的开明，他们相信图书乃天下公器的公理，以现代图书馆的理念和完全开放的态度，愿将所有馆藏贡献于海内外同好和社会公众。在其带动下，广东省内其他图书馆也有意效法。

2. 精选底本。历来学人与藏家、书商关于收藏出版的眼界迥异，大规模出版晚近史料，应当转变观念，取舍主要根据内容和研究需求，注重存世的多少，兼顾版本。具体办法为：优先收录日记、函电、文集等未刊稿本钞本，其次为孤本珍本，再次为内容、版式等有异的刻本。

3. 参照实情，借鉴台湾沈云龙编刊《近代中国史料丛刊》之法，放弃因噎废食的求全求精，不拘一格，根据愿意提供底本单位或个人的收藏情况，相对集中，原来分列的个人诗文集合并，同类文献则汇集编排。报刊或分时段，或依类型（据形式或内容）。

4. 原版影印。最简单的办法往往最正确，最有效，目前文献整理出版要求校勘标点，而晚近史料过于庞杂，内容纷繁，又缺乏能够胜任整理之责者，整理的速度远不及资料毁损的速度，整理的效果则未见理想。原版影印，可以在最短期限内大批复制，保证不走样。待到能够直接、广泛接触史料者渐多，然后从容从事优选整理工作，并有反复验证的可能。

这样做或许与现行古籍整理的原则标准不尽一致。如果上古、中古、近代史料遗存的多寡制约不同时段史学研究的重心办法的差异，则近代史料的整理出版也不能削足适履，强求与古代一律。本来学人与藏书家看书的眼光分别不小，黄侃、陈垣、钱锺书等人对此早有论述。目前通行的古籍整理，不无偏重于藏书家眼界和坊间需求之嫌，未能兼顾或主要以学人眼界为取舍。

晚近史料要探明边际，目录编辑首当其冲。但也不能仅仅停留于编目，尤其不能停留于依据编目而做的目录，把握文献大要，才能逐渐明晰。最大的问题，当在各图书馆收藏的文献往往不完整，需要互相补充。报刊部分最为突出。近代报刊发行渠道不稳定，畅销时很快会出再版本，有时甚至连续三版四版，而首版与再版的版式序号广告插页等等，常常有所变动。首版本不易得或难得其全，如果强求，则大都无法操作，只有暂时兼用不同版本。有时藏本太少，不仅版式难期一律，连退而求其次的将就兼用，也遭遇重重障碍，与其袖手等待，不如因陋就简，将来再渐次补齐。稿钞本甚至刊本也有类似情况。如陈澧的手稿及钞本的来龙去脉，众说纷纭，莫衷一是。根据目前掌握的情况，分散在境内外若干家图书馆，而各家对于出版一事意愿差距较大，或限制太严，或索价过高。如果强求完整才能出版，则此事只好束之高阁。如此一来，不仅出版遥遥无期，研究者由于看不到各家藏本，无从下手研究，不得不辗转求证，人云亦云。如果先将愿意公诸同好的藏本刊出，一则可以推动出版，因为虽然有些机构收藏较多，既非完璧，亦非独有，尤其是刊本部分，割据封闭则占有优势，各家尽出，则垄断不复存在，资源优势逐渐降低，态度势必发生变化。随着各家收藏单位出版意愿的增强，出版成本会相应下降，陆续仿效，终成完璧的时间指日可待。二则有助于研究。只要有一家藏本在手，即使其他几家未刊，学人也可于阅读时逐一比勘，以免循环反复。如果因为悬的过高（且往往片面）而止步不前，恰如近代追求国民教育的高标准，结果反而使得大批贫民子弟无书可读。

或者担心未经任何整理，读者无法使用。这可谓杞人忧天。沈云龙所编《近代中国史料丛刊》，汇集在台湾及海外所能找到的有清以来各类史料，未做任何导读解说，却可能是目前全世界包括大陆在内，研究生使用得最普遍的资料汇辑。如果连这样的资料也无法解读，根本不能下手研究。比较中国史学会编辑的《中国近代史资料丛刊》，尽管编辑方针确定对史料不加分析判断，但依照时间顺序分为 12 个专题，并有归类，等于建立起一套体系框架。即使诸如此类编辑整理的资料，也不可能扫除所有的阅读障碍，反而可能约束甚至误导读者。近年来各种再版书籍的导读，固然不乏佳作，可以指点迷津，但也有以其昏昏，使人昭昭的伪劣，误导众生，罪莫大焉。

傅斯年认为，史料越生越好，以免将后来的主观强加于人，不仅误读错解当时的人事，而且用既定的框架遮蔽历史的丰富多彩，反而减少其应有的内涵和价值。此说固然有抹杀一切前人主观，将书仅仅当作材料的偏蔽，忽略了撰写著述者的主观，也是历史真实的一部分，只是其真实性不一定相对于所记录的史事，而是记录的态度。但是正如考古发掘一样，以今日的认识能力与技术手段，大量的重要信息在发掘过程中势必遭受破坏，甚至永远消失。尽一切可能最大限度地保持原样，才是最理想的方式。

沈云龙主编的丛刊所收录的资料，限于条件，已经竭尽所能，相比于总量，不过百分之一，还是能够嘉惠世界学人。从研究的角度看，晚近史料的出版，应以所能提供文献的数量、版本、内容、保真程度为据，不宜用一般古籍整理的标准和办法来衡量裁夺。鉴于晚近文献数量庞大，且受分科治学的约束，全数出版，既无可能，也无必要。若以沈云龙丛刊三编收书3000种为律，以前述原则选编3万种（不含档案、报刊），约为晚近文献总数的七分之一到八分之一，至少可以作为阶段性目标。

现代化进程的开始阶段着重于追赶他人，目的是使自己变成他者；达到一定的水准后，则希望重寻自我，想知道我何以与众不同，我何以成为我。这样的重新定位，无疑必须从固有的历史文化入手，并且比较其他，尤其侧重于自我认识。在相应的历史阶段，日本、韩国都曾将近代史料大规模重新印制，甚至没有所谓“现代化”过程的美国，也十分重视其早期历史。也许按照人均收入，中国距此还有相当距离，但由于地域差异大等等原因，较发达地区已经开始重树自信，大规模整理出版近代史料，正其时也。

与近代史料相比，号称浩繁的古代典籍不过九牛一毛。而就保存时间的长短而论，近代机器纸远不如古代手工纸，目前几乎到达临界点。晚近文献，一般尚未提到古籍保护的层级，整理办法，又沿用古籍整理出版的规则。照现在毁损的程度与速度，用不了多久，许多重要史料将像地球上稀有的生物物种那样永远消失。当务之急，应是多快好省地有计划大规模原样影印出版各种资料，首先解决保存与使用的两难问题，让更多的学人比较便利地看到原本，为从容进行深度整理提供必要的条件。此为大规模整理出版近代史料的紧迫性与必要性。

中外学术研究的进程显示，关注时段与层面的下移，是普遍的发展趋势。如果不能协调史料与史学的关系，探究处理史料与史学复杂关系的良法，进一步提升晚近史研究的品味与能力，非但无法凭借史料优势，超越古史而上之，反而可能以牺牲研究水准为代价。多快好省地出版近代史料，不仅可以有效地解决收藏与保存、整理与出版的两难，还将对晚近史的研究产生深远影响。正是由于资料的不完整与边际的不确定，使得外来后出的系统大行其道，任意条理解释，而难以验证。这种一度被认为是用外来系统条理本国材料的良法，不仅在二者是否适当的方面弊病丛生，即使所谓外来系统，也因海外汉学或中国研究者大都位处旁支边缘，几度转手负贩，诚如傅斯年所说："所谓'理论'，自然总有一部分道理，然至徒子徒孙之手，则印版而已。"[①] 欧洲汉学本来有从类书找题目的习惯，后来中心转到美国，"各大学里有些研究中国历史的美国学者，不愿（或不能）广参细考中文书籍，但又必须时时发表著作，以便维持或增进他们的声誉，或博取升

---

① 《傅斯年致朱家骅函（1943年1月15日）》，王汎森、潘光哲、吴政上主编：《傅斯年遗札》第三卷，台北，中研院历史语言研究所2012年，第1380—1381页。

级加薪的待遇。天资高一点的会从涉猎过的一些资料中‘断章取义’，挑出‘论题’，大做文章。只要论题新鲜，行文流畅，纵然是随心假设，放手抓证的产品，也会有人赞赏。作者也沾沾自喜”。犹如王阳明所谓：“今学者于道如管中窥天，少有所见即自足自是，傲然居之不疑。”[①]这在欧美学人，可收扬长避短之效，还不失为取巧。国人不明就里，照搬仿效，非但邯郸学步，简直就是东施效颦。

或者担心晚近史料的大量出版，海外学人财力十足，如鱼得水，实则恰好相反，大量原生态史料的问世，断章取义者当然有所顾忌，严谨学人也难免临歧裹足，面对庞大史料，海外成名学人感到束手无策，等而下之者凭借少量秘笈或借鉴别科陈说猎奇构思而随意立论的做法，或许有所收敛。随着晚近史料的大量出版，史料的边际日渐清晰，学人应逐渐将重心由看得到转向读得懂。当然，那时能否读得完又会成为难堪重压，考验学人的智慧和体力。

① 萧公权：《问学谏往录——萧公权治学漫忆》，上海，学林出版社1997年，第224—225页。

《近代国学文献汇编》解说

但凡作为研究对象，内涵外延应该清晰可辨，否则势必东扯西拉，不知所云，不然就是各说各话，毫无交集。汉语言文字一是象形，二是以字为单位的独立（双音节词晚出，而且习惯于先单解字再合解词），三是语文具有非逻辑性，使得思维好譬喻。前两点容易导致望文生义，后一点加剧了格义附会。以国学为例，一般人看到这两个字，想当然地认为所指一定就是中国的学问，至于什么是中国的学问，是中国固有即古典的学问，抑或以中国为界的学问，则是到了深一步讲究时才会出现的问题。如果指中国固有的学问，则是否包括佛学或非汉人群的学问，就会聚讼纷纭；如果是以中国为界的学问，则因缘西学东学演化而成的新学应该如何摆放（如理学、中国哲学，便是看似中国其实外来变异的学问；中国文学虽然程度有别，实质无异），也不免言人人殊。况且，如果学可以国为界，则中国有国学，他国亦有国学，此国学非彼国学，学之前必须加上具体的国号，才能区分；若是泛称国学，就有混淆之嫌。因此，同样在说国学的话题，各自心中的国学其实是迥然不同的。

一 什么是国学？

（一）历史上的国学

涉及各种关于人文社会物事的专有名词，研究者往往以为应该先弄清定义，然后再根据明确的定义去把握事实。殊不知历史上发生衍化出来的名词，开始所指能指大概都是因时因地因人而异，既不固定，也非专属，从定义出发把握概念，可以说是揪着脖领想使自己升上天空的努力，只能徒劳无功。

这套资料，原来拟订的书名就叫《国学文献汇编》，因为中国古代的所谓国学，主要是指学校，与晚清以来主要指学术的国学大相径庭。就目前所见，准确地说，清季的“国学”发端于1902年，到1952年无锡国学专修学校被合并，热闹了半个世纪的“国学”寿终正寝。所以，似无必要加上“近代”的时限，以示区别。而最终接受标以时限的意见，主要出于两方面考虑，其一，20世纪50年代以后，在港台地区，“国学”依然没有完全中绝。其二，近年来，“国学”死灰复燃，虽然倡导者开始只是望文生义，并不了解历史上的国学究竟是怎么一回事，可是经过一番鼓动，各校陆续恢复或新设了不少国学院所，各式各样的国学班对象不同，教法迥异，但是都冠以“国学”的名目。世上本来没有路，走的人多了，自然就成了路，于是对现代“国学”的存在不能视而不见。尽管这样的情非得已作为学问多少有些荒唐。

自从1950年代初院系调整将无锡国学专修学校合并之后，已经渐趋消沉的“国学”及其相应的实体机构（包括院系、刊物、团体等），即从人们的视野中消失。而港台地区虽然还有所延续，也只是近代国学的余续末流。

近年来，国学重新大热，建立机构，创办刊物，开设讲坛，热闹非凡。但仔细观察，各方对于“国学”及其历史的认识存在不少错解，误以为国学就是所有中国固有学问的代名词，凡与中国思想学术文艺相关者，都可以放进国学的大口袋；或是将国学局限于古典学问。近代中国一些并不愿以治国学为名的学人，被强行拉进国学家的行列，只是专家甚至只有古典发蒙程度的学人，则被披上国学大师的华服，似乎近代中国学术界呈现国学无处不在，国学大师遍地走的景象。内涵外延无不模糊，反而令人对国学无从把握。

现在一些被坊间学界称之为“国学”的东西，在中国早已存在，只是并非以“国学”的面目存在。而古已有之的“国学”，如清代的国子监等，与今人所谈论的国学，几乎可以说是风马牛不相及。今人所讲国学，其实是晚清受日本影响才出现的新事物，在清季民国时经过几轮讨论争议，以及主题各异的发展变化，公开反对者有之，不以为然者有之，即使发明者和跟着讲，也是言人人殊。待到人人都会讲而且都在讲之际，在高明者看来，反而成为不必讲的唾余。当然，也不乏风头过去，才开始认真讲的实例。所以，国粹主义，不只一家，整理国故，也并非独领风骚。各人眼中的国学，无论形式还是内容，都是千差万别，甚至差若天渊。

清季民国的所谓国学，曾经引起很大的争议，主要问题是，以国为界，在世界学术史上并不常见。这样的论断，显然是以分科治学为学术的普遍常态作为依据参照。学问分科，在那一时期被认作科学，不但势所必然，而且理所应当。若是以国为界，则各国之下仍有各科，那么不同国度的同一科，究竟是因学不同还是因国不同。自然科学不必论，不可能有因国而分的物理化学、社会科学甚至人文科学，也只是范围有别，而非学术有异。

这一层意思，傅斯年所讲最为直截了当，他说：

> 我们反对“国故”一个观念。如果我们所去研究的材料多半是在中国的，这并不是由于我们专要研究“国”的东西，乃是因为在中国的材料到我们的手中方便些，因为我们前前后后对于这些材料或已经有了些研究，以后堆积上研究去方便些，好比在中国的地质或地理研究所所致力的，总多是些中国地质地理问题；在中国的生物研究所所致力的，总多是些中国生物问题；在中国的气象研究所所致力的，总是些中国各地气象观察。世界中无论哪一种历史学或哪一种语言学，要想做科学的研究，只得用同一的方法，所以这学问断不以国别成逻辑

的分别，不过是因地域的方便成分工。国故本来即是国粹，不过说来客气一点儿，而所谓国学院也恐怕是一个改良的存古学堂。原来“国学”、“中国学”等等名词，说来都甚不详，西洋人造了支那学“新诺逻辑”一个名词，本是和埃及脱逻辑亚西里亚逻辑同等看的，难道我们自己也要如此看吗？果然中国还有将来，为什么算学、天文、物理、化学等等不都成了国学，为什么国学之下都仅仅是些言语、历史、民俗等等题目？且这名词还不通达，取所谓国学的大题目在语言学或历史学的范围中的而论，因为求这些题目的解决与推进，如我们上文所叙的，扩充材料，扩充工具，势必至于弄到不国了，或不故了，或且不国不故了。这层并不是名词的争执，实在是精神的差异的表显。①

既然内涵外延都不清晰，则作为学术的“国学”，其实是无从说起之事，也就没有必要专门划分出来，加以研究和讲授。清季章太炎等人讲国学，大体还是按照中国固有学问的路数，待到民国时期，各种国学院、所、系，各个国学社团，大都已经是在国学的名号之下，讲分门别类的专科之学。以国为表，以学为里，颇有挂羊头卖狗肉之嫌。傅斯年开玩笑地说假如中国学是汉学，

① 傅斯年：《历史语言研究所工作之旨趣》，《国立中央研究院历史语言研究所集刊》第一本第一分，1928年10月。

为此学者是汉学家，则西洋人治匈奴以来的问题岂不是虏学，治这学者岂不是虏学家吗？实则站在中国正统的立场上，欧洲的东方学就是虏学。陈寅恪在清华国学院讲授“西人之东方学之目录学”，就是虏学的正宗。

只要不以心中之是为是，不以部分甚至个别的论述作为一般性论定，以偏概全，就不难发现历史上所谓“国学”的多样性。各自的“国学”相去甚远，要说清楚什么是“国学”，是极为困难的事。尤其是人们习惯于先定义后认识，更是陷入言人人殊而无所适从。近年的国学热中，曾经旗帜鲜明地反对国学的傅斯年也被票选为国学大师，逝者若起于九泉，不知会怎样的愤懑与悲哀。

（二）国学的历史

把“国学”当成一门独立的学问，固然争议颇多，可是否认清季民国的国学是一个可以当作历史研究的问题，同样不妥。正如钱穆讲清代学术史不赞成汉宋门户壁垒森严，的确有助于破除后来历史叙述中汉宋之分的倒建架构，回到清三百年学术的本相，但如果根本否认清代汉宋分争的历史事实，反而不能认识汉宋之分发生演化的历史进程，同样有碍于认识清代学术史。应该承认，学术意涵的国学，确为清季民国时期的实际存在，有其发生衍化的历史轨迹，无论怎样言人人殊，都是真实历史的组成部分。既然有具体的时空界限，当然就可以作为历史研究的对象。

钱穆虽然反对用汉宋门户之分叙述清三百年学术，可是言及民国时期的学术流变，仍然承认史料史观的纷争为清代汉宋之争的变相。将清季民国时期的国学按其言人人殊的情形梳理出时间和逻辑的顺序，而不是依照今日各自心中之是编排同样言人人殊的谱系，国学的历史自然能够清晰呈现，对于认识近代中国学术发展的来龙去脉以及今后中国学术的取径走向，至关重要。尤其是时下国学虽然热闹一时，却不少外行话，更应当首先了解认识近代国学的发生衍化，以免重蹈前人覆辙。借用周予同关于经学与经学史的论断，国学不可讲，历史上的国学以及国学的历史却应该深入研究。用历史的方法研究历史上国学的历史，实在是近代学术思想史不可或缺的重要方面。

（三）国学并非一科

清季的国学与西学、东学相对，是以国为学的含混集合体。如果把国学作为一个特定的学科，其实是贬低中国的固有学术思想文化。中国历来以我为主吸收外来学术思想文化，这样的取珠还椟以免数典忘祖的态势持续到明清之际，晚清以后中西学关系乾坤颠倒，清王朝在相当长的时期里仍然试图用中学兼容西学，纳西学于科举。然而大势今非昔比，西学不是孤立而来，而是作为世界一体化进程的重要载体。欧洲中心的笼罩，便是显著表征。当中学无法完全吸收西学时，只能转而纳科举于学堂。而学堂是西式分科教学，迟到的中学人在屋檐下，不得不低头，被强行拆解重组，纳入西式分科之中。凿枘不投的经学只能逐步退出学制体系，其他被强制纳入的也大都是削足适履，不复本来面目。这使得不少朝野人士担忧中学失其所据。晚清存古学堂之设，其实就是在学制以外另搞一套，希望按照中学的本相保留中学，不受西学的干扰。可是大势所趋，难以为继。所谓新学，看似中西融通的产物，实则用西式架构条理中国材料的异物，西体中用，非驴非马。

清季中西学还能对等，所以朝野上下的"国学"，虽然旨趣相异相反，大体还要坚持在西学之外的独立性。民国时期，国学院所系进入大学系统之中，却退为一科，等于承认西学为体，中学为其中分支。如此一来，中学实际上失去独立地位，成为西学的附庸。这样的国学主要不在维持原有的独立，而是走向分科的过渡，化一科为多门，以进一步适应西学，渐成太阿倒持之势。近年来争取国学单独列为一级学科的努力，同样坐此弊病，看似提升地位，实则变相矮化，只不过对从业者或有实际利益而已。

（四）国学原为一体

视国学为一科不当，除了不能与西学对等之外，还有国学原为一体，不宜分科，尤其不能按照西式分科进行教学和研究。中国学问主张综合，与西学好分析异趣，虽然也有分别的讲究或个人的偏重，总体而言不是分门别类的专家之学。或指中国只有图书分类，没有学问分科，若是引申为学问没有分别则过甚其词。照宋育仁的说法，书不是学但书中有学。也就是说，读书治学，以通为上，但是术有专攻，研究具体问题，还是有专门的讲究。不分科其要在不以科际划分畛域自囿，可以通贯本义本相，有分别则是各自兴致不一，各有所长。

以国学为整体，更有益于把握中国学问的形态及特征，问题是，分科教育之下，能够不分科治学者尚有几人。这恰恰是以国学为一科的最大现实问题。如果以国学为一科，其下仍然是分科治学之人，则不过是将西式分科的中学聚集一起，仍然不等于国学，而是经过西学变异的新学。最为典型的莫过于分属哲学、文献学和思想史的经学研究，严格说来只是以经或经学为研究对象，而非研究经学，其中部分充其量可以算作经学史。民国时期教国学的大致还能一体，学国学的就只能专门。如今则教的人也是专家教专门之学，学的人更是学分门别类的专科之学，这样的国学，与一般学校西式分科之下的中学并无二致。指望这样的分科教学教出国学通人，恐怕是南辕北辙。

不过，在清季尤其是民国的知识人看来，国学研究的最终目的，恰恰是要将国学整理成分门别类的科学。清季刘师培附会西学，拟作周末学术史，比照西学的分科，分别拟撰心理学、伦理学、论理学、社会学、宗教学、政法学、计学、兵学、教育学、理科学、哲理学、术数学、文字学、工艺学、法律学、文章学等16种专史。虽然声称官学衰而私学兴，官学主合，即西人归纳学，私学贵分，即西人演绎派，其实观念架构都是因缘知之甚少的西学。[①] 后来胡适的《国学季刊发刊宣言》，更是明确主张我们理想中的国学研究，至少有一个“中国文化史”的总系统，具体包括民族史、

① 刘光汉：《周末学术史叙》，《国粹学报》第1期，学篇，1905年2月23日。

语言文字史、经济史、政治史、国际交通史、思想学术史、宗教史、文艺史、风俗史、制度史。[①]显而易见是国学名义下的专史集合。

时趋之下，越来越少有例外，郭绍虞为刘修业的《国学论文索引四编》作序，就认为："所谓国学，本含有二重意义，对于西学而言则为'中学'，对于新学而言，则为'古学'。国学，本不必死看作国界的表示。"就此而论，"所谓国学云者，中国某某学某某学之共名而已。""国学"既然为新旧过渡时期的将就兼容，便体现出两面性，《国学论文索引》里面，才不得不"既有文学科学之类，复具群经诸子之名"。凡此种种的不得已，"也许将来渐渐走上科学的路，于是所谓群经诸子之学，便只同文选学一样，于是所谓'国学'，便只是中国某某学某某学之共名，于是刘女士所编的论文索引，其分类标准也比较地可以单纯了。"[②]

这样的大势所趋，在当时的知识人看来就是天经地义。叶秉诚（1876—1937，号茂林）复函宋育仁论国学学校，关于分科问题，毫不讳言道：

> 窃以近三百年来，知识上之学问已趋于科学世界，无论东西各国之学术，必须经科学方法之估定，始有真正之价值。吾国国学当亦不能外此公例，居今日而谈国学，

---

① 《国学季刊发刊宣言》，欧阳哲生编：《胡适文集》3，北京，北京大学出版社1998年，第15—16页。

② 郭绍虞：《序》，《国学论文索引四编》，中华图书馆协会1936年版，第1—4页。

若不受科学之洗礼者，窃未见其可以发扬而光大之也。夫吾国学术丰富，数千年来演成之独立文化，持与欧洲文明史比较，洵无愧色，只以近数百年中吾国学术停滞，少所启明，而欧洲学界锐进，一日千里，不独吾国国学望之瞠乎其后，即希腊罗马之文明，亦如横污行潦之比长江大河也。此非近百年之人智突过东西数千年之圣哲，实受科学发明之赐，而学术界乃有革新之成绩耳。此后中国国学苟无保存之价值则已，如其文明尚伴吾黄种以长存者，林敢断言之曰：必非从前抱残守缺之国学，而为新科学化之国学也。[①]

问题是，科学化亦即分科之后的国学，是否仍是中国原来的学问，在当时的人们看来，似乎并不成为问题。出国前接受了这一套观念的傅斯年，也批评中国传统学术不分科而分派，直到受过欧洲学问的熏陶，又不像一般留学生那样专攻一门，并常常与一些志同道合者高谈阔论，才认识到当时中国人所谓“这是某科学”、“我学某种科学”之类的说法，都是些半通不通不完全的话，他深自反省道：

一种科学的名称，只是一些多多少少相关连的，或

① 叶秉诚：《复宋芸子论国学学校书》，《重光》第2期，1938年1月15日，第48—49页。

当说多多少少不相关连的问题，暂时合起来之方便名词；一种科学的名称，多不是一个逻辑的名词，“我学某科学”，实在应该说“我去研究某套或某某几套问题”。但现在的中国人每每忽略这件事实，误以为一种科学也好比一个哲学的系统，周体上近于一个逻辑的完成，其中的部分是相连环扣结的。在很长进的科学实在给我们这么一种印象，为理论物理学等；但我们不要忘记这样的情形是经多年进化的结果，初几步的情形全不这样，即为电磁一面的事，和光一面的事，早年并不通气，通了气是19世纪下半的事。现在的物理学像单体，当年的物理学是不相关的支节；虽说现在以沟通成体的结果，所得极多，所去的不允处最有力，然在一种科学的早年，没有这样的福运，只好安于一种实际主义的逻辑，去认清楚一个一个的问题，且不去问摆布的系统。这和有机体一样，先有细胞，后成机体，不是先创机体，后造细胞。但不幸哲学家的余毒在不少科学中是潜伏得很利害的。如在近来心理学社会学各科里，很露些固执系统不守问题的毛病。我们把社会学当做包含单个社会问题，就此分来研究，岂不很好？若去跟着都尔罕等去辩论某种是社会事实，综合的意思谓什么……等等，是白费气力，不得问题解决之益处的。这些“玄谈的”社会学家，和瓦得臣干干净净行为学派的心理学，都是牺牲了问题，迁就系统，改换字号的德国哲学家。

> 但以我所见，此时在国外的人，囫囵去接一种科学的多，分来去弄单个问题的少。[①]

傅斯年终于明白，即使科学的系统，也是相当晚出，不应该固执系统，忽略了与之有关的问题的相关连与不相关连，尤其是不能将科学视为哲学的系统，所有问题都是逻辑的连环相扣。顾颉刚批评中国的分类“罗列不相容的东西在一处地方”，[②]其实这与欧洲将相关连不相关连的问题暂时合起来以图方便的科学，大同小异。强调系统而忽略问题，不仅本末倒置，而且似是而非，都是牺牲问题以迁就系统。况且，科学化亦即分科之后的国学，是否仍是中国原有的学问，这一在当时的人们看来似乎不成问题的问题，却是令当代人最为困扰的问题。非但如此，如果并不因此感到困扰，恐怕问题更加严重而不是已经迎刃而解。

二　国学能够研究吗？

国学的出现，可以说是近代国人对于西学乃至东学逐渐深入堂奥，渐有太阿倒持之势所感到的紧张的反映，这一语境下的国学，即所谓相对于新学指古学，相对于西学指中学。面对西学取

---

① 傅斯年：《刘复〈四声实验录〉序》，欧阳哲生主编：《傅斯年全集》第1卷，长沙，湖南教育出版社2003年，第419页。

② 顾颉刚：《中国近来学术思想界的变迁观》，《中国哲学》第11辑，北京，人民出版社1984年。顾颉刚自称当时记载于日记之中，实则日记的相关文字，与此差别较大。

中学而代之的汹汹来势，国人始而排拒，继之附会，接着反省。不仅思想学术等事，国语、国文、国剧、国画、国医、国术、国服等等，在东西两洋的压迫下，都曾提出“国”的对应，既表现出对固有观念事物的价值意义的坚持和彷徨，也不乏用外来观念重新估价甚至以后者为准的的意味，因而导致国粹与国渣的两极化论断。探寻近代国学的渊源脉络，深究在那一时期标明为国学的人与事，以求理解各方所谓国学的本意及其衍化，才能更好地把握国学的内涵外延。这也就是前贤所谓求其古以探流变，以免求其是多师心自用的意思。

近代国学既然在历史上实际存在过，当然可以而且应该作为研究的对象。而经历过近代国学聚讼纷纭的学人，对于国学是否可以研究多少有些忐忑，甚至将讲所谓国学和研究近代国学的历史混为一谈。那种因为国学的内涵外延略嫌模糊而根本否认历史上的国学可以研究的意见，显然偏于一端。

关于近代国学的研究，严格说来开始于20世纪90年代。此前在研究章太炎、王国维、梁启超、胡适、郭沫若、钱穆等著名学人时，都会涉及国学问题，不过较少注意探究近代国学的概念、实事及其渊源流变，基本属于国学的参与者而非研究者。郑师渠关于晚清国粹派的研究，较早注意从国内外思想来源梳理近代国学的内涵外延，相继发表了一系列论文，并分别在海峡两岸出版其博士学位论文（《国粹·国学·国魂》，台北：文津出版社1992年。北京师范大学出版社改名为《晚清国粹派：文化思想研究》，1997年出版）。桑兵的《晚清至民国时期的国学研究与西学》（《历史研究》1996年第5期），以及后来出版的专书《晚清民国的国学研究》（上海：上海古籍出版社2001年），主题覆盖完整，各章内容则各有侧重。陈以爱在台北政治大学攻读硕士、博士期间，先后选取北京大学研究所国学门和整理国故的兴起、发展与流衍作为学位论文题目，所形成的专书《中国现代学术研究机构的兴起——以北京大学研究所国学门为中心的探讨（1922—1927）》（台北：政治大学1999年；南昌：江西教育出版社2002年）和发表的相关论文，较前显著深入。此后，徐燕平的《胡适与整理国故考论——以中国文学史研究为中心》（合肥：安徽教育出版社2003年）、卢毅的《整理国故运动与中国现代学术转型》（北京：中央党校出版社2008年）相继出版，从不同侧面继续深化相关主题。

此外，研究其他专门国学机构的有孙敦恒的《清华国学研究院史话》（北京：清华大学出版社2002年），郑家建的《清华国学研究院述论》（福州：海峡文艺出版社2010年），洪峻峰的《厦门大学国学研究院与国学系》（《鲁迅研究月刊》2003年第6期），杨国桢的《20世纪20年代的厦门大学国学研究院》（《厦门大学学报》哲学社会科学版2006年第1期），许小青的《从“国学研究会”到“国学院”——东南大学与20年代早期南北学术的地缘与派分》（《江苏社会科学》2006年第2期），以及郭书愚对晚清四川存古学堂的系列论文。唐屹轩的《无锡国专与传统书院的转型》（台北：政治大学历史学系 2008 年）和吴湉南的《无锡国专与现代国学教育》（合肥：安徽教育出版社 2010 年），对近代在国学教育方面比较重要且持续时间较长的无锡国专做了专门研究。陶飞亚、吴梓明的《基督教大学与国学研究》（福州：福建教育出版社 1998 年），则对若干基督教教会大学的国学研究的机构、人事和学术有所论述。

关于国学社团，有王东杰的《国学保存会和清季国粹运动》（《四川大学学报》1999 年第 1 期）、田彤的《复返先秦：章氏国学讲习会》（《广东社会科学》2007 年第 2 期），夏骏的《苏州章氏国学讲习会与近现代国学高等教育》（福州：福建教育出版社 2015 年）。刘小云的《学术风气与现代转型：中山大学人文学科述论 1926—1949》（北京：生活·读书·新知三联书店 2013 年），则揭示出中山大学国文学系改制提倡读经与国学的内在联系，以及改制涉及什么是中国文学的观念差异。

罗志田的《国家与学术：清季民初关于“国学”的思想论争》（北京：生活·读书·新知三联书店 2003 年），是其相关国家社科基金项目的最终成果，围绕清季民初思想学术界在各个时段方面关于国学的论争展开论述，虽然着重于思想的脉络，对于认识近代国学的内涵外延以及相关各方就此展开的纷争历史，大进一步。而魏义霞的《中国近代国学研究》（北京：生活·读书·新知三联书店 2013 年），虽然书名标以“近代国学”，其实是研究康有为、谭嗣同、严复、梁启超和章炳麟五人的学术思想，以之为中国近代最具代表性的国学大师，并试图涵盖中国近代国学的演变历程、特定内容和核心话题，未免有混淆国学与中国学术文化之嫌。相比较而言，谢桃坊的《四川国学小史》（成都：巴蜀书社 2009 年）开始较为严谨，也注意到“国学”概念及实事引起的困惑，可惜抗战爆发后的部分仍然不免混淆。

此外，还有不少单篇论文涉及近代国学的问题，或已经被这些论著所吸收覆盖，或只是部分涉及，或不过发表意见而未经验证所引论据，且无视前人已有认识，对于近代国学的主题推进有限。至于为数众多的看似与现在所谓国学有关，其实严格说来并非探究国学的论著，不在论列。

三 怎样研究国学

从以上概述清晰可见，关于近代国学的研究在近 30 年来取得了比较明显的进展，尤其是在晚清国粹派和民国时期整理国故运动两个主要方面，成果更加显著。但其显而易见的局限也同样由于研究的方面过于集中，使得许多问题无法展开，或是虽然有所涉及，视野受限，大体以所论主体之是非为是非。

历史研究中，定义大都是后来约定俗成，难以覆盖全过程和各方面，使用特定概念，应当回到无的境界，寻绎有的发生和衍化。国学的内涵外延模糊不清，因缘讲国学者言人人殊，令外人和来者无所适从。但这其实是历史上名实问题的通常情况，并非国学为一特例。只不过国学中断多时，旧话重提之际，又没有深究当年的老生常谈，许多后来自以为推陈出新的观点，实际上不过翻烧饼似的拾人牙慧。研究历史，因为有实事和顺序，只要掌握历史方法，求其渊源流变并非难事。应当严格区分自称、他指与后认，一般而言，当以自称和他指为依据，至于后认，则要看后到何时，所认何事。应在严格分别自称、他指、后认的前提下，收集整理自晚清近代意义的“国学”出现以来，各种各样主张或批评乃至反对国学的文献，以及相关学人、团体、教学研究出版机构的活动信息，按照时间顺序分类排列，以便来者寻绎其发生、发展、演化的进程，从各种视角层面观察国学是什么，进而理解和把握什么是国学。也就是说，由阅读了解多种文本的整体意趣，体验贯通近人的远近高低各不同，以便揣摩领悟历史上“国学”的庐山真面。尽管这样的理解和把握仍然不免见仁见智，至少有所依据凭借，可以逐渐近真，而不至于强古人以就我。了解了国学的历史，也就认识了历史上的国学。这是能够走近国学的根本途径和理解国学的有效办法。知道历史上的国学究竟是什么，再来谈论什么是国学，才能不落俗套，不逞私臆。

研究名词概念的历史，常常只探渊源，不究流变，以为来龙清楚，即可知其去脉。而许多看似弄清了缘起的观念物事，后来却不断发生因时因地因人而异的变化。从这些万千变化中，可以深入一层理解领悟发源的多样性及其影响。用探源所得概念归束后来变化万千的演化，同样是倒装历史，编织谱系。关键在于不要用概念来勾连历史，而要研究历史以把握概念。凡是历史上与此概念相关的人事言行，都是历史的组成部分。研究国学的历史，应该尽可能完整地覆盖全时段各层面的所有直接间接相关联的材料与事实。这也是认识国学的历史与了解历史上的国学相辅相成的关键所在。

具体而言，先行研究的局限亦即可以进一步扩展的空间，主要有以下几方面：

其一，时段覆盖不足。民元至整理国故运动之前的十余年间以及抗日战争爆发之后国学的情形，已有的研究涉及不多。尽管进入 20 世纪 30 年代，国学已经不如整理国故运动兴盛时那样引人注目，仍有不少国学院系、研究机构和团体继续活动或新建，国学杂志和论著的出版也未稍减。

其二，方面涵盖不够。除了国粹派和整理国故运动，北京大学研究所国学门、清华国学院、无锡国专等研究机构以及章太炎、刘师培、王国维、胡适、钱穆等学人外，还有众多的国学研究组织及社团、长期从事国学教育和著述的学人未经认真研究，即使前人研究较多的人与机构，从国学的角度看也还有未竟之意。尤其是相对忽视主张各异的其他机构、团体和学人与所论主要人物、机构、团体的关系。以国学的理念而论，不仅要置于整个学术发展演变的脉络之中，也不能脱离政治社会的变动。单纯用学术思想史的眼光很难将国学问题讨论清楚。

其三，学术上的深入程度有待加强。现在研究近代国学者多为研究中国近现代文史哲的专门学人，受分科治学的影响制约，对于国学家和国学机构、国学团体方面广泛的学术领域未必熟悉，因此不容易深入准确地把握判断其学术理念与问题。加之当时的国学一般而言尚不重分科，除了各种专门学问之外，有些重大问题涉及分科之上的学术整体，需要有超越专攻的眼界和功力，才能论述得当。例如1920—1930年代，在国学势盛的影响下，一些大学的国文学系改名国学系，并相应地对课程体系做出重大改变，读经与反读经的斗争即由此而起。此事涉及中国固有文学观念与近代西式分科下的文学观念的尖锐冲突，后遗症至今仍然严重，不能以中西新旧之分一概而论。关于经学的退出新式教育体系与变相存在，以及说儒、中古思想一大要事因缘等学术论争，更加难以捉摸。

其四，概念不清，以至于边际不明。有的论著所讨论的内容泛及对整个中国历史文化的教学和研究，以此为20世纪以后人们习称的国学，未免混淆了二者的关系，反而使明确标名的国学研究有可能湮没于其他一般中国文化研究之中。当时研究中国文史的中外研究者中，是否使用国学的名义，存在着严重分歧，并且会影响各自的学术观念和取向。如教会大学的国学研究在西文的语境下往往与中国文化研究相牵混，造成中西文不同语境下理念的差异，这不仅导致这些机构的主办方与主事者容易产生纠纷，也使得参与其中的学术背景各异的中国学人难以合作。

造成上述局限的原因，主要有两点：一是相关文献的掌握有所欠缺，且未经系统梳理，除了个别机构的探究能够基本网罗各类史料外，大都以手眼所及为据，而做一般性论断。一些议论或结论，或多或少带有盲人摸象的偏蔽。二是研究取向过于受中西新旧观念的制约。在资料不足的情况下，套用后出外来的概念解读史事本相和前人本意，必然导致越有条理系统去事实越远的尴尬。编辑近代国学文献汇编和编纂近代国学编年史，就是为了有针对性地从纵横两方面解决这两大问题，使近代国学研究更上层楼。

四 编辑旨趣及目标

鉴于时下国学的研究机构和研究人员日渐增多，而对于国学的历史认识相当模糊，专门研究者依据有限的片断资料进行大胆论断的现状，以及大量相关文献史事尚未进入学人的视野，而各文献收藏单位保存利用状况未可乐观的实情，尽可能竭泽而渔地搜寻各种相关资料，编辑一套大型的《近代国学文献汇编》，有助于化解各方矛盾，保存重要文献，改善研究条件，提升研究水平，切实推进研究、保护、传播与传承工作整体进入良性发展轨道，并为今后全面深入地开展国学研究与普及应用奠定坚实的基础。

由于中国固有思想学术文化在近代经由西学的分科架构重新条理，一定程度上造成变形甚至断裂，导致误读错解，深入研究近代国学，不仅为国学研究本身所必需，还有助于通过探寻固有学术文化演化的历史进程找到通向和理解传统学术文化的渠道，从而剥离近代以来附加其上的西学及东学色调，增强理解把握中国历史文化和学术思想的能力。

增强对中国固有历史文化和学术思想的理解，重要的社会功能之一，是为中国的再度崛起和国际秩序的重构提供必不可少的知识储备。人类社会四百年以来日益处于欧洲中心的笼罩之下，经过西式价值观的长期销磨，不仅失去多元并存的状态，更为严重的是，使得可供选择的文化物种越来越少。这对于包括人类在内的生命世界而言，无疑是相当危险的现象。文化的多样性和物种的多样性具有同样重要的价值，文化趋同所导致的同质化，并非人类社会发展的福音。而在世界文化之林当中，中国文化不仅为保持民族特色特性所不可或缺，更为重要的，是可供人类社会作为普遍取向的少数选项之一。在国际秩序变动的周期即将来临之际，复兴和复原中国文化相辅相成，有助于探寻一条真正的中国走向世界之路。

通过拉网式搜集、整理、编目等程序，与文献收藏和出版单位协调合作，按照先易后难，循序渐进，终成完璧的原则，以原版影印为主、整理标点为辅的方式，分类编成一套大型《近代国学文献汇编》，收录所有晚清至民国时期的各类国学相关文献，将1900至1952年间在海内外出版的所有以国学为名目以及与国学机构相关的图书、期刊、报纸、档案一网打尽，一方面有利于汇集保存目前相当分散而且已经毁损严重的各类相关重要文献，另一方面便于海内外研究者接触利用资料，有效地推进研究工作，并吸引新锐研究者加入近代国学研究的阵营。

由于近代国学的文献数量庞大以及收藏分散、保存状况不良，原版影印不仅汇集多，见效快，费用相对较低，而且能够确保不再新增错误，符合傅斯年等人主张的材料越生越好的原则，是多快好省地解决抢救性保护和开放性利用两难困境的可行方式。因此，应尽可能采用原版影印的形式。至于书刊中夹杂的有关国学的片段资料（如日记、书信、文集），以及规定不得原版影印的资料（如档案），则以录入整理方式汇辑出版。鉴于近年来一些常见书刊已有再版，而丛书类文献有些只是历代典籍的汇刊，可以存目的方式予以保留，以免重复累赘。

编辑出版《近代国学文献汇编》，能够一举解决近代国学文献保管困难和利用不便的两难困境，为国学研究提供全面丰富的基本文献，改变既往研究因材料不足而出现的以偏概全、断章取义和格义附会的状况，以此形成国学研究领域的标志性成果以及国家文化建设的重要载体，并为后续的数字化建设提供充分的资源，为建构高水准、广覆盖的国学研究平台奠定坚实的基础。同时，可以为中国的发展战略提供文化支撑、文化选项以及发掘据有道德制高点的文化价值，有力地推动中国复兴崛起的进程。

文献汇编以书、刊、报、档的原生形态为类别，在各大类之下，再根据文献收集、利用条件、版本品相等情况，酌情分为编、辑（例如，以收藏保管单位具名的专辑），最终实现完整覆盖。这是在目前环境下，可望多快好省达成文献汇编基本全覆盖总体目标的可行之道。

近代学术，受东西两洋的影响，主张分科治学，而国学以国分界，不以学科分界，招致以分科为科学的学人的批评非议。在目前体制下及有限的时间内，要想打破分科治学的壁垒乃至分门别类和专题研究的狭隘界域，诚非易事。但至少不应以所治题目为读书范围，否则永无贯通之日。广泛收集近代国学文献，逐渐了解把握前后左右观念事实的内在联系，力求通贯古今中外，才有可能免于横通之弊。近代中国的国学，与东亚的日本、朝鲜的国学颇有渊源联系，因此，近代中国有关日本、朝鲜国学的翻译、译介和研究，也应纳入搜寻和编辑的范围。

近代史料繁多，在古代文献的百倍以上，任何主题，要想竭泽而渔，都颇具难度。编辑近代国学文献汇编，主要难点有四：其一，相关书刊收藏单位众多，不易找全。尤其是有的书刊印数少，留存更少。而比较容易找到的底本，还有版本问题，找到初版本难度较大，还要比较不同版本。其二，收藏于各大学、各省市档案馆和第一、第二历史档案馆的档案，受有关法规的限制，不易获得，更难出版。其三，有的文献如日记（柳诒徵、陈庆年）、书信（刘承幹）之类，或藏于后人、收藏家之手，或被收藏机构视为秘宝文物。有的信息为外界所知，有的则深藏不露。其四，港台及海外（欧美日韩）所藏档案图书文献，必须具备相当的收集整理条件。

《近代国学文献汇编》将尽可能竭泽而渔地网罗所有近代国学的书、刊、报、档等各类文献，为进一步推动近代国学问题的研究奠定坚实可靠的基础。为达此目的，将根据各类文献的收藏和利用的整体状况，采取先易后难、循序渐进、多快好省、逐步完备的实施原则；同时依据各类文献的不同特点，在编辑出版方面针对性地各有侧重。根据各种书、刊、报、档的利用难易有别的情况，编辑出版大体采取先一般以国学为名的书刊（包括报纸的专刊），继而其他书刊报中的国学专题论文，最后各种国内外相关档案的顺序（个别已经整理的专题性档案可以先出）。各种书、刊、报、档中包含的近代国学信息，如关于国学机构、团体、学人的报道，以及在国学研究或教学机构任事者的日记、书信、年谱中涉及的相关内容，无法以原书影印的形式呈现，则采用节录汇编的方式分别编辑出版。此外，努力收集各种公私藏家保存的各种未刊资料，如日记、书信、著作稿本等，汇编出版（有些资料由相关者的后人私家刻印，并非正式出版，亦可纳入）。

《近代国学文献汇编》分为图书、报刊、档案三大类，各大类之下再细分为若干小类。图书类包括：1. 标名国学（含国故、国粹等，下同）的丛书；2. 标名国学的单本书（含其他丛书中标名国学的单本书以及由国学院所、国学校系、国学会等国学机构出版的图书）；3. 包含国学内容的文集、日记、书信；4. 翻译、翻刻日本、朝鲜的国学书籍。报刊类包括：1. 标名国学的期刊；2. 国学机构出版的其他名目期刊；3. 报纸的国学专刊、专栏；4. 前三项之外所发表的标名国学的单篇论文和文章。档案类包括：1.内地及港台机构所藏国学相关档案；2.海外藏哈佛燕京社及教会学校国学院、所、系档案；3.抗日战争期间沦陷区国学机构档案；4.国学机构人员的个人未刊日记书信著述。

本书的编辑，得到国家图书馆出版社的鼎力支持，尤其是在获取底本方面，如果没有该社的协助，将很难完成如此大规模的资料汇编。就此而言，其角色作用已经远远超越一般的出版方。作为编辑者，谨此表达由衷的谢意。

治学篇

近代中国的知识与制度转型

当前的世界格局，正在发生自 17 世纪以来最为重大深刻的变动。这一变动呈现相反相成的两面：一方面，全球化导致各国的交往联系进一步紧密，三百多年来欧洲中心的笼罩还有强化之势。另一方面，单一的西方强势霸权地位已经动摇，包括中国崛起在内的多元化成为新的发展取向，由此引发重新认识自我和调整世界秩序的需求，不同文化系统的相互理解和接受变得更加重要，而沟通的理据却引起越来越多的反省和检讨。近代以来在世界一体化的大趋势之下普遍发生的知识与制度转型，本来是各国赖以沟通理解的凭借，现在却造成许多的疑惑和困扰。以往后发展国家将接受欧洲中心衍生出来的一整套观念制度作为体现人类发展共同趋向的公理，用以重新条理和解释既有的历史文化。西方社会也习惯于用后来体系化的观念制度看待异己的文化，乃至回溯自身的历史。

随着全球化的推进，经过观念与制度的所谓现代变革调适的国家民族之间，摩擦冲突仍然不断加剧，而人类发展的单一现代化取向备受质疑，越来越多的学人意识到倒看历史所产生的误解不同文化的现实危险。如何透过世界一体化（其核心仍然是欧洲中心）之后表面相似的观念和制度来理解和把握各种社会文化差异，增进相互理解与沟通，同时注重不同文化之于世界多样性的价值意义，引起各国学人的高度关注。作为重建世界格局一极的中国，晚清民国时期，知识与制度体系发生了重大变动，使得中国人的思维方式与行为规范前后截然两分。了解这一千古大变局的全过程和各层面，对中外冲突融合的大背景下知识与制度体系沿革、移植、变更、调适的众多问题进行深入探究，可以获得理解传统，认识变异，了解现在和把握未来的钥匙。在中学、东学和西学的视角下重新考察近代中国观念与制度变革的趋向和症结，有助于更好地认识世界一体化进程中东亚文明的别样性及其为人类发展提供多样性选择的重要价值，争取和保持对在世界文明体系中的位置日益重要的中国历史文化解释的主动和主导地位，增进包括中国在内的世界各国的沟通理解。

一　前后分界

美国学者任达（Douglas R.Reynolds）的《新政革命与日本》（*The Xinzheng Revolution and Japan*, *Council on East Asian Studies*, Harvard University, 1993，李仲贤的中译本由江苏人民出版社 1998

年出版）一书，出版以后引起不小的争议，对其观念和材料方面的种种局限议论较多。[①] 不过，作者指出了以下至关重要的事实，即新政前后，中国的知识与制度体系截然两分，此前为一套系统，大致延续了千余年；此后为一套系统，经过逐步的变动调整，一直延续至今。作者这样来表述他的看法：

> 在1898年百日维新前夕，中国的思想和体制都刻板地遵从了中国人特有的源于中国古代的原理。仅仅12年后，到了1910年，中国人的思想和政府体制，由于外国的影响，已经起了根本性的变化。从最根本含义来说，这些变化是革命性的。在思想方面，中国的新旧名流（从高官到旧绅士、新工商业者与学生界），改变了语言和思想内涵，一些机构以至主要传媒也藉此表达思想。在体制方面，他们按照外国模式，改变了中国长期以来建立的政府组织，改变了形成国家和社会的法律和制度。如果把1910年中国的思想和体制与1925年以至今天中国相比较，就会发现基本的连续性，它们同属于相同的现实序列。另一方面，如果把1910年和1898年年初相比，人们发现，在思想和体制两大领域都明显地彼此脱离，

---

① 参见桑兵：《黄金十年与新政革命——评介〈中国，1898—1912：新政革命与日本〉》，载《燕京学报》新4期，1998年。

而且越离越远。[1]

也就是说，中国人百余年来的精神观念与行为规范，与此前的几乎完全两样，这一天翻地覆的巨变，不过是百年前形成基本框架，并一直运行到现在。今日中国人并非生活在三千年一以贯之的社会文化之中，而是生活在百年以来的知识与制度体系大变动所形成的观念世界与行为规范的制约之下。任达认为，这样的变动是以清政府和各级官绅为主导的具有根本性的革命，并且强调在此过程中日本影响的主动与积极的一面。对于诸如此类的看法，意见当然难期一律，表达异见十分正常。但任达所陈述的近代知识与制度根本转变的事实，却是显而易见，不宜轻易否定的。

不过，这一转型的过程及其意义，远比任达所描绘的更为复杂和深刻。因为它不仅涉及明治日本，还包括整个丰富多样的“西方”；不仅发生在新政时期，而且持续了半个多世纪（其实受域外影响发生观念行为的变化，从来就有，如佛教和耶稣会士的作用，尤其后者，令西学已经东渐）；不仅政府主导的那些领域出现了观念和制度变化，全社会各个层面的各种知识制度体系，几乎全都根本改观；参与其事者不仅是清朝官绅和日本顾问，外国来华人士和广大中国知识人也纷纷介入其中。更为重要的是，这样的革命性变动不是单纯移植外国的知识与制度，今天中国人所

---

① [美]任达，李仲贤译：《新政革命与日本：中国，1898—1912》，南京，江苏人民出版社1998年，第215页。

存在于其中的知识与制度体系，虽然来源多在外国，因而与世界上其他国家大体相似，但还是有许多并非小异。这些千差万别，不能简单地用实际上未能摆脱西化的现代化理论来衡量和解释。

今日中国人在正式场合用来表达其思维的一整套语汇和概念、形成近代中国思想历史的各种学说、教学研究的学科分类，总之，由人们思维发生，独立于人们思维而又制约着人们思维的知识系统，与一个世纪以前中国人所拥有的那一套大相径庭。如果放弃这些语汇、概念和知识系统，面对各种信息，人们将无所适从，很难正式表达自己的意思。而习惯于这些语汇、概念和知识体系的今人，要想进入变化之前的中国人的精神世界，也十分困难，即使经过专门训练，并且具有相当程度的自觉，还是常常发生格义附会的误读错解。不仅如此，要想认识今日中国人的精神世界，尽管处于同一时代，但要分辨那些看似约定俗成、不言而喻，实际上各说各话的话语，如果不能从发生发展的渊源脉络理解把握，也很难真正做到了解同情。近年来学人所批评的“倒放电影”和所主张的“去熟悉化”①，显然都由此而生。

同样，体现和规范今人的行为，维系社会有序运作的各种制度，与百年以前也是迥异。这些制度覆盖政治、经济、军事、对外关系、教育、金融、司法、医疗、治安、社会组织、社会保障与救济等各个方面，几乎无所不包。除了少数“仍旧”或“全新”

① 前者为罗志田教授屡次论及，后者见王汎森教授《中国近代思想文化史研究的若干思考》，载《新史学》（台北）第14卷4期，2003年。

外，多数情况是“古已有之”而“变化多端”甚至“面目全非”。这就导致今人既不易理解前人的种种行为方式和运作模式，又无法深究今日各种制度规定及其运行轨则的来龙去脉，难以知其然亦知其所以然。结果，一种制度之下存在着多种行为样式，甚至主要的样式与设制本身的立意相去甚远。有时观念与制度之间发生离异，观念层面的优劣之争并不影响制度层面出现一面倒的局面。如中西医的是非优劣，历来争论不已，至今只能说是各有高下，而医疗和医院制度，已经几乎完全按照西洋方式。

出现上述情形的重要原因之一，在于晚清民国的知识与制度转型，并非由中国的社会文化历史自然发生出来，而是近代中外冲突融合的产物。某种程度上，可以说是从外部世界移植到本土，并且改变中国思维与行为的基本面貌的产物。换言之，这是世界体系建构过程中，中国一步步被拖入世界体系的结果。今人争议甚多的全球一体化，仍是这一过程的延续。

然而，事情如果只是如此简单，也就不难认识。实际情形不仅复杂得多，而且潜移默化，令人习以为常。所谓“世界”，其实仅仅存在于观念形态，如果要落到实处，则几乎可以断定并不存在一个笼统的“世界”，而具体化为一个个不同的民族或国家。更为重要的是，那个时期的所谓“世界”，并非所有不同民族和国家的集合，实际上主要是以同样笼统的“西方”为蓝本和基准。在“西方”人看来，“西方”只是存在于东亚人的观念世界之中。认真考察，西方不但有欧美之别，欧洲内部还分为大陆和英伦三岛，大陆部分又分成历史文化各不相同的众多国家。此外，本来是东亚一部分的日本，因为学习西方比较成功，脱亚入欧，似乎也进入了西方发达国家的行列，而逐渐成为西方世界的一部分。

如此一来，近代中国面临的外部冲击和影响，就知识系统而言，不仅“西学”，还有“东学”。而“西学”的基本凭借“西方”既然只存在于观念世界，“西学”相应地也只有抽象意义。一旦从笼统的“学”或“文化”落实到具体的学科、学说，可以发现，统一的西方或西学变得模糊不清甚至消失不见了，逐渐显现出来的是由不同民族和国家的历史文化渊源发生而来的独立系统。各系统之间或许大同，但也有不少小异，这些小异对于各种学科或学说的核心主干部分也许影响不大，但对于边缘或从属部分则相当关键，往往导致不同系统的学科分界千差万别，从而使得不同国度的不同流派关于学科的概念并不一致。来龙不一，去脉各异，不同国度的同一学科的内涵也就分别甚大。大者如“科学”，英法德含义不同，小者如政治学、社会学、人类学的分科与涵盖，欧美分别不小，欧洲各国也不一致。至于社会文化研究，究竟是属于社会学的领域还是人类学的范畴，不仅国与国之间存在差异，同一国度的不同学派也认识不一。

上述错综复杂是在长期的渐进过程中逐渐展开，因此一般而言对于亲历其事者或许并不构成认识和行为的障碍，而后来者或外来人则难免莫名所以，无所适从。当由欧洲原创的人类知识随着世界体系的扩张走向全球时，为了操作和应用的方便，不得不省去繁复，简化约略，使得条理更加清晰。这样一来，原有的渊源脉络所滋生出来的纠葛被掩盖，学科的分界变得泾渭分明。将发源于欧洲的各种学科分界进行快刀斩乱麻式的后续加工和划一，开始不过是有利于缺少学术传统又是移民社会的美国人便于操作，后来由于美国的实力和地位迅速上升，对世界的影响不断扩大，甚至成为霸主和中心，美式的分科成为不少后发展国家接受外来影响的主要模式。可是，在清晰和方便的同时，失去了渊源脉络，一味从定义出发，一般而言也无大碍，仔细深究，尤其是还想弄清楚所以然，就不免模糊笼统。因此，格义附会、似是而非的现象不仅多，而且乱，看似异口同声，实则各唱各调的情况比比皆是。

近代中国在西方压力之下发生的知识与制度体系转型，如果只是全盘西化式的照搬移植，问题也就相对简单。可是，中国的文化不仅历史悠久，而且一脉相传，始终活跃，其巨大张力所产生的延续性，对于近代的知识与制度转型发生着重要的制约作用。

清季民初，是中国固有学术向西式分科转型的重要时期，众多学人对此作了不同程度的努力，其中康有为、梁启超、刘师培、章太炎、严复、宋恕、王国维等人在学术领域的影响尤为突出，而蔡元培等人则更多的是从教育的角度关注分科。他们借鉴来源不同的西学，以建立自己的体系，都希望在统一的整体框架下将各种新旧中西学术安置妥当，尤其是力图将中西新旧学术打通对接。各人编织的系统虽然大体都是依据西学，实际分别相当大，反映了各自所依据的蓝本以及对这些蓝本的认识存在很大差异。加之在中国变动的同时，欧洲各国的学科体系也正在随着社会分工的日益细化和知识分类的不断增加，随时新建、调整或重组，时间的接近加剧了空间变动的复杂性，这就进一步增加了中国人对于学术分科理解与把握的难度，也导致分科界限的模糊与错乱。

早在20世纪初，主讲京师大学堂史学的陈黻宸比较中西学术时就认为："夫彼族之所以强且智者亦以人各有学，学各有科，一理之存，源流毕贯，一事之具，颠末必详。而我国固非无学也，然乃古古相承，迁流失实，一切但存形式，人鲜折衷，故有学而往往不能成科。即列而为科矣，亦但有科之名而究无科之义。"①这显然是用进化论的眼光看待中西学术的结果，将近代等同于西方，以为西学的优势从来如此。其实，整体而言，分科治学在西方也不过是19世纪以来，尤其是19世纪后半叶以来的新生事物，其间也经历了用后来观念重构系统的历史进程。由于各国的学术文化传统不同，造成分科边际的不确定和不稳定，使得对西方本来就缺乏全面深入认识的的中国人更加难以把握这些泊来的抽象物。

上述难题，几乎所有的后发展国家和民族都会共同面对。而中国还有其独特的问题。在中国的近邻，明治维新后日本率先走上了现代化道路，并通过一系列军事、外交和政治活动向中国人

① 《京师大学堂中国史讲义》，陈德溥编：《陈黻宸集》下册，北京，中华书局1995年，第675页。

展示了它的巨大成效，以至于新政期间，在朝野人士的鼓动下，中国主要是通过日本来学习西方。这样的取径，在具有留学欧洲背景的严复看来，不仅是舍近求远，甚至会南辕北辙。他说：

> 吾闻学术之事，必求之初地而后得其真，自奋其耳目心思之力，以得之于两间之见象者，上之上者也。其次则乞灵于简策之所流传，师友之所授业。然是二者，必资之其本用之文字无疑也。最下乃求之翻译，其隔尘弥多，其去真滋远。今夫科学术艺，吾国之所尝译者，至寥寥已。即日本之所勤苦而仅得者，亦非其所故有，此不必为吾邻讳也。彼之去故就新，为时近三十年耳。今求泰西二三千年孳乳演迤之学术，于三十年勤苦仅得之日本，虽其盛有译著，其名义可决其未安也，其考订可卜其未密也。乃徒以近我之故，沛然率天下学者群而趋之，世有无知而不好学者如此者乎？侏儒问径天高于修人，以其逾己而遂信之。今之所为，何以异此。[①]

严复的意见在一段时期内不被普遍认同，在他供职的学部，据说也是东学派占了压倒性优势，不过却提醒国人注意，日本化的西学，加入了许多东亚因素，其中不少是根据中国文化加以变

① 《与外交报主人书》，王栻主编：《严复集》第3册，北京，中华书局1986年，第561页。

异，以应对西学。而东学所带有的浓厚的德国色彩，提示人们进一步抛弃西学的笼统性，关注英国以外的其他欧洲文化系统，并设法弄清不同系统之间的差异。

知道分别就会有所取舍。在大规模地接受东学之后，朝野人士对东学东制移植中土暴露出来的弊病逐渐有所认识，于是再度将目光转向欧洲。从这时起，国人开始跳出西学的笼统观念，不一定在不同系统之间作整体性选择，而是考虑各个系统的组成部分可能各有长短，应当具体地予以了解和把握。民国以后，虽然留美学生渐多，并且逐渐占据了国内各界的要津，有识之士还是知道，欲求高深学问而非仅仅谋求学位，应该前往原创性的欧洲。只是后来北美与东欧的影响日益增强，将已有的复杂因素变得看似简化。

在近代中国人的精神世界发生着翻天覆地的变化的同时，其行为规范也随着涉及社会生活各个方面的各种制度的引进而悄然变更。西制进入中国并导致原有的各种制度发生程度不同的变动，与西学的进程颇为近似，也经过了取法日本的阶段。虽然中西文化交流并非截然分为物质、制度和心理的层面，依次递进，器物的引进带来的不同的审美和实用观念，工厂的开办需要一整套制度的保障，而且随着新事物的日益增多，清朝的各级职官体制也悄然变更，总体而言，制度变动的进展相当缓慢。新政时期，中国全面模仿日本，朝野上下，先后派出了为数众多的官绅游历，他们出发前以及抵达日本后，要集中听讲学习，有关方面为此还编制了具体的考察指南，指示考察的程序、步骤和做法。于是他们按图索骥，将日本的各种制度一一照葫芦画瓢地搬来中国。当然，后来同样有过再向欧美学习以调整偏差的经历。其间有些先见之明的人士并不囿于一途，如孙中山对美国的代议制民主就不以为然，而倾心于瑞士的直接民主。

对于近代中国的知识与制度体系转型，学界往往会用现代化的解释框架来加以认识。现代化的观念，未必不是一种解释模式。不过，现代与传统、进步与落后之类的两级范畴，最终实际上落实到了中西对立的观念之上，不仅流于简单地找变化，而且根据固定标准找出的变化归根结底都是西化。诸如此类以变化为进化，以现在为现代的看法，多少反映了今人的盲目自信。而近代中国的知识与制度转型转型决非如此简单，至少应该考虑到：1. 中国固有的知识与制度体系的渊源、变化与状况。2. 外来知识与制度体系的具体形态及其进入中国的过程、样式。3. 中国人如何接受外来的知识与制度，外来知识及制度如何与中国固有的知识及制度发生联系。4. 在上述过程中，本土与外来的知识和制度如何产生变异，形成怎样的新形态。5. 这些变异对中国的发展所产生的制约性影响。

本项研究的展开，力求回应上述问题，大体把握中外知识与制度转型之前的情形，外来知识与制度进入中国的过程，由此引起的变化、变化所造成的延续至今的状况以及未来的发展趋向，为世界格局的重构做好知识与制度准备。

二　断裂与延续

知识与制度体系的全面变动，不仅改变了近代中国人的思维与行为，而且使得现在的中国人在面对过去时，自觉或不自觉地用现行思维行为方式去观察判断。如果没有充分自觉，等于用后来外在的尺度衡量前人前事，难以体察理解前人思维行为的本意真相。也就是说，外来的知识与制度体系进入之前，中国人已有自己长时期累积而成的一整套思维和行为方式。而在转型之后，由于观念和规矩的变更，要想如实了解固有本来，反而变得相当困难。要做到不带成见从无到有地去探究发生、发展和变化，首先必须对本来的情形有充分的了解同情。

此事说来简单，其实至为复杂。尽管近代知识与制度转型很有几分脱胎换骨，以致有学人断言已是西体中用，实则吸收域外文化或融合其他异文化，在中国历史上不仅随时发生，而且有过几次显而易见的重要变动。今人看转型以前的人与事，难免带着后来西式的有色眼镜，即使有所自觉，尽量不带成见，也很难完全还原。历史本事、相关记述和后来著史，彼此联系，又各自不同，而分际模糊，容易混淆，况且著史还有层累叠加的问题。历史的实事即所谓第一历史必须经由历史记述即所谓第二历史加以展现，任何历史记述，往往积薪而上，一般而言，所有系统，均由后人归纳，集合概念亦均为后出，而且越到后来，条理越加清晰，意涵却悄然变化。后来之说可以表明编制者的看法，不能简单地认作所指时代的事实。转型之前，前贤已经提出以汉还汉的问题，只是即便回到汉代，所获仍然不过汉代人对先秦思想的认识。汉代固然距离先秦较今人为近，保留理解先秦的思想观念或许较今人为多且确，却未必真正吻合。况且汉代对于前人的认识也是五花八门，各不相同。

将以汉还汉的精神贯彻到底，应该是回到不同时代不同人物的不同观念行事。傅斯年曾为自己将来可能写“中国古代思想集叙”，提出若干要遵守的“教条”，其中包括：1. 不用近代哲学观看中国的方术论，“如故把后一时期，或别个民族的名词及方式来解它，不是割离，便是添加。故不用任何后一时期，印度的、西洋的名词和方式。”将明清之际耶稣会士和晚清以来西学的影响乃至中古大事因缘的儒释道合一，均置于自觉排除之列。2. 研究方术论、玄学、佛学、理学，各用不同的方法和材料，而且不以二千年的思想为一线而集论之，“一面不使之与当时的史分，一面亦不越俎去使与别一时期之同一史合。”[①] 也就是说，中国不仅没有一以贯之的哲学史，而且历代分别有方术、玄学、佛学、理学的历史，各史均须还原到当时的历史联系之中，而不能抽取某些元素加入其他时期的同类史。此说对于现在的不少相关研究尤其具有针对意义，探讨概念、分科及制度，看似广征博引，也能遵循时空顺序，实则将不同时期的相同或相似观念事物抽离原

① 《傅斯年致胡适》1926年8月17、18日，杜春和、韩荣芳、耿来金编：《胡适论学往来书信选》下册，石家庄，河北人民出版社1998年，第1264—1265页。

来各自的历史联系，而强行组合联缀，其本意既因脱离原有语境不能恰当解读，其联系复因形似而实不同而有削足适履之嫌，仍然是强古人以就我的主观预设。况且，诸如此类的研究往往还会就文本以证文本，对于相关人事视而不见，无法将思想还原为历史，不过是创造一家之言的个人思想史而已。

至于写法，傅斯年主张应由上层（下一时）揭到下层（上一时），而非自上一时写下来。前者从无到有，探寻概念事物的发生及其演化，后者则以后来观念条理先前史事，实为用后来眼光倒述历史。所谓自上一时写下来，其实未能剥离后来的附加成分，而以后来的概念条理作为先入为主的是，形式上虽然顺着写，实际上却是倒着讲。必须首先由记述的上层即时间的下一时，揭到记述的下层即时间的上一时，才能以汉还汉，回到历史现场。不过，仅仅这样逆上去固然可以层层剥笋，求其本意，还物事的本来面目，但要再现思想演变的历史进程，还应在回归具体时空位置的基础上顺下来，历时性地展示事物发生演化的复杂详情。

然而，更为吊诡的是，和傅斯年所推崇的阮元《性命古训》一样，尽管该研究“其方法则足为后人治思想史者所仪型”，还是存在其结论未必能够成立的尴尬。[①] 原因如陈寅恪所论：

> 宋儒若程若朱，皆深通佛教者。既喜其义理之高明详

① 《性命古训辨证》，欧阳哲生主编：《傅斯年全集》第2卷，长沙，湖南教育出版社2003年，第505—509页。

尽，足以救中国之缺失，而又忧其用夷变夏也。乃求得两全之法，避其名而居其实，取其珠而还其椟。采佛理之精粹，以之注解四书五经，名为阐明古学，实则吸收异教，声言尊孔辟佛，实则佛之义理，已浸渍濡染，与儒教之宗传，合而为一。此先儒爱国济世之苦心，至可尊敬而曲谅之者也。故佛教实有功于中国甚大。自得佛教之裨助，而中国之学问，立时增长元气，别开生面。故宋、元之学问、文艺均大盛，而以朱子集其大成。①

1934年陈寅恪为冯友兰《中国哲学史》下册所写审查报告指出：

六朝以后之道教，包罗至广，演变至繁，不似儒教之偏重政治社会制度，故思想上尤易融贯吸收。凡新儒家之学说，几无不有道教，或与道教有关之佛教为之先导。如天台宗者，佛教宗派中道教意义最富之一宗也。其宗徒梁敬之与李习之之关系，实启新儒家开创之动机。北宋之智圆提倡中庸，甚至以僧徒而号中庸子，并自认为传以述其义。其年代尤在司马君实作中庸广义之前，似亦于宋代新儒家为先觉。二者之间，其关系如何，且不详论。

① 吴宓著，吴学昭整理：《吴宓日记》第2册，北京，生活·读书·新知三联书店1998年，第102—103页。

然举此一例，已足见新儒家产生之问题，尤有未发之覆在也。至道教对输入之思想，如佛教摩尼教等，无不尽量吸收，然仍不忘其本来民族之地位。既融成一家之说以后，则坚持夷夏之论，以排斥外来之教义。此种思想上之态度，自六朝时亦已如此。虽似相反，而实足以相成。从来新儒家即继承此种遗业而能大成者。[①]

关于唐宋诸儒究竟是先受到佛教道教性理之说的影响，再上探先秦两汉的儒学，以外书比附内典，构建新儒学，然后据以辟佛，还是相反，鉴于时代风气人伦道丧，先从古儒学中认出心学一派，形成理学，以抵御佛教，陈寅恪与傅斯年意见分歧，并有所论辩，最终各执己见。[②]1954年，陈寅恪在《历史研究》发表《论韩愈》，旨在说明“退之自述其道统传授渊源固由孟子卒章所启发，亦从新禅宗所自称者摹袭得来也”。韩愈扫除章句繁琐之学，直指人伦，目的是调适佛教与儒学的关系：

盖天竺佛教传入中国时，而吾国文化史已达甚高之程度，故必须改造，以蕲适合吾民族、政治、社会传统之特性，六朝僧徒“格义”之学，即是此种努力之表现，

① 冯友兰：《中国哲学史》下册，商务印书馆1934年。

② 参见桑兵《求其是与求其古：傅斯年“性命古训辨证”的方法启示》，载《中国文化》第29期，2009年春季号。

> 儒家书中具有系统易被利用者，则为小戴记之中庸，梁武帝已作尝试矣。然中庸一篇虽可利用，以沟通儒释心性抽象之差异，而于政治社会具体上华夏、天竺两种学说之冲突，尚不能求得一调和贯彻，自成体系之论点。退之首先发见小戴记中大学一篇，阐明其说，抽象之心性与具体之政治社会组织可以融会无碍，即尽量谈心说性，兼能济世安民，虽相反而实相成，天竺为体，华夏为用，退之于此以奠定后来宋代新儒学之基础。

而“退之固是不世出之人杰，若不受新禅宗之影响，恐亦不克臻此。又观退之寄卢仝诗（春秋三传束高阁，独抱遗经究终始），则知此种研究经学之方法亦由退之所称奖之同辈中人发其端，与前此经师著述大异，而开启宋代新儒学家治经之途径者也”。[①]

如果韩愈是受新禅宗影响的才转而正心诚意，甚至到了“天竺为体，华夏为用”的程度，其弟子的复性论就很难说是与禅无关，于儒有本。新儒学究竟是取珠还椟，还是古今一贯，或者说，古今一贯是唐宋诸儒苦心孤诣的自称，还是新儒学创制的渊源，两说并存，悬案依旧，破解之道，有待于来者。两相比较，以情理论，无疑陈寅恪之说更为可信，恰如欧洲中世纪思想必须借助儒学才能突破变换，很少抽象虚理思维习惯的唐宋诸儒，如果没

① 陈美延编：《陈寅恪集·金明馆丛稿初编》，北京，生活·读书·新知三联书店2001年，第319—322页。

有内典外书相互比附、性理之学盛行的时代风尚影响，也很难产生思维方式的革命性变换。只是陈寅恪的看法较傅斯年曲折复杂，不易直接取证，反而傅斯年的说法容易找出直接证据，看似信而有征。史学研究中往往存在实事无实证，而实证并非实事的现象，造成诸多困惑，由此可见一斑。唐宋诸儒的行事方式，直到明清之际仍然有人仿效，只是自然科学方面可以比较文本进行梳理，思想精神层面的水乳交融，已经很难分离验证。如此看来，晚清面对西学的中学，其实早已是既非固有，更不固定。

知识与制度转型的大背景是中西交汇，除了认识中国原有，对西的一面同样要认真探究，而不仅仅是一般性的了解，应当回到相应的历史时期，追寻各种知识与制度变化发展的渊源脉络，以免受后来完善化体系化观念的影响。关于此点，近代学人围绕中国有无哲学的问题所展开的讨论颇有启示意义。1928 年，张荫麟撰文评冯友兰《儒家对于婚丧祭礼之理论》，指出：

> 以现代自觉的统系比附古代断片的思想，此乃近今治中国思想史者之通病。此种比附，实预断一无法证明之大前提，即谓凡古人之思想皆有自觉的统系及一致的组织。然从思想发达之历程观之，此实极晚近之事也。在不与原来之断片思想冲突之范围内，每可构成数多种统系。

以统系化之方法治古代思想，适足以愈治而愈棼耳。[①]

这里虽然讲的是中国，实则西方也有类似情况。如欧美学者的社会学史，一般是将斯宾塞的《社会学》作为发端。其实这也是后来社会学家的倒述。严格说来，斯宾塞那本标名《社会学》的著作，更近似于今人所谓社会科学。而在几乎所有欧美人撰写的社会学史中找不到位置的甄克斯，在20世纪初年的中国人眼中，却是西方代表性的社会学家，影响了众多中国人对社会和社会学的认识。

当然，最为复杂的还是变动不居的阶段。一个本来就没有真正统一定义（至多是约定俗成）的外来概念进入中国，常常要经历相当长的接受过程，而且接受者各自以其原有的知识进行判断和理解。其间不同时期有不同的表述，同一时期的不同个人也会表述各异。而同一表述之下，有时各人的意思大相径庭。一个学科同样如此。西式近代分科因民族国家的传统渊源而千差万别，进入中国后，对应于中国固有学问的何种门类，开始往往五花八门，后来虽然逐渐统一，其实还是各说各话。等到中国的固有分类被外来替代（实则很难对应），或者说按照西式分类的观念将中国的固有学问加以比附，却又出现了用西式分类看待中国固有学术是否合适的问题。

---

① 张荫麟：《评冯友兰〈儒家对于婚丧祭礼之理论〉》，载《大公报·文学副刊》1928年7月9日。

例如哲学，一度对应到易学、理学或诸子，后来傅斯年却提出古代中国无所谓哲学，连思想一词也要慎用，因为概念不仅仅是符号，由此可以引起极大的误解。用今天通行的美术概念去理解梁启超在戊戌前所主张的工人应读制造美术书，[①]只能是百思不得其解。而张荫麟等人对胡适、冯友兰等人中国哲学史研究的批评，主要也是针对后者用西洋现代系统化的哲学观念去理解或解释中国古代的精神世界，难免格义附会，似是而非，差之毫厘，谬以千里。直至今日，不少中国学人仍然在为诸如此类的分歧差异而备感困惑和困扰，而那些没有感到困惑与困扰者，并不见得比他人更加清醒，或许刚好相反，从现有的知识来理解前人，已经将现实视为天经地义，从而失去了怀疑的自觉。如有的评论者指那些认为中国无哲学的论点是以西方为标准，殊不知中国非有哲学不可，同样是一把西学的尺度。后来熊十力即批评西方人认为中国无哲学，不无矮化贬低中国学术之意。了解近代学人何以会有上述观念看法，以及他们彼此讨论的具体语境，有助于理解问题本身。

中国古代已有现代西方的各种学术分科，除习惯于附会者外，当然有些匪夷所思。其实，连中国固有学术是否存在分类，学界尚有争议。民国时宋育仁从学制改良和国学教育的角度，断言“经史子集乃系书之分类，不得为学之分科；性理考据词章为国学必

---

① 《读日本书目志书后》，《饮冰室合集·文集》之二，北京，中华书局1989年，第52—54页。

要经历之程，而非人才教育专门学科所立”。“北京大学立经学专科，外国学校有历史分科，讲求国学者，因此遂以经史子集四部之名分配为教科。孔经为欧美所无，而彼中大学五科有道科，以其教经为主课；日本大学立哲学，以孔经立为哲学教科。夫四部乃分布书类之名，非支配学科之目”。[①]不过，古人治学，虽然不讲分科，而重综合，不等于学术没有分别。经学、史学的名目，由来已久，诸子学也有数百年历史，至于集部，实际是文学，只是古人的文章之学，与今日的文学概念不同。图书分类，也不等同于学术分科。晚清那一代新进学人，努力将中国固有学问与西学对应，很少怀疑这种对应是否合适，因此附会之说不在少数。到了民国时期，不少人意识到简单对应的牵强，但已不容易摆脱分科概念的控制。时至今日，分科教育和分科治学的现状，早已将古代中国的学问肢解得七零八落，而且彼此之间壁垒森严了。

考古的概念和考古学的分科，不仅在转型过程中困扰着近代中国学人，即使在此之后，认识与理解仍然因人而异，令学人有些莫名所以。直到 20 世纪 90 年代，中国考古学界的新锐学人还在为中外考古学的发展趋向明显两歧而大惑不解。一般而言，欧美考古学的主导趋向是离开文献，或者说是要补文献的不足。章太炎对此有过整体性的评论，他指责“今人以为史迹渺茫，求之于史，不如求之于器”的做法，是“拾欧洲考古学者之唾余也。

① 芸子：《国学学制改进联合会宣言书》，载《国学月刊》第17期，1923年；宋芸子：《国学研究社讲习专门学科》，载《国学月刊》第17期。

凡荒僻小国，素无史乘，欧洲人欲求之，不得不乞灵于古器。如史乘明白者，何必寻此迂道哉？”中国“明明有史，且记述详备”，可以器物补史乘之未备，而不宜以器物疑史乘，或作为订史的主要凭据。[①] 所以中国考古学在很大程度上要承担印证文献记录的使命。加之中国本有金石器物学传统，与考古学不无近似，因此，在相当长的时期内，考古一词更多的是在考证古史的意义上理解和使用。所谓古史，固然也指上古历史，更主要的是历代典籍对先民历史的记载。这也就是具有留学背景的近代学人所批评的，中国旧式学人的研究重心在于古书而不是古史。

由于这一取向较易与金石学传统沟通联系，民国时期金石学者一直在考古学界扮演重要角色。1930 年代在北平成立的考古学社，主导的取向就不一定是掘地。而 1920 年代在古史辨论战中，李宗侗等一些学人主张由考古发现来解决问题，正是寄希望于掘地。进言之，即使掘地，学人最有兴趣的仍然是发现埋藏在地下的文献。王国维著名的二重证据法，说到底所谓地下还是文献，而不是用实物证文献，更不是用实物重建历史。直到 1980 年代重建考古学会，担任顾问与担任理事的学人取向依然有所不同。这种固有学术传统的制约作用不仅发生在中国学人身上，深受中国学术熏染的域外学人也会近朱者赤。日本考古学大家梅原末治晚年甚至宣称：东亚考古学应当是以器物为对象的学问，几乎认

---

① 徐一士：《一士类稿·太炎弟子论述师说》，荣孟源、章伯锋主编：《近代稗海》第2辑，成都，四川人民出版社1985年，第105—108页。

同金石学的理念。更多地接受欧美现代考古学影响的李济批评梅原末治开倒车，实则毋宁说梅原的转向是由于对东亚的历史文化和学术有了更加深刻的体验，因而改变了单纯以欧美考古学为准的的观念。[①]

分科治学之下，各种辅助学科对于历史研究的影响渐深，统一的历史被分割为各种各样的专门史，用了分科的眼光看待前人前事，很难得其所哉。姑不论文学古今有别，哲学似有似无，政治形同实异，即使域外为道理，一味盲从，也难免偏蔽。民国时期社会经济史盛行，有学人就认为："吾国史政治之影响究大于经济，近人研史或从经济入手，非研史之正轨也。"[②]近代学人批评中国古代无史学，只有帝王家谱。可是王朝的兴衰，往往关乎民族的存亡，却是不争的事实。在今人眼中，货币无疑属于经济史、金融史、财政史的范畴，而历史上在不同人的眼中，银钱的意涵不可同日而语。用后来专门的观念，可以得出符合学科规范的结论，而于认识历史上的实事，反而可能牵扯混淆。

近代中国的知识与制度转型的复杂性，因为东学背景而更加难以把握。日本长期以来一直受中国文化的影响，直到明治维新大见成效，特别是甲午战争、戊戌维新和新政之后，乾坤倒转。此后中国的精神世界大受日本的影响，用于正式学科的许多名词，

---

① 参见斋藤忠：《考古学史の人びと》，东京第一书店昭和60年；角田文卫：《考古学京都学派》（增补），东京雄山阁1997年。

② 金毓黻：《静晤室日记》，沈阳，辽沈书社1993年，第4786页。

都是来自日本明治后的“新汉语”。此事已经引起海内外学人的长期关注。所谓明治后的“新汉语”，并不一定是日本人的发明，尽管前人也察觉到其中有借用，有独创，有拼合，但最值得注意的却是，这些新汉语中相当一部分本来源自中国。例如国民，十余年前日本学人已经注意到，1880年王韬等人著述中就出现了现代意义上的“国民”，与古代中国的国民含义大不相同。近来又有学人发现，最早的中文期刊《察世俗每月统纪传》中，已经出现了具有现代意义的“国民”一词。当然，这些新名词大都并非单纯国人的贡献，往往是来华外国人士为了翻译上的用途，而和他们身后的中国助手一起逐渐发明出来。虽然在中国人的圈子当中并不流行，所以后来要从日本“逆输入”，但如果以为要到19世纪末20世纪初才从日本引进，则不仅有时间先后之别，对于过程的理解也会大受影响。明治初期的日本人士，用一般日语很难因应西学的复杂，不得不借助表现力强而且简略的汉文古典。由此创造出数以千计的新汉语，既不能与西文原意吻合，又与中国的原典有异，在促使东亚进入世界体系、使得日本掌控了东亚精神世界话语权的同时，产生了误读错解中西历史社会文化的不小弊端。而知识的分科系统，无论在教育还是学术层面，近代中国多以日本为蓝本，有时争议的各方，引经据典大都有其东学的不同来源。其利弊得失，很有重新全面检讨的必要。

诸如此类变化过程的复杂性，在制度方面同样有明显的体现。作为人与社会的行为规范，制度具有特独的文化内涵，全以西人现代观念对待，难免陷入科学与迷信、先进与落后、文明与野蛮的对应。这种建立在进化论基础上的社会发展观，不可避免地导向西方中心论。银行取代钱庄票号，便是一个相当典型的例证。认定前者在制度上优于后者，显然是以今日的眼光去回顾衡量的结果。这种似乎合理的观点，并不能解释何以在长达半个世纪内银行非但不能取代钱庄票号，甚至在与后者竞争时还处于下风。至少在当时中国人的实际生活中，银行似乎不如钱庄票号来的方便，也不比后者更具诚信。后来银行之所以能够占据上风并且最终取代钱庄票号，与其说是因为银行自身具有优势，不如说是随着西方列强的全球扩张和世界化进程，中国社会日益被拖入其中，整体环境产生了有利于银行的极大的变化，而钱庄票号又不能抵御各级政府和官僚各式各样的插手干预，被后者财政信用的不断流失所拖累，直到金融危机爆发，终于陷入万劫不复的境地。后来的民族工商业乃至新式金融业，也难逃同样的命运。

另一项中西差异明显的制度是医疗。在进化论观念的主导下，国人一度试图在先进与落后的框架下安置所有的中国与西方，中学、中医乃至国画，都被看成是旧与错的象征。而据现代的研究，中国的稳婆与西方的助产士，二者在接生过程中所担当的角色作用相去甚远，前者的文化心理安抚功能在很大程度上弥补了医疗手段的不充分，使得产妇分娩时能够减少痛苦，并且在一定程度上抵消了后者科技水准的优势。无论医学所包含的文化因素难以用西医的科学标准裁量，一视同仁的西医和因人而异的中医，究竟哪一种更加合乎较近代科学的简单化复杂得多的现代科学，也不无重新认识的余地。晚清以来的教育变革同样经历曲折，历届政府一直大力推行的国民教育，在实际运行中遭遇重大障碍，而备受争议的所谓私塾，则到20世纪40年代仍然具有相当大的规模。清季对新式学堂的非议很容易被斥为守旧，而民国时期倡行乡村教育的知识人对于国民学校的批评，就不再是一个简单的新旧判语所能了断。其中所包含的对于外来制度与国情现实的反省，值得后人深思。

有些制度变更，看似完全由西方移植引进，其实并不那么简单。三权分立的原则以及相关的制度建设，包括选举的实施、机构的建置、程序的展开甚至基本的理念，都不是原版复制，引进之时固然有所选择取舍，引进之后还要加以调整，尤其是在许多方面实际上利用了中国已有的基础，或是不能不受固有条件的制约，因而在落实到中土的时侯，发生了种种变异。戊戌以来，民主的追求就是中国政治生活中的头等大事，相关的制度在形式上也陆续建立，可是西方民主制的理念源于人性恶的原罪意识，而权力又是万恶之源，性恶之人掌握权力，更加无恶不作，所以天下无所谓好的政治，只是坏的程度多少深浅而已，因此必须分权制衡，以防止掌权者为恶。中国的传统却是圣王观，内圣可致外王。只要找到内圣，就应当赋予其充分的权力，使之可以放手行其外王之道。因为内圣致外王时能够自律，约束太多，反而限制其发挥。而后来的各级行政机构多由科房局所演变而来，分立的三权，也往往被行政长官视为下属。这些都使得制度的移植和建设充满变数，不是主观意愿所能控制。

典章制度研究本来就是中国史学的要项，只是近代史研究中往往有所忽视。涉及者主要依据章程条文，加以敷衍。而“写在纸上的东西不一定就是现实的东西。研究制度史不能只看条文，必须考察条文在实际生活中作用”[①]。也就是说，应当注意章程条文与社会常情及变态的互动关系，这种考察制度渊源与实际运作及其反应的做法，适为近代制度沿革研究的上佳途径。

一般而言，概念往往后出，研究中很难完全避免用后出外来的概念，因为经过近代的知识转型，不使用这些概念，将不可避免地导致失语。不过，在迫不得已的情况下使用后出外来概念，并不等于全盘接受其所有语义，甚至本末倒置，完全按照其语义的规定来理解事物。反之，对于这些概念的局限或扭曲原义本相的潜在危险，必须具有充分的自觉，否则势必南辕北辙。如按照现代法治社会的观念来看待清代的律法及其实践，将司法与行政分离，已经离题太远，再强分刑法与民法，更加不着边际。在官的方面，判案就是政务的要项。这与亲民之官担负保一方平安的职责密切相关。清季改制，军政长官不愿放弃司法行政权，根据之一，就是军情紧急之时就地正法的必要。

试图在司法层面理解古代中国的社会常态，恐怕也有不小的

---

① 蒋天枢：《陈寅恪先生编年事辑》（增订本），上海，上海古籍出版社1997年，第97页，引卞僧慧《怀念陈寅恪先生》文。

距离，伦理社会的诸多问题乃至纠纷，都不会提到法律的层面来解决。直到1940年代，中国人大都还认为坏人才打官司。而用案卷来透视社会，如果不能与其他资料比勘参证，尽力还原事实，则案子固然已经是变态异常，案卷所录与实事本相也相去甚远。反之，虽然传统中国并非法治社会，多数争端纠纷一般不会上升到法律层面，并不意味着常态的社会生活与律法无关。熟知律法的民间人士，除了担任刑名师爷等幕友外，主要不是在打官司的过程中扮演讼师，而是在一般社会生活的各个层面，担任与律法有关的中间或见证人。

近年来，知识史的研究越来越引起国内外学人的关注，研究的方向领域共通，而取径各异，见仁见智之下，也有一些值得共同注意的问题，其中之一，便是如何防止以今日之见揣度前人。要避免“倒放电影”和做到“去熟悉化”，对于今人而言其实是件极为困难的事，仅仅靠自觉远远不够。因为习惯已成自然，错解往往是在不经意之间。无知无畏者不必论，即使不涉及价值判断，且有高度自觉，也难免为后来外在的观念所左右。近代学术大家钱穆研治历代政治制度极有心得，而且明确区分时代意见与历史意见，可是仍然一开始就使用中央与地方的架构，梳理历代政治制度。实则这样的对应观念并非历代制度本身所有，而是明治时期日本的新概念。来华日本人士以此理解清朝体制，进而影响国人。尤其是织田万所著《清国行政法》，对中国朝野影响巨大。尽管如此，清季改制之际，就连接受这些概念的官绅，一旦面对内外相维的清代原有设制，直省究竟是否地方，还是成为偌大的难题，令举国上下缠绕不清，头痛不已，找不出适当的破解之道。进入民国，在相当长的时间里，省的地位属性，一直困扰着行政体制的设置及运作。岁月流逝，原来的困惑看似已经不成问题，实际上不仅依然制约着现实社会的相关行事（如地方行政与税制层级划分），而且导致与中国固有体制的隔膜，使得相关研究进入南辕北辙的轨道。用功越深，离题越远。

知识与制度体系转型的深化，使得上述情形不断得到巩固和强化。清季以来，西式学堂取代旧式学校，不仅要分科教学，而且以教科书为蓝本，在模仿日本编制教科书的过程中，各种知识陆续按照日本化的西式系统初步被重新条理。担心这种情形可能存在某种危险倾向的学人，曾经从不同的角度提出警示，只是在中西乾坤颠倒的大势所趋之下，他们的担忧和呼吁，很容易被视为守旧卫道而遭到攻击排斥。与此相应，各种报刊出现分门别类的栏目，中外学问需要统一安放，附会中西学术成为不少有识之士孜孜追求的目标。民国以后，整理国故兴起，精神世界已经被西化的中国学人进一步认为中国固有的知识缺少条理系统，因此要借助西方的系统将中国学问再度条理化。从胡适的《中国哲学史大纲》建立新的范式，中国的知识系统不仅在教科书的层面，而且在学术层面也逐渐被外化。随着重新条理一过的知识不断进入教科书和各种普及读物，主观演化成了事实，后来的认识就反过来成为再认识的前提。这样的过程周而复始地进行，今人的认识越来越适应现有的知识，而脱离本来的事实。这也就是陈寅恪所指摘的，越有条理系统，去事实真相越远。

与蔡元培等人推崇胡适以西方系统条理本国材料为开启整理国故的必由之路不同，1923 年，清季附会东西洋学说的要角梁启超针对国故学复活的原因指出：

> 盖由吾侪受外来学术之影响，采彼都治学方法以理吾故物。于是乎昔人绝未注意之资料，映吾眼而忽莹；昔人认为不可理之系统，经吾手而忽整；乃至昔人不甚了解之语句，旋吾脑而忽畅。质言之，则吾侪所恃之利器，实“洋货”也。坐是之故，吾侪每喜以欧美现代名物训释古书，甚或以欧美现代思想衡量古人。

尽管梁启超认为以今语释古籍原不足为病，还是强调不应以己意增减古人之妍丑，尤其不容以名实不相副之解释致读者起幻蔽。而且梁启超现身说法，承认此意“吾能言之而不能躬践之，吾少作犯此屡矣。今虽力自振拔，而结习殊不易尽”，告诫“吾同学勿吾效也”[①]。可是，清季开始的教育变革到这时产生了极其重要的效应，正是大批新式学堂培养起来的青年，成为外化的学术最终升上主流位置的决定性因素。守成的学人在失去政治依

① 梁启超：《先秦政治思想史》，《饮冰室合集·专集》之五十，北京，中华书局1989年，第13页。

托之后，又被剥夺了学术的话语权。今人对近代学术历史的认识，往往是通过主流派后来写成的历史，有意无意间将后者的看法当成了史实本身。

制度体系的变异进一步强化了知识体系的西化。生长于今日的环境，所得知识又是由学校的教科书教育灌输而来，现行的知识与制度体系已经成为今人思维与行为的理所当然。换言之，今人基本是按照西式分科和西式系统条理过的知识进行思维，依据西式的制度体系规范行为，因而其思维行为与国际可以接轨，反而与此前的中国人不易沟通。这显然是用进化论的观念将人类文明和文化统一排列后产生的结果。可是，中国并不因此就能够成为理想中的西方，这种沟通一方面以牺牲文化传统为代价，另一方面，则以对西方认识的笼统模糊和似是而非为凭借，因而往往与西方形同实异，或是将不同的西方各取所需，杂糅混淆。这既体现了传统对现状的制约，又反映了国人对域外的陌生。

民主、科学、革命等等概念，都是20世纪主导国人思维行为的重要语汇，它们不仅仅是观念，而且形成一整套的政治、法律、社会制度和行为方式。国人对这些约定俗成的概念的认识和解释，并不一致，与其来源的含义更是相去甚远。在内圣外王观念的制导下，近代中国的追寻民主相当长的一段时期是在寻求可以成为民之主的内圣。这个概念本身开始的含义就是民之主，后来则演变成民主制推举出来的首脑。科学是另一个让国人半是糊涂半明白的概念。什么是科学，在不同的西方有着不同的内涵外延，如果以必须由实验验证为标准，则数学也不宜称之为科学。至于社会科学，尤其是人文学科能否称之为科学，争议更大。而科学本来的历史意义之一，就是分科治学。在这方面，近代中国受东学即日本的影响极大，背后则是德国学术的观念。概念本身的差异，使得中国很容易泛科学化，从而令科学的意义反而不易把握。今人使用这些概念，常常追究是否准确传达西文的原意，其实作为翻译语汇，误读错解是常态，用比较研究的办法探究其如何被创造、应用、传播和变异，才能接近因时因地因人而异的本意。

研究近代中国的知识与制度体系转型，还有更深一层的含义。晚清尤其是五四以来，以西洋系统条理本土材料，已成大势所趋。今人所有的知识，几乎都是被条理过的。近代学人已有比附西学的偏向，今人治学，更加喜欢追仿外国。这虽然是学风不振所致，其知识架构已被西化，则是深层原因。而外人治学，虽然有现代学术的整体优势，治中国学问，还是要扬长避短，其问题意识，也主要是来自本国，并非针对中国。国人不查，舍己从人，既不能发挥所长，又容易误读错解方法和问题。长此以往，国人不可避免地只能跟随在欧美后面，亦步亦趋。学得越像，反而离中国历史文化越远。如果不能及时正本清源，找出理解中国固有的思维行为的门径，则虽有自己就是中国人的自信，对于中国的认识，反到会出现依赖外国，却不能真正了解中国的尴尬。

三 以复古为创新

知识与制度体系转型研究，理想的境界是能够同时提供理解传统，认识过程，了解现在和把握未来的钥匙。其中理解传统和认识变化的过程至关重要，是了解现在和把握未来的基础。知识与制度体系转型，虽然导致中国今昔截然不同，在某种程度上甚至可以说造成了传统的断裂，但不一定意味着今日的一切比过去来得正确、进步、高明，也不是说传统在今日不再发生作用。中国文化从古至今一以贯之，清季民国的知识与制度体系转型，发生在这一文化系统持续活动的过程之中，中国固有的知识与制度，是国人认识和接受外来知识与制度并且加以内化的凭借。因此，近代中国人虽已开始接受西方的观念和制度，所凭借并非西化之后，所理解的与当时的外国人和今天的中国人均有所不同。固有文化不仅制约着知识与制度体系变动的进程和趋向，而且影响着转型后的形态。不了解中国的固有文化，就很难确切把握转型中的种种情形以及转型后的种种面相，也就无从进入近代中国人面对知识与制度转型时的精神世界，难以理解相应的各种行为。

作为中西新旧变相的传统与现代，往往相互缠绕，并非如当事人及后来者所以为的截然分立。好讲科学方法，是清季民国趋新学人的共相，至于什么是科学方法，各人的理解相去甚远。而且所讲科学方法又往往附会于传统，被指为树立了现代学术范式的胡适，在相当长的时期内主要是讲清代学者的治学方法。梁启超、傅斯年等人也一度认为清代学者的治学方法最接近科学。不过，梁启超长期以归纳法为科学方法的主要形式，后来却意识到，历史研究并不适用归纳。在变化之前，梁启超一度站在汉学家的立场，主张考史，引起钱穆的不满，撰写同名著作，辨析清代汉宋并非壁垒森严，甚至尽力抹平汉宋之分。可是他论及民国学术，还是不得不承认：

> 此数十年来，中国学术界，不断有一争议，若追溯渊源，亦可谓仍是汉宋之争之变相。一方面高抬考据，轻视义理。其最先口号，厥为以科学方法整理国故，继之有窄而深的研究之提倡。此派重视专门，并主张为学术而学术。反之者，提倡通学，遂有通才与专家之争。又主明体达用，谓学术将以济世。因此菲薄考据，谓学术最高标帜，乃当属于义理之探究。此两派，虽不见有坚明之壁垒与分野，而显然有此争议，则事实不可掩。[1]

另一方面，近代学人所称引的清代学者的治学方法，很大程度上是他们用后来的科学观念观察理解的认识，未必与清代学术的本相吻合。从胡适推许清代学者的治学方法，到今日学界滥言乾嘉考据，可见对于由音韵训诂的审音入手的乾嘉学术，即使在专业领域也已经误会淆乱到颠倒黑白的程度。今人所讲清代学术

---

① 钱穆：《新亚学报发刊词》，载《新亚学报》第1卷第1期，1955年。

的汉宋古今，即是历来学人的认识层累叠加的产物，视为清学史的演进变异则可，视为清学发生演化的本事，则不免似是而非。以汉宋分争为主线脉络，甚至全用汉宋眼光理解清人的学术，多为阮元以下不断系统化的看法，而非惠栋以来复杂的实情。而且后来不断变换强化的解读，与阮元、江藩、方东树等人的本意也相去甚远。前人未必有汉宋对立、此是彼非、非此即彼的观念，即使有所分别，也与后人所说形同实异。

古今之争更是康有为以后才上升为全面性问题。清人多将古今兼治，熔为一炉，后来制定新式学堂章程，读经内容也并未排斥今文。因此讲今文不止常州一派，而常州学人所说，也并非一味从今古文立论。如果不是康有为托古改制，以及章太炎有心与康氏立异作对，今古文未必成为问题。而康有为转向今文，初衷或许只是迎合公羊学盛行的时尚，以求科考功名，为其立业奠定基础。同样，近代学人好讲的浙东学派，固然为清代学人论及，可是不同时期不同学人所说的渊源流变和范围内容各异，迄今为止，关于浙东学派的研究，主要不是寻绎发生演化的历史，而是不断编织言人人殊的谱系。即使逐渐形成共识，也不表示符合事实。正如前贤所指出的，诸如此类的举动实为创造而非研究历史。而历史并不因此发生丝毫增减，反而无情地成为检验研究者见识是非高下的永恒尺度。每一代人心中的历史将永远反复受到验证。

近年来，海内外学人对于近代中国的知识与制度体系转型的研究兴趣渐浓，做法互有异同。高明者的理念取径从努力的方向看有一致之处，都将概念、学说、思想视为整体，以传播与接受并重，并且注意由西而东，从外入里地输入引进、模仿移植、取舍调整的全过程和各方面。窃以为，这正是通过事实影响进入平行比较，从而进行比较研究的上佳课题[①]，对于学人的智慧与功力，也将是极大的考验与挑战。

由于近代中国的知识与制度体系转型持续时间长，牵涉范围广，相关资料多，问题又极为复杂，非有长期专深系统的探究，不易体会把握。作为集众的研究，不做一般通史的泛论，也力求避免彼此隔断的窄而深，旨在分科治学的时代，超越分科、专门、古今、中外等界域，借鉴中古制度史研究的有效良法，避免先入为主的成见，将知识与制度研究合并，按照历史发展的时序，同时考察观念与行为的变化及其相互影响制约，探究概念引进、思想传播、体制建立等层面外来影响与本位知识、制度体系的冲突融合呈现对应、移植、替代、调适、更新的不同情形，梳理西学、东学影响下中学由旧学转向新学的轨迹大势，以及各级各类政治法律、社会经济、教育文化等制度体系的变革与变异过程，深入认识中华民族崭新智能成生与运作机制形成的进程、状态和局限，使得概念、思想、学科、体制各阶段各层面各角度的内外复杂关系完整体现，力求沟通古今中外，更加全面深入地把握知识与制

① 详见桑兵《近代中外比较研究史管窥——陈寅恪〈与刘叔雅论国文试题书〉解析》，《中国社会科学》2003年第1期；《梁启超的东学、西学与新学——评狭间直树〈梁启超·明治·日本西方〉》，《历史研究》2002年第6期。

度转型的渊源流变和各个层面的内在联系。在实证研究基础上，形成一套相互沟通的理念、行之有效的方法、具有统系且不涉附会解释系统和得其所哉的表述话语，为超越分科局限的知识与制度转型研究提供行之有效的新取径和新做法。

遵从大处着眼，小处着手的途辙，本书将宏观作为探究的工具而不是表述的依托，读者高明，自然能够区分这些具体表述背后各自的“宏大框架”的当否高下。参与本书的各位作者，对此大义的领悟各有所长，或许不能尽相吻合。而他们的成果一旦独立，读者从中所领悟的也会因人而异，呈现出横看成岭侧成峰的景象。这并不改变研究的初衷，作为开端，自有其承上启下的意义。呈现阶段性的研究所得，与其说要提供样板，毋宁说是探索途径，显示一些方向性的轮廓，希望由此引起海内外同好的兴趣，加入到这一潜力无限的探索中来，循此方向，贡献各自的智慧和功力，在提供具体研究成果的同时，使得研究路径和方法日趋完善。项目完成，成果结集出版，并不意味着相关研究的结束，而是向海内外学人展现一片广阔的研究前景。同时，同仁们努力追求的目标，不仅仅是丰富思维的内容，而要提高思维的能力。

近代中国的知识与制度转型研究，进行有年，收效显然，困惑仍多。探索前行，应是恰当写照。概言之，此项研究，重在怎样做，而非做什么，也就是说，主要并非所谓开拓前人目光不及的专门领域，尤其不欲填补什么空白，而是力图用不同的观念、取径和办法，重新审视探究历史本事与前人的历史认识之间的联系及区别，以求理解前人的改变是如何发生，如何演化，以便探究今日国人的思维行为、观念制度的所以然。若先有主观，则难免看朱成碧，所谓论证，无非强古人以就我。而以后来观念说明前事，历代皆有，不得不然。此一先入为主，不可避免地存在，所以学人早已提出“以汉还汉”之类的目标。只是如何还得到位，既要条理清楚，又不曲解古意，前贤做法各异，还原程度不一，还须仔细琢磨体会。

治史当求真，而真相须由记录留存。即使当事人，因立场、关系等等因素，所记也会因人而异。况且，记录不过片段，概念往往后出，当时人事的语境，经过后来史家等等的再论述，不知不觉间变化转换，能指所指，形同实异。继起者不能分别历史叙述中本事与认识的联系及区别，每每因为便于理解把握而好将后出的集合概念当作条理散乱史事的工具，又没有充分自觉，导致望文生义，格义附会。时贤批评以关键词研究历史相当危险，主张少用归纳而力求贯通，或认为越少用外来后出框架越有成效，确有见地。不从先入为主的定义出发，最大程度地限制既有的成见，努力回到前人的语境理解其本意，寻绎观念事物从无到有的生成或演化，理解把握约定俗成之下的千差万别，应是恰当途径。

今日学人的自身知识大都由现代教育而来，受此影响制约，感受理解，与上述取径不免南辕北辙。用以自学，不免自误，进而裁量，还会害人。近代中国面临前所未有的大变局，意识行为以及与之相应的知识和制度规范，乾坤大挪移。努力引领时流的梁启超和趋新之外还要守成的章太炎、刘师培、王国维等，都曾不但用西洋镜观察神州故物，而且主动附会，重构历史。可见用外来“科学”条理固有学问，早在上一次世纪之交已经开始。只是当胡适等人理直气壮地用西洋统系条理固有材料欲图整理所有国故时，先驱者逐渐察觉过去的鲁莽，程度不同地自我反省。可惜后来者不易体会，历史不得不再次循环往复。所遗留的问题，至今仍然不断迫使人们反思。经过清季千古未有的大变局和五四开天辟地的新文化，有多少已经天经地义之事需要重新检讨，或者说从更贴切地理解今人的意识行为的角度看，有必要进一步再认识。

历史研究，无疑都是后人看前事，用后来观念观照解释前事，无可奈何，难以避免。但要防止先入为主的成见，尽量约束主观，以免强古人以就我，如何把握 1931 年清华 20 周年纪念时陈寅恪所提出的准则，即“具有统系与不涉傅会”[①]，至关重要，难度极高。这不仅因为后人所处时代、环境及其所得知识，与历史人物迥异，而且由于这些知识经过历来学人的不断变换强化，很难分清后来认识与历史本事的分界究竟何在。

近代以来，中西新旧，乾坤颠倒，体用关系，用夷变夏，已成大势所趋。1948 年杨树达作《论语疏证》，为陈寅恪所推许，并代为总结其方法：

① 《吾国学术之现状及清华之职责》，陈美延编：《陈寅恪集·金明馆丛稿二编》，北京，生活·读书·新知三联书店2001年，第361页。

先生治经之法，殆与宋贤治史之法冥会，而与天竺诂经之法，形似而实不同也。夫圣人之言，必有为而发，若不取事实以证之，则成无的之矢矣。圣言简奥，若不采意旨相同之语以参之，则为不解之谜矣。既广搜群籍，以参证圣言，其言之矛盾疑滞者，若不考订解释，折衷一是，则圣人之言行，终不可明矣。今先生汇集古籍中事实语言之于《论语》有关者，并间下己意，考订是非，解释疑滞，此司马君实、李仁甫长编考异之法，乃自来诂释论语者所未有，诚可为治经者辟一新途径，树一新楷模也。天竺佛藏，其论藏别为一类外，如譬喻之经，诸宗之律，虽广引圣凡行事，以证释佛说，然其文大抵为神话物语，与此土诂经之法大异。……南北朝佛教大行于中国，士大夫治学之法，亦有受其薰习者。寅恪尝谓裴松之三国志注，刘孝标世说新书注，郦道元水经注，杨衒之洛阳伽蓝记等，颇似当日佛典中之合本子注。然此诸书皆属乙部，至经部之著作，其体例则未见有受释氏之影响者。惟皇侃论语义疏引论释以解公冶长章，殊类天竺譬喻经之体。殆六朝儒学之士，渐染于佛教者至深，亦尝袭用其法，以诂孔氏之书耶？但此为旧注中所仅见，可知古人不取此法以诂经也。盖孔子说世间法，故儒家经典，必用史学考据，即实事求是之法治之。彼佛教譬喻诸经之体例，则形虽似，而实不同，固不能取其法，以释儒家经典也。[①]

以事实证言论，以文本相参证，继以考订解释，可以明圣人之言行。此即宋代司马光等人的长编考异之法，也是史学的根本方法。其要在于依照时空顺序，通过比较不同的材料，以求近真和联系，从而把握包括精神观念在内的各种形式的史事的发生演化。在此之上，应当依据材料和问题等具体情形，相应变通，衍生出具体问题具体分析的千变万化，体现史无定法的奥妙。

与陈寅恪沟通较深的傅斯年撰写《性命古训辨证》，讲性命二字的古训，用法、德学者常用的“以语言学观念解释一个思想史的问题”的方法，强调：“思想不能离语言，故思想必为语言所支配，一思想之来源与演变，固受甚多人文事件之影响，亦甚受语法之影响。思想愈抽象者，此情形愈明显。”而语学的观点和历史的观点同样重要：

用语学的观点所以识性命诸字之原，用历史的观点所以疏性论历来之变。思想非静止之物，静止则无思想已耳。故虽后学之仪范典型，弟子之承奉师说，其无微变者鲜矣，况公然标异者乎？前如程、朱，后如戴、阮，皆以古儒家义为一固定不移之物，不知分解其变动，乃昌言曰“求

① 《杨树达论语疏证序》，陈美延编：《陈寅恪集·金明馆丛稿二编》，北京，生活·读书·新知三联书店2001年，第262—263页。

其是”。庸讵知所谓是者，相对之词非绝对之词，一时之准非永久之准乎？在此事上，朱子犹盛于戴、阮，朱子论性颇能寻其演变，戴氏则但有一是非矣（朱子著书中，不足征其历史的观点，然据《语类》所记，知其差能用历史方法。清代朴学家中，惠栋、钱大昕较有历史观点，而钱氏尤长于此。若戴氏一派，最不知别时代之差，“求其是”三字误彼等不少。盖求其古尚可借以探流变，“求其是”则师心自用者多矣）。[1]

求其古与求其是，原为王鸣盛勾勒惠栋与戴震的治学特点，并有所评判：“方今学者，断推两先生。惠君之治经求其古，戴君求其是，究之，舍古亦无以为是。”[2]钱穆论道：“谓‘舍古亦无以为是’者，上之即亭林‘舍经学无理学’之说，后之即东原求义理不得凿空于古经外之论也。然则惠、戴论学，求其归极，均之于六经，要非异趋矣。其异者，则徽学原于述朱而为格物，其精在三礼，所治天文、律算、水地、音韵、名物诸端，其用心常在会诸经而求其通；吴学则希心复古，以辨后起之伪说，其所治如《周易》，如《尚书》，其用心常在溯之古而得其原。故吴学进于专家，而徽学达于征实。王氏所谓‘惠求其古，戴求其是’

① 欧阳哲生主编：《傅斯年全集》第2卷，长沙，湖南教育出版社2003年，第508页。

② 洪榜：《戴先生行状》，赵玉新点校：《戴震文集》附录，北京，中华书局1980年，第255页。

者，即指是等而言也。”[①] 或以为求其是还有是正之意，固然，但前提仍是知其本意。

研究的要旨，在于将近现代学术大家如陈寅恪、傅斯年、杨树达、吕思勉、钱穆、梁方仲、严耕望等成效卓著的圣贤言行、经典古训、中古制度与域外比较文化研究的理念方法相结合，运用于资料更为丰富，情形更为复杂的近代知识与制度转型进程；以西学、东学、中学为支点，沟通古今中外，不以变化为进化，不以现在为现代，打破分科的藩篱，不受后来分门别类的学科局限，从多学科的角度，用不分科的取法，将观念与制度融为一体，努力回到历史现场，充分展现历史的复杂性，以及历史人物在此进程中所经历和体验的各种困惑，避免用外来后出的观念误读错解，或是编织后来条理清晰的系统；将观念还原为事实，以事实演进显示观念的形成及衍化。尤其要注意中西新旧各种因素的复杂纠葛，防止简单比附，把握观念变化与制度变动的关系，全面探究近代知识与制度转型的全过程和各层面，依时序揭示和再现知识与制度不同时段不同层面的渊源流变等时空演化进程，使得知识与制度变动认识的历史顺序和逻辑顺序有机结合，从而达成认识与实事的协调一致。

回到无的境界，寻绎有的发生及其演化，与后现代的解构形似而实不同。其最大区别，目的不在解构现有，而是重现历史错综复杂的实际进程。警觉前人叙述框架存在的问题，不以其框架

---

① 钱穆：《中国近三百年学术史》，北京，商务印书馆1997年，第357页。

为事实或认识事实的前提，亦不以为批评对象。站在前人叙述的对面立论，而以历史事实为研究对象，现代中国人的思维、言说方式和行为规范以及与此相应的社会制度，大体形成于晚清民国时期，这一过程深受东西方发达国家的影响，以至于后者很大程度上对中国人的精神和行为，长期起着掌控作用，并造成对于中国社会和历史文化多方面的误读错解。前贤曾断言中国人必为世界之富商，而难以学问、美术等造诣胜人。为此，在分科治学的时代，应超越分科、专门、古今、中外等界域，不以实用为准的，而将人类知识作为整体把握和运用为目标，聚合与培养超越分科与专门的志向高远之士，为国际多元文化时代的到来做人才和学理的准备，以重新理解中国、东亚乃至世界的社会、历史和文化的本意为凭借，超越17世纪以来欧洲对人类思维行为的垄断性控制，探索不同的思维和行为方式，使中国的民族精神为人类社会的发展提供新的思维取向和行为规则，建构全新的世界秩序和发展模式。

本项目的研究持续展开，有的作为阶段性成果发表或独立成书，还有许多是未刊博士学位论文，陆续收到一些反馈意见或疑问。凡是批评个别论著未能反映总体理念和取向做法的，多在意料之内。毕竟集众式的研究，很难齐头并进，只要各有所长，仍有可取之处。至于涉及理念、取向和做法的，总说和各分说已经有所说明，在此还想集中进一步解释。意见和疑问主要有三点：其一，关键概念应当更加明确；其二，整体系统应当先予展示；

其三，方法究竟为何。

一般而言，普遍使用的集合概念大都后出，要与当下沟通，图个方便，不能不用，否则无法表达和传达意思。不过这样的约定俗成，往往省略许多复杂因素，要想作为了解历史的凭借，只能通过所有相关的史事来把握概念，决不能从后来集约的定义出发来认识历史。一旦要定义概念，势必牺牲史事，削足适履。所以，即使作为研究的结论，也只能说历史上这一概念因时因地因人而异的情形，大体可以如何理解。可是，人们认识世界往往以其所具有的知识为前提，有什么样的知识，决定其如何认识，这也是语言说人的意思之一。必须改变这样的认知习惯，学会不从定义出发，而以史事为据。要知道历史事件都是单一、不可重复的，历史上的词汇概念，在约定俗成之前固然言人人殊，即使在此之后，各说各话的情形也相当普遍。用定义的概念作为方便名词尚无大碍，若是作为关键概念使用，势必误读错解文本的本意和史事的本相。与此相关，用词汇勾连史事，看似展示历史的变相，实则不免用统一的概念取舍理解历史，还是跳不出人们认识习惯的窠臼。

人类知识系统的整体架构究竟如何形成，什么因素在其中起作用以及如何起作用，至今为止还是有待探索的未知境界。今日通行的学科史，看似顺着说，其实大都是用后来的观念倒述出来。况且，在不同的文化系统以及同一系统的不同时段，其知识架构也是变动不居的。可以说，从来就没有什么统一、科学的整体系统。

尽管近代中国人曾经笃信系统详备的分科之学就是科学，尽管康有为、梁启超、蔡元培、宋恕、刘师培、王国维等人努力学习日本，试图建立中外一体的学术系统，甚至迄今为止还有主管部门誓言要建立更加“科学”的学科体系，不知道二者其实是同义反复，五四以后留学欧洲的傅斯年早就发现，以分科为科学，是国人对西学的一大误会。因为即使在欧洲，各国的学科分界还是不尽相同，相互牵扯，认识不一。今日中国所使用的分科系统，虽然源自欧洲，却经过日本、美国的改造。前者要求严整，后者喜欢出奇。由于严整，貌似科学，由于出奇，便要创新，二者相反相成，不过行个方便而已。研究知识与制度转型，正是为了改变以现行系统为天经地义的错觉，解析其发生演化的历史进程，解构不限于破坏，重现也不是为了替代。

先行确定整体系统，无非有两种情形，一是将现行知识体系视为认知前提，无论如何努力，结果肯定不会超越窠臼；二是先验地建构新的系统，即便冥思苦想，也不能不有所凭借。若取法域外，则有格义附会、食洋不化和橘逾淮为枳的偏蔽；若任意拼凑，则重蹈前人覆辙，落得个无知者无畏之讥。只要能够了解把握其渊源流变，就能够趋利避害。况且，学术研究必定是不完整的，求其完整系统，只能写成通史或一般教科书，有吸纳而难以独创，宽泛而不能深入。研究知识与制度转型，目的不在于开辟一个具体的特殊领域，而是可以通过各方面的研究，逐渐把握中国现行知识与制度体系的由来演变，知其然亦知其所以然，进而重新检讨整个历史。这一进程目前还只是万里长征走完了第一步，随着研究的推进，各部分错综复杂的相互联系日益清晰，整体形态自然逐步显现。即使如此，也不过是研究问题图个方便，而不能视为哲学式的逻辑系统，尤其不能牺牲问题以迁就系统。

为了达成上述目的，必须有得其所哉的取径和做法。由于研究对象涵盖广泛，内容复杂，不可能有放之四海而皆准的单一方法，在海内外现行的史学方法中，也没有可以照搬的成例。本项目研究开始之际，虽然大体可以掌握方向，具体还有待于实际探索。经过多年努力，可以确定以下原则，遵循史无定法和具体问题具体分析的要求，本着史学基本的长编考异和比较之法，融合借鉴国内外行之有效的研究方法，尤其重视研制中古思想学术和制度史诸大家的心得，因其既有方法讲究且能据以做出超越前人的研究成果。

在具体方法上，继承各位学术大家的治学良法，与域外比较研究相结合，根据研究对象的变化，灵活应用于史料极大丰富的近代中国历史，力求贯通古今中外，重现知识与制度转型密集期的进程。诸如陈寅恪将中国固有的长编考异、合本子注与域外比较研究的事实联系各法参合运用，注意章程条文与社会常情及其变态的关系；傅斯年用语学与史学的方法探讨事物的发生及其演化；钱穆注意历史意见与时代意见的联系和分别；顾颉刚注重史事的时空推演关系等，必须融会贯通，用得其所。所谓无招胜有招，一旦变成固定程式，就难免破绽百出。概言之，要努力因缘求其古以致求其是之说更进一层，力求摆脱先入为主的成见，以近代中国的知识与制度转型为枢纽，通过重现各种概念、学说、分科、制度的渊源流变，理解把握前人本意和史事本相。

如果仅仅就方法言方法，难免陷入专讲史法者史学往往不好的尴尬，说起方法来头头是道，却不能为用或效果不佳，形同纸上谈兵。所以着重通过具体研究成果的例来展示方法的应用及其成效。诚如钱穆所说，方法是为读过书的人讲的。只有做过相关研究，才能体会方法的良否以及效果如何。能够在前人基础上更进一步，有用有效，便是良法。相信善读者通过各章节以及其他相关成果，可以查知体现于研究而非表述过程的方法及其应用。

或者根本怀疑能否放弃后设集合概念去理解前人前事，其实这是今人自以为一定比古人高明的表现。如果自以为是，不能虚怀若谷，守定后见，强古人以就我，当然是缘木求鱼。首先，古人自有其本意；其次，古人表达其本意时并不借助今人所用的概念；其三，古人的本意因时因地甚至因人而异，有其发生演化的脉络；其四，从古人的本意到今人的解读之间，仍是前后联系、不曾断裂的历史进程。具备这些基本条件，能否历时性地理解把握，就要看学人的天赋、功力、机缘凝成的造化了。

不分科的专题研究

一　专题与专家

十年前在京都访问研究期间，曾经前往长崎一游，重要目的之一，是探访当地一位陈姓华侨商人。其祖上是金门人，鸦片战争前已经移居日本，几代人相继担任长崎福建华商会长。由于喜好保留文物，历来过手的文件无论巨细，均留存至今。日积月累积聚起来的文献数量之庞大，内容之丰富，在华侨个人当中，堪称世界之最。当年美军核爆长崎，因为文书的存放地位于一座小山背后，幸运地逃过一劫。

这批文献早已引起世人的关注，先后有两位台湾留学生利用来撰写了博士论文。可是，分科的博士选题，各有专业的眼界，取材和论述主要集中于贸易方面。陈家世代经商，贸易自然为其主业，所藏文献主要也以商贸往来居多。不过，作为商会会长，还要承担各种社会角色，包括与中国历届政府及党派社团各方面的交往联系。近代日本各地华侨的政治态度不尽相同，与横滨、神户等地华侨的鲜明政治倾向相比，长崎华侨始终以政府为正统，与近代中国频繁更替的历届当政者保持较为融洽的关系。民初孙中山过访长崎，当地华人热情接待，主持其事的陈家保留了所有的相关文件，包括各家捐助的名单款项、宴会通知、合影照片等等。此后，陈家及当地商会与民国政府、国民党组织保持着密切的关系，留有许多颇具价值的历史文件，只是这方面的资料在后来研究者的视野中基本被忽视。历史研究若是从单一视角重现或塑造历史人事的侧面，难以展现全貌，自然与本相有所距离。

这一事例带来的启示是，分门别类地研究历史的做法，未必适当。用后来的特定分科观念眼界考察并不按照分科发生演化的历史问题，如何顾及历史上人事本身具有的各个层面及其相互联系，而不至于为了将就分科的范围先入为主地取舍材料以致肢解了事实，或者说，如何才能善用分科的长处，同时又不受其局限而导致偏蔽，尽可能依据各类相关材料，梳理史事本来的时空联系，由全过程和各层面最大限度地展现历史本相与前人本意，实在是治史能否得法的一大关键。

本书各篇，历年来陆续写成并发表于各种学术期刊上，现在结集出版，需要确定一个既可涵盖各篇内容又能凸显总体立意的书名。虽然治学不以通行的一段时间集中研治特定专题为模式，放眼读书之际，各种问题的思考同时并进，动手撰文则兴之所至，随时流转，各篇写作之时未必都有统一的章节构想，但也并非随心所欲。随着年龄的增长，读书日多，可以动笔的问题方面不在少数，即使日以继夜不停地写，也不会有穷尽之日。可是许多问题，研究清楚，反倒没有了诉诸笔墨的冲动，或在讲堂谈及，或在其他论著里间中提到，也就不算是埋没。想写并且有兴趣完稿的，多数不仅仅要说明一事一理，更希望由此形成一例，为一类通则或一种意境的具体展现。此外，近代史上人事繁多，看似彼此无关，实则互有联系，若为实事，不难把握，若为通则，不易驾驭。

就此而论，本书取名，看似有将就之嫌，其实除个别较早的作品外，各篇之间的虚实联系大都早有考虑，并非因陋就简地拼凑而成。书名希望表达的意思，绝非各个专门史的叠加，而是一般以专门视之的题目，未必可以用专门的眼光来分类归属。那些看似应当分门别类到某一特定专门的题目，其实恰好应该从其他专门的角度进行考察；更多的题目则是不必非要拘泥于某一专门，而应当从不同的视角加以探究。这样说决不是主张跨学科，只不过是回到问题本来不分科的状态。

近代以来，治学分科，术有专攻，认定西式分科之学为科学，又日益崇尚科学，著书立说，重视专题论文。久而久之，本来等而下之的专家称谓俨然已经成为一种尊号，误导学人画地为牢，作茧自缚。民国时期，专家之学成为时髦，只是其时专家指称未必是什么尊荣，在高明的眼中反而多少有些贬义，与时下普遍尊奉的时趋还是有些区别。顾颉刚、童书业所写《当代中国史学》，按照专史分门别类地排定学人的座次，识者不以为然。抗战结束不久，便有人针对学界风气一味窄而偏的流弊指出："晚近治史者，喜称专家。凡治某朝者，即只知某朝之一二事物，而不识某朝一代制度所以损益及其演变之故，其著述论证，多所附会穿凿。"[①]时过境迁，风气变化，但在高明看来，专家仍是局限性显然的贬词。

专家的局限，不在于所写论著是否专题，正如著通史通论者未必真通，反而处处暴露其空泛横通，实际上不通之至一样。专家之学的窄而偏主要表现为：

治学先划定范围，不知此范围与周边乃至其他的关联，只知其一不知其二，知其然不知其所以然，结果对于研究对象不知渊源流变，来龙去脉，论述起来只能主观臆断，难免穿凿附会。

做什么只看什么，因为没有经过放眼读书的阶段，不知学问的整体和系统，即使找材料，也不知边际何在，脉络如何，即使专题研究，也不能把握什么书应该看，以及如何才能看得懂。恰如治史若只看乙部之书，非但不能达至上乘，简直就是学界笑谈。

不知专家之学的蔽陋，有的终生株守一隅，以专题研究为治学范围，始终不越藩篱，坐井观天，即使日积月累，天也只有井大。有的虽然若干年变换主题，每治一题，便上穷碧落下黄泉，动手动脚找东西，看似千方百计地扩张材料，可是要么不管文献的通篇本意，只顾挑捡自己想要的材料，填入先入为主的架构之中，问题不由材料发生，而由外在观念主导，每次转换主题，都

① 王钟翰：《隋唐制度渊源略论稿》，《燕京学报》第30期，1946年6月。

不得不将所有文献重头翻检一遍；要么寻找前人未见的材料，研究所谓前人不知的问题，美其名曰填补空白，其实不过凿空蹈隙，即钻空子找漏洞而已。

分科治学的流弊所至，不仅专家日益成为荣衔，更有甚者，一方面好以专门名家，另一方面，大概也心知肚明专家并非褒义，却无力做通人，不甘局促，以趋时为预流，竞相放大自我以求引领风气。放眼读过书与一味找材料写出来的专题论著，每每形似而实不同，后者一旦超越实事求是信而有征，就难免捉襟见肘，甚至绽论百出。前者论事则胸有成竹，尺幅千里，说理则一语中的，收放自如，从心所欲而不逾矩。

时下通行的理工式学术评估标准多少有些自相矛盾。一般情况下极端重视论文，尤其重视由权威刊物发表的论文，唯有对待学术著作，则认定论文结集不是专著，其价值应在后者之下。自然科学的发明必须赶时效，很少传得久的发现，移植到社会人文学科，这样的看法早已不是一般的成见，许多大学评聘职称，将论文集看低一级，连官方基金也将论文集排除于申请之列。殊不知近代多位学术大家影响后世既深且远，而且长时期被反复阅读征引的，恰是今人眼中价值不高的论文集。尤其是有主题的论文结集，详人所略，水分少，探究深，很能体现研究者见识水准的高下。即便主题未必集中，缘于历史上各为单体的人事无限延伸的联系，也可以彼此相关，相互照应，展现学人的洞察与通贯。况且，近代学人往往首先关注枢纽性问题，成竹在胸，各个击破。

到了抗战时期，无书可用，才转而著书。学术著述的价值，要在学人的见识水准，行家一出手，便知有没有，高明绝不敢任意涂抹，自毁清誉。反之，不能升堂入室的门外文谈，无论形式如何，在何处发表，都没有多少价值。花样翻新的标准化评价，恰是因为不相信内行权威，又不具备评价能力，只能求助于所谓硬指标。而标准化往往是平庸化的变相。

钱穆曾经批评道："文化异，斯学术亦异。中国重和合，西方重分别。民国以来，中国学术界分门别类，务为专家，与中国传统通人通儒之学大相违异。循至返读古籍，格不相入。此其影响将来学术之发展实大。""旧学宏博，既需会通，又求切合时宜，其事不易。寻瑕索疵，则不难。……专家学者，率置其专学以外于不论，否则必加轻鄙，惟重己学。"他主张将新出的各科学问，"必回就中国以往之旧，主通不主别。求为一专家，不如求为一通人。比较异同，乃可批评得失。"① 其努力会通中西新旧的成效或许未能得到普遍认可，但立意却值得重视。

近代学术大家虽以专题论文为主要形式，却不会畛域自囿，守定一门一类，局限一朝一代，不仅文史兼通，而且博览群书，如同中国传统的通儒通人，或者说仍然以通儒通人为指向标的。当然，所谓通人通儒，并非简单地体现于写通史讲通论，那种形式上面面俱到无所不及的宏观巨秩，如果不能真正贯通所有事实

① 钱穆：《钱宾四先生全集25：现代中国学术论衡》，台北，联经出版事业有限公司1998年，第5—10页。

道理，最多只能是自圆其说的一家之言，弄不好还难免横通和妄议。而出自高明之手的专题论文，既涵盖广泛，又各自专深，看似互不相干的论题都有千丝万缕的内在联系。正因为整体贯通，具体才能深入且得其所哉，不至于求深难免偏蔽，求通则流于浮泛。也就是说，做专题研究而不以专家自诩，才不会以专门作茧自缚。

二 问题与系统

政治、社会与文化，在今日的学术体系中属于不同的分支，在历史研究领域则属于不同的专门。有关职能部门一再调整学科体系，试图使之更加科学，殊不知科学的原意之一就是分科治学，使分科更加科学不过是同义的反复。再好的分类也是后人的认识，而过去的历史并不会按照后设的分类来发生、发展、演化。分科累积起来的观念，导致对同一历史人事的描述认识在不同学科中往往大相径庭，若是局限于分科的知识，似乎习以为常，跳出此疆彼界，比较不同的分科，则不免显得有些怪异。如何将旧籍与分科会通，决非轻而易举之事。

正因为清季科学进入中国时的重要意涵之一就是分科，而学制颁布后西式教育通用分科教学，以至于不少人认为只有分科的学问才是科学。批评中国传统学术不分科而分派的傅斯年直到留学欧洲后，才幡然醒悟，认识到当时中国人所谓“这是某科学”，

“我学某种科学”，都是些半通不通不完全的话，开始正视用分科眼光学习和研治学问引发的弊端。学习或研究什么与是否科学有无关联，这样的问题在国学研究中常常被提起。不过，后起的系统如果不能有助于研究问题，反而要牺牲问题以迁就系统，显然就只是符合分科而无法科学，至少与今人以为不言而喻的科学南辕北辙。

分科治学的渊源流变及其成因，从历史进程的实情考察，还有许多未解之谜。但就历史研究领域的专史而言，观念上固然是受分科之学的影响，客观上也因为人的智力、体力、能力不足等等局限，不得不缩短战线所致。起初研究者自知局促于专门是由于能力不足，可是既然术有专攻，也要想方设法力所能及地做到尽善尽美。只是受到眼界见识的局限，主观希望的超越，实际效果可能适得其反。继业者逐渐形成规范，局限化为行规。久而久之，一定之规变成小圈子自娱自乐的游戏规则，反倒成了登龙之术。形形色色的专家专门之学，非但不以为锢陋，还被无数新进奉为圭臬。

既然研究对象本身并不由后来的分科所决定，那么用分科的观念看待研究的问题就多少有些本末倒置，以致固执分科的系统而看不清问题的本相。一般号称某史某学，大抵都难免牺牲问题以迁就系统的偏蔽。只是专家以其具有的知识为所属专门的先验系统，所以才会觉得天经地义，理所应当。本书各篇，若以专门的观念看，可以划入不同的专史领域，但是用专门的行规来衡量，似乎又有些若即若离，似是而非。而这恰是整体立意的重要方面。从异样的视角考察惯常的问题，这样的有意为之绝不是要跨学科，而是旨在表明不必强求分科专门的归属，属于某学某史，无助于问题的研究。另一方面，如果没有分科的成见，跨学科就成了多此一举。跨学科的努力，恰好反映了一些学人在学科制约下所产生的焦虑。况且真想跨越学科谈何容易。

今天以前的一切均为历史的有机组成部分，后人分类进行历史认识，不过图个方便而已，历史事实决不可能依照后来的分类发生演化，二者之间，存在不小的差距。研究历史上的某套或某几套问题，固然可以借助于后来依照分类形成的办法，可是既然史事与分类未必重合，固定从一定的视角观念或用一种办法考察历史，难免误解偏见，实在是相当危险的事。有许多历史问题，或许包含多种后来分类的成分，很难说究竟属于那一类事实。如果单纯用了政治、经济、思想、文化、社会等等专门的观念，不仅看不全，而且看不透，甚至看不到。

古人所谓的政治，与今人大相径庭，而古人的经济，反倒与今日的政治相近。梁启超曾经非常纠结于此，一直不赞成用经济来对应 Economic。中国传统主张学以致用，内圣而外王，正是理想的行为规范，王国维提倡为学问而学问，其实并不是中国的传统观念。而梁启超等人宣称的意在打破传统，却是传统的体现。在学术取向上，钱穆反对梁启超的具体而推崇其整体，不仅以其通，而且以其用。只是钱穆的以宋学始以宋学终，似不如陈寅恪讲宋学做汉学更加契合钱穆自己所说的非碎无以立通以及义理自故实出的境界。当然，也可能钱穆在非考据不足以言学术的背景下所讲的话本来就多少有些言不由衷。

与学校相关的历史，一般放在教育史的架构之内，而中国历史上并无可以单独放在教育史的框架里进行考察的机构人事。即使近代以来新式学堂的发生发展，也很难用教育来限定。科举与学堂之争，其实是中学与西学之争，如何看待和安置中学，牵涉礼制的根本，也可以说是最大的政治。学堂的风潮，波及社会各方面，影响大大超出校园的范围。近代学生群体是军队以外有组织的社会力量之一，学生的言行动向对社会具有的巨大能量，不是人数多少所能匹配。大学里面的党派之争，不仅影响大学师生彼此之间以及大学与当局的关系，而且往往对国家民族的命运产生重大影响。

中等社会、城镇、北洋军阀、华南等等概念，看似属于社会史或政治史的范畴，但就概念本身的发生演化而言，又是知识演进的体现，可以纳入文化史的领域。而南浔这类江南市镇的研究，一般属于经济史或社会史，通过南北湖社之类的社团组织，却与近代中国的政治、文化关联性紧密且重要。地缘性的联系，是与血缘、姻缘、业缘相连的又一重要社会联系纽带，在伦理社会的各个领域方面发挥着极为重要的作用。至于戏剧与政治的关系，用分科的观念，也涉及文学、社会、政治等不同的分支。而张之洞死后的盖棺论难定，显示了中国式著述的独特，不宜套用后来抄袭与盗版的观念，以及历史人物无论如何客观评价，终究不及时空全面的展现更加贴切。

孙中山无疑是近代中国最重要的人物之一，诸如此类的历史要角，往往牵涉广泛，因而各种近代中国的思想专史，孙中山的思想都是其中的重要章节，未能虑及一般重要人物未必在所有特定领域都具有无可置疑的重要性，忽略了各种思想的演进历史自有其运行轨迹，其间留下的身影应依据在特定轨道上的印记。若是依据一般通史的重要性编排特定领域的专史，则思想的逻辑和历史的秩序容易紊乱。反之，这些政治要人有时的确在特定领域占有重要位置，反而因为其政治色彩太过鲜明而在特定领域的形象不能彰显。孙中山与所谓新文化派的关系及其对科举制的看法，虽然涉及文化史、教育史，影响却包括政治或是主要在政治领域发生作用。

直面问题的研究，一般很难放进专门的既定框架之中。与其说用别科或其他专门的眼光来看，不如索性不用不能蔽体的衣和无法适合的履。智者灵活运用各专门行之有效的办法，以体现史无定法的高妙，愚者则将专门变成固定知识衍伸的套路，以致破绽百出。在分科教学与分科治学已成惯例的情况下，身陷各种各样小圈子的学人不再努力放眼读书，而将分科的系统内化为自己全部的知识，遇到问题自然而然地首先去问摆布的系统，只能在系统设定的框架内研究所面对的史事，而不肯不会不能安于一种实际主义的逻辑，去认清楚一个一个的问题。甚至看到以认识问题为主导的相关研究，也习惯性地喜欢硬塞进某史某学的框框之中。用代代相承的系统，编制每代各异的谱系，再用以构建下一代的知识。周而复始，系统与问题势必渐行渐远。

三 专门与总汇

今日从职能部门到学校的各种表格，都要填写自己所属的第一、第二甚至第三级学科，而学人也喜欢自称所属学科专业是什么学什么史。如果只是图个方便，当然无妨，如果真的自认为某史某学的专门研究者，就成了畛域自囿的专家之学。抱着这样的观念态度，遇到问题，往往首先存了专门的成见，不去研究考察问题的全貌整体，而是用专门的眼界看问题，对于那些看似专门之外的方面视而不见，或是即便看到，因为与成见不相吻合，放不进由专门而来的固定架构，于是只好略而不论。结果，同一人事在不同的分科界域中看法差若天渊的情形所在多有。这与其说是研究历史，毋宁说是阉割式的创造历史。在历史的本事与后来的认识之间，充满隔膜和穿凿附会，难得一当。

在分科治学的边界或科际整合的场合，不同的分科专门研治同一问题，往往出现认识相去甚远乃至截然不同的情形，仿佛所呈现的历史图景根本就是风马牛不相及的物事。有时诸如此类的分别还可以说是因为分科不同，视角有别，侧重各异所导致，有时则是对于同一问题的看法解释大相径庭甚至截然相反。类似情形在历史学科的专门史领域也不鲜见。例如研究晚清以来所谓乡绅的地位，治晚清史或近代史者强调科举制停罢后乡绅日益失去权势，治革命史者则凸显民国北京政府时期的土豪劣绅化为害地方，治社会史者又发现绅权与官权日趋合流，导致国家权力从原有的州县层级不断向下延伸。三者所面对的大体是同一时段的同一事情，或相互关联的同一问题，尽管各自或有侧重，本事基本如一，均为探究近代乡绅权势的变化，而得出的结论居然反差如此明显，不禁令人怀疑是否各自局于一偏，盲人摸象，以致看朱成碧，甚至指鹿为马。

分科专门的研究如果自成一体的小圈子，在视角、架构、取材、解读等方面形成一定之规，不看不学不顾其他分科专门的观念做法，又不愿与相关分科或专门沟通联系，势必陷入画地为牢、坐井观天的窘态。没有全局整体在胸，非但不能透过各类史料形形色色的罗生门记述，逐渐近真并得其头绪，反而被材料的各说各话牵着鼻子走，使得研究层面的罗生门情形更加扑朔迷离。如此这般各执一词的各人心中的历史，虽然能够满足各种分科专门小圈子的自恰，提供坊间茶余饭后的谈资掌故，有趣倒也有趣，只不过一时半会儿的兴味而已。一旦与外界沟通联系，沙上筑楼产生的幻象瞬间就会破灭。

近代学人信奉各个分科的材料与研究一律平等，可是游走于各个分科之间，也会有高下取舍。王国维治学，曾经三变，转治经史之后，对少壮时的哲学、美学、红学研究绝口不谈，对于宋元戏曲研究的相关问题也是笑而不答。关于此节，相关学科作为历史事实研究固然应当，如果继续立为标竿，至少要考虑本人认识的变化及其缘由，否则与当事人的自我认识发生冲突，难免以前贤唾余为时趋之嫌。此事凸显不受分科专门局限的极端重要。诸如此类的情形其他学科也不鲜见，在某科不入流者，在别科却奉为泰斗，因而这一科高山仰止的鼓噪，旁观者看来总觉得有几分等而下之的滑稽。

另一方面，史学一定程度上成为各个学科的总汇，各种专门史应运而生。受西学影响的中国分科之学起于晚清，而且与史学的革新关系紧密。京师大学堂史学教习陈黻宸所编《中国史讲义》，强调史学与科学的关系，认为："科学不兴，我国文明必无增进之一日。而欲兴科学，必自首重史学始。""史学者，凡事凡理之所从出也。……是故史学者，合一切科学而自为一科者也。无史学则一切科学不能成，无一切科学则史学亦不能立。故无辨析科学之识解者，不足与言史学，无振厉科学之能力者，尤不足与兴史学。""读史而兼及法律学、教育学、心理学、伦理学、物理学、舆地学、兵政学、财政学、术数学、农工商学者，史家之分法也；读史而首重政治学、社会学者，史家之总法也。"[1]后来傅斯年从研究方法的角度也断言："现代的历史学研究，已经成了一个各种科学的方法之汇集。地质、地理、考古、生物、气象、

① 陈德溥编：《陈黻宸集》下册，北京，中华书局1995年，第675—681页。

天文等学，无一不供给研究历史问题之工具。”[①]

史学既然与其他一切学科相关，则史学包含各种相应的专史也就成了自然而然的事。清季刘师培附会西学，拟作周末学术史，比照西学的分科，分别拟撰心理学、伦理学、论理学、社会学、宗教学、政法学、计学、兵学、教育学、理科学、哲理学、术数学、文字学、工艺学、法律学、文章学等16种专史。虽然声称官学衰而私学兴，官学主合，即西人归纳学，私学贵分，即西人演绎派，其实观念架构都是因缘知之甚少的西学。[②] 留学归来的胡适理想中的国学研究，至少是包括民族、语言文学、经济、政治、国际交通、思想学术、宗教、文艺、风俗、制度等十项专史的中国文化史系统。其步骤是因陋就简的先做成各种专史，形成一些大间架，使现在和将来的材料有一个附丽的地方。然后专史之中再分子母。虽然“博采参考比较的资料”放在第三步，而且注意到应该排斥附会，可是其所提倡的比较，与附会之间的界限相当模糊。更为关键的是，先验而成的大间架，本来就是一种附会。[③]

分科引起的困惑，高明也难免俗。“六经皆史”之说的争议，颇能体现其间的玄妙。钱玄同在日记中总结道：

---

① 《历史语言研究所工作之旨趣》，《历史语言研究所集刊》第1本第1分，1928年10月。

② 刘光汉：《周末学术史叙》，《国粹学报》第1期，学篇，1905年2月23日。

③ 《国学季刊发刊宣言》，《胡适文集》3，北京，北京大学出版社1998年，第15—16页。

我说宋以前对于“六经”，除最无思想之博士和经师外，凡有思想之学者并不认为一物，最高明者，如王充、如刘知幾皆是也。刘知幾只认《尚书》、《春秋》是史，决不连类而及于《易》、《诗》(三《礼》倒是应该说为“书志”之源，但是他没有说)。可见刘氏不以“六经”为一物也。自宋以后便不然了，经师学究且不论，以章实斋、龚定庵、康有为、夏穗卿、章太炎之高明，犹认为一物或认为历史，则六经皆史；或认为哲理，则六经皆哲理矣。这实在可笑极了。汉之古文说、今文说尚不如此（惟崔东壁不认为一物，他不信孔子删定“六经”之说，可谓有特识）。梁任公渐能打破，然而这还不太行。至胡适之、顾颉刚始能大解放。不庵谓此其故，实由经义与八股造成，此说甚是。按《十三经》（及《大戴礼》《国语》）当如此分配：

《易》——哲学。《经》（单是《经》）又当互见于术数类。

《书》——历史。

《诗》——文学。

《周礼》 《仪礼》 《大戴礼》 《小戴礼》	法制史。但两《戴记》尚应裁篇，别出《曲礼》、《王制》之类入此，《礼运》、《乐记》、《大学》、《中庸》之类入哲学。

《春秋》
《国语》（《左传》） } 历史。

《公羊》
《穀梁》 } 哲学。依二传解经，《春秋》实非史，《公羊》当与《繁露》同矣，《穀梁》实在……《公羊》下。

《论语》——哲学。

《孝经》——哲学。

《尔雅》——字典。

《孟子》——哲学。

因而论“经”之名非打消不可。凡拢着说“六经”是什么东西都是胡说，因为此几部书其性质本不一致也。[①]

按照钱玄同的看法，探究经书的本源尚属可取，因为各经成书之际，显然并非统一作为经书。可是后来将“六经”视为一物，却是统一当成经书。经为一物的时代，各书的确发挥着经的作用。将经书分别对应晚清以来源自外洋的各个分科之学，在破除经学一体的后认的同时，却陷入了用西洋系统条理本国材料的泥潭。这些对应即使成立，至多也只能说今人认为某书可以归于某科，而不能说古人已经有此分科，也不能用分科之学的眼光来看待各书。在经学一体及其转型的时代，若不以经学看各书，就只能是

① 杨天石主编：《钱玄同日记》（整理本）中，北京，北京大学出版社2014年，第622页。

溯源则疑古辨伪，论今则格义附会，无法完整地认识经及经书的历史及其作用。

史学的专门化很大程度上是受其他分科以及分科治学时风的影响而成，史学的总汇地位加上喜欢望文生义的比附习惯，各学科处理相关历史问题时由学科系统形成的各式各样的观念，或多或少会影响史家的历史认识。在以分科为科学的误导和科际整合时以别科为新奇的诱惑下，定力不足者或误以为跨到别科可以不学而能，以趋新而致盲从，或虽然有所警觉却无力分辨，不自觉地落入彀中。两类现象均屡见不鲜。

历史上单体的人事之间，存在全方位无限延伸的联系，人们无法预知究竟哪方面何种程度的联系对于认识理解该人事的作用具有何等重要性。许多问题的研究取得突破性进展，往往不是直奔主题的有意栽花，而是相关研究的无心插柳。先有分科及专门的成见，容易预设阅读的范围和努力的方向，甚至表述的架构。不少研究者取鉴方法，不是运用于阅读文献和搜集材料的过程，而是在表述的阶段为了使论著的结构和文字看起来比较具有理论色彩。由于研究阶段并未贯彻其表述的理论方法，实际上等于预设架构填充材料，而没有在研究进程中检讨验证所借鉴的观念方法与事实是否契合。如此一来，其视野必然有所偏蔽，其取材只能因陋就简，其做法难免削足适履。

如果史学为一切学科及方法的总汇，则治史不宜分科，而非跨学科。若是有了分科的界域成见，无论如何努力，恐怕都难以真正跨越。所以，治史必须整体之下研究具体，胸有成竹，才能如庖丁解牛，游刃有余。先有整体，可将具体安放到适得其所，再求精深，不仅可免偏蔽，而且能够贯通，更加入木三分。

四　贯通与专精

受专门之学的制约，容易为一时风向的偏蔽所误导。如梁启超受社会学的影响鼓吹新史学，宣称中国无史，所谓廿四史，大都帝王的家谱，而非一般民众的历史。章太炎、陈黻宸等人一度也有类似看法。陈黻宸虽然不赞成中国无史之说，却主张“言史学者，必以能辨社会学为要”。“非社会不足以成政治，非政治不足以奖社会。政治之衰败者，断不容于社会文明之世。社会之萎落者，即无望有政治振起之期。社会兴于下，政治达于上。有无限社会之权力，而生无限政治之举动。有无限政治之举动，而益以表明无限社会之精神。转辗相因，其果乃见。”以此为准，中国学者“往往识足以动天地无尽之奥，而不足以知民俗之原，辨足以凿浑沌七窍之灵，而不足以证闾里之事”。而欧美各强国，“于民间一切利病，有调查之册，有统计之史，知之必详，言之必悉，如星之罗，如棋之布，如数家人米盐，厘然不遗铢黍。彼其所以行于政治者，无一不于社会中求之。而我国之社会，究不知其何如矣。总之，社会学之不明，则我中国学者之深诟大耻也。以是言史，夫何敢！”照此说法，则没有社会学的古代中国，何来历史？

虽然陈黻宸称许“力学有识之士，发愤著书，往往有得于父老之传述，稗乘之记闻，大率支离烦琐，为荐绅先生所不言。采其遗文，加之编辑，反足激发性情，入人肝肺，东西南北，类聚群分，歌泣有灵，按图可索，言史学者不能无意于社会学矣”，却不得不承认：“我中国之史之有关于社会者甚少矣。今试发名山之旧藏，抽金匮之秘籍，与学者童而习之，屈指伸而论其大概，亦若条流毕具，秩然可观，然不过粗识故事，无与纲要。即择之稍精，而有见于古今治乱盛衰之故矣，然于其国之治之盛，不过曰其君也明，其臣也贤，于其国之乱之衰，不过曰其君也昏，其臣也庸。于此而求实事于民间，援辎轩之故典，亦徒苦其考据无资，虽华颠钜儒，不足以识其一二。故无论人之不知有社会学也，即令知之，而亦心不能言，言之而亦必不能尽，尽之而亦必不能无憾于浩渺杳冥，泛然如乘不系之舟，莫穷其所自之，而社会学乃真不可言矣。”①

诸如此类的观念，在当时的风气之下看来具有无庸置疑的正当性。然而，不同历史阶段的社会结构不同，各部分的功能作用自然各异，不宜用同一尺度来量度。王朝世系在历史上往往起到维系种族存亡纽带的重要作用，王朝亡而种族随之湮没无闻的情形比比皆是。这样家国天下一体的事实显而易见地摆在古人面前，自然不能不十分注重王朝世系。又如受域外学术取向的影响，近

① 陈德溥编：《陈黻宸集》下册，北京，中华书局1995年，第675—681页。

代社会经济史研究盛极一时，不少人以为研史应从经济入手，凡事要从经济层面求得根本解释。实则中国的社会历史文化更重广义的政治，典章制度才是解析文本史事的枢纽关键所在。

借助社会科学的方法，无非是有助于解读材料和史事，一切实际有效的观念办法，都是有用的，同时又都是有限的。正因为如此，史无定法才是唯一可以确定无疑的方法。人类社会的历史，本来就是人的有意识活动与社会有规律运动的矛盾统一体，分别侧重可以，执于一偏不行。中国的历史文化既一脉相承，又多所变异，尤其是近代经历了二千年未有之大变局，古今中外，缠绕纠结，之于古则形同实异，之于外则似是而非。在历史与现实之间，社会科学是沟通联系不可或缺的工具。而研治近代历史，又是融会贯通人文学科与社会科学的天然平台。傅斯年对社会科学家治史的不满，除了史语所分工不治近代史和社会经济史以及不相信历史可以归纳外，主要在于后者往往过度套用架构，而罔顾是否吻合事实，遑论能否进一步解读史事。社会科学进入近代中国，用社会科学方法研究中国的社会历史文化问题，用社会科学观念考察和分析中国现实并提出应对方案，已经成为历史不可分割的一部分。如何把握社会科学方法的有效与有限，并与史学结合，应用于历史研究，远不是分门别类的分科之学所能解决的一大难题。

适得其所地运用各种有效的办法研究历史的具体实在问题，而不必将历史划成各种畛域自囿的专史，否则专门变异为成见，又以成见为研究的前提和裁量的尺度，势必本末倒置。所谓高招妙法，往往大道无形，善用者不着痕迹，反之则满眼都是模式架构，却陷入套用外国框框越多价值越低的尴尬。时下的各种专史，不仅领域有别，而且对象各异，关起门来自娱自乐，貌似严谨有据，一旦破除壁垒，就成了原形毕露的百衲衣。

更有进者，虽然章太炎、梁启超等人都曾认为社会学对于史学应有极大影响，可是这显然与误解所谓科学方法不无关系。受明治日本的影响，近代中国学人将逻辑方法等同于科学方法，而在归纳与演绎之间又特重归纳法，几乎以为归纳法就是科学方法。而归纳法的滥用，很容易将看似相当的事物认作同类，这与史学以人事为单体而注重彼此联系的本质相矛盾。讲究事实联系只能求贯通，不能言归纳，因为但凡归纳，势必忽略差异，强求一致，将并无关联性的事物生拉硬拽地联系在一起，以个别为类象。为了将不相凿枘的碎片拼接起来，不得不仰仗后出外来的各种架构，而罔顾史事碎片的形状材质。这样拼凑而成的图像，不过自己心中的历史而已，说是研究，实则徒劳地想对已经过去的历史进行增减，以便削足适履地符合自己想当然的认为。如此一来，解释与认识的捉襟见肘也就在所难免。

治学应尽可能贯通所有材料和事实，所以学人应以不分科的态度研究专题，不宜终身株守一隅，尤其不应自诩为某科某史的专家。力有不逮而不能超越局限，固然是无可如何的事，若是将落草为寇当成占山为王，就非但不能藏拙，反而自曝其短。反之，以专为根本力求贯通，守成之后再努力取法乎上，不必人云亦云地试图一步超越，由专而通的实例尽管并不多见，但也并非绝无可能。京都大学的森时彦教授从棉纺织业入手，时空大幅度延伸，最终重构整个工业革命的历史画卷，堪称典范之作。相比之下，若是未经放眼读书，治学一味悬问题以觅材料，却侈谈碎片化，就真是不知所云，贻笑方家了。

本书的一些章节，将来可以扩张成为专书，有的已在写作当中，如辛亥鼎革与民国肇建。有的进行多年，还须留有以待，如南浔的研究。此一富可敌国的江南名镇，与近代中国有着太多的关联，远非时下经济史社会史的市镇研究所能涵盖和展现。只是有的方面必须等待材料的披露，如南浔四象之一的嘉业堂主人刘承幹，为近代一大藏书家，又好结交沪上名士，且与来华外国学人关系匪浅，实为研究南浔与近代中国文化事业的重要枢纽。刘承幹有日记和来往书信，藏于上海图书馆，虽然陆续有所披露，未能得见全豹。希望有关方面尽快出版，使相关研究顺利进行，并纠正以讹传讹的种种流言。至于北湖社的详情影响，也须北洋资料的扩大出版，无法在画史的范围内全面地论述清楚。

史法篇

长编考异法与编年体的演进

清季以来，传统与近代的分际演变为中西新旧的对立，以此为尺度，在历史研究领域，中国原有的几种主要史学著述体裁，即纪传体、编年体和纪事本末体，越来越边缘化，外来的章节体一枝独秀，成为史学论著的主要撰述体裁。虽然后者具有易于分析综合等等便利，但也容易产生所谓史论关系纠结的困扰，滥用者论人议事，总有摆脱时空束缚的冲动，不愿忍受任何羁绊，以便思想任意驰骋。以致脱离材料与事实固有的内在联系，依主观取舍剪裁，拼凑论据，编造论点，看似自圆其说，实则随心所欲，穿凿附会者不在少数。表征之一，不少历史传记，好将生平与思想分离，尤其是思想评传一类，似乎人的活动交际与思想学术无关，或是虽然有所关联但是无关痛痒，因而具体联系反而可以略而不计。表征之二，叙述一人一派的思想学说，往往不顾时空差异，脱离前后语境，将自以为相似的文字拼凑一处，其联系解释不过是撰述者心中的勾连认为而已，与所论之人说话撰文时的本意并无多少关系。尤其是近现代的研究，一方面材料极大丰富，事实更为繁复，另一方面研究的起步较晚，积累较少，训练不足，上述问题更加突出。如何在固守历史天然的时空联系的基础上揭示背后的逻辑关系，成为考验治近现代史的学人能否统一主观与客观的一大关键。而善用以长编为形式的编年体，或有矫正时弊的奇效。应当用心揣摩参考研治中古的诸位前贤大家的有效良法，结合近代材料多史事繁的实情，认真探讨应用改进的途径，推动近现代研究由粗放走向精细。

一　长编的本义与演化

近年来，有学人针对以近代范围为主的长编体裁著述激增的情形提出严厉批评，其主旨可以归纳为以下几点：

1. 长编本是有逊于正式专著、有待于继续提炼的初稿。长编就是更正式、更庄重的“博而得其要，简而周于事”的编年体史学著作之“初级阶段”，或“前期成果”。长编的“义例”和特点，司马光一言以蔽之：“宁失于繁，无失于略。”所以，“长编初稿”的名目，已经不懂长编固有的本意了。

2. 民国以前从未见古人在编撰年谱时用长编作书名。近人最早所撰年谱长编，应数 1932 年中国国民党中央党史史料编纂委员会编印的《总理年谱长编初稿》。而最为人所知的年谱长编，是 1936 年夏完成的《梁启超年谱长编初稿》。此后近五十年间，一般仅知1976年台湾出版的沈云龙《黄膺白先生年谱长编》、1979年出版的上海汤志钧编《章太炎年谱长编》和1984年台湾出版的胡颂平编《胡适之先生年谱长编初稿》。近三十年来，内地忽然涌现了数量惊人的年谱长编，所过目的六十来种当中，谱主除少数古代人物外，多为近代以来著名人物。还有好多正在编辑出版过程中的书稿，一些发表在刊物上的年谱长编和一些以年谱长编为题的硕士、博士论文；还有的原先叫长编，最后出书时去掉“长编”二字。台湾和香港也出版了尤侗、赵翼、沈家本、释印光、阎锡山、蒋介石、张君劢、孙连仲、李玉阶、唐才常等人的年谱长编。上海交通大学出版社和中华书局还相继特设了专门的年谱长编丛书。

3. 这些撰著者和出版者全然没有今后“删削之”以为定稿而再版的打算，相反，有些撰著者本来就是先出了“年谱”而后再出同一谱主的“年谱长编”的。也就是说，长编在现在的意思和做法都已有了很大的甚至完全相反的变化。“年谱长编”，现在只是“年谱简编”“年谱略编”的反义词，略与“年谱详编”同义。在好多场合，年谱长编成了年谱或年谱简编的扩大版和升级版。对绝大多数年谱作者来说，长编并不是原来意义上的谦词，恰恰相反，是一种自信、自豪的说法；甚至是一种时髦的说法，连有些字数并不太多的年谱也非得叫长编不可，大有好像不长编就不高级、不完善之概。

4. 这一现象似也未可厚非，甚至应该有所肯定。因为对于研究者来说，年谱所载史料越丰富、越详细越好；对于普通读者来说，也多有求全求备心理。但是必须知道长编的本义，而且补充的都是“干货”而非“水分”。“长编宁失于繁”之“繁”，亦自应有度，绝非毫无节制的堆砌。“繁”亦须有价值，无史料意义的“繁”就是不能允许之“失”。①

之所以不厌其详地征引其说，是因为作者指出了近代人物的年谱大有变身为长编的普遍趋向，而编撰者却忽略了长编本来不过是年谱的初稿。更为重要的是，长编的激增表明，年谱的形式难以容纳大幅度扩张的史料，不得不诉诸长编。而忽略长编本义的情况，则显示编撰者没有了解和把握长编与年谱的既有关系，更没有自觉地认识清楚长编脱离年谱意欲何为，因而除了增加篇幅外，未能体现长编的繁究竟有何意义。由此可以进一步探究的问题是，长编是否必须作为年谱的初稿，能否使长编脱离年谱初稿的束缚，成为编年体的一种变相，甚至真正变身为一种新的体裁。尤其是史法当与史料的繁简相契合，长编有无可能成为容纳整理数量庞大的近代史料的适宜形式，以及如何才能成为适宜的形式。

虽然修《资治通鉴》的长编今已不见，但长编原来的确是为了编撰编年体史书准备资料，以备删削。不过，史无定法，随时而变，长编见于宋代，显然与史料的扩张关系密切。而民国时陈寅恪用长编考异之法，并非是为年谱或编年做准备。虽然他在一

① 陈福康：《“年谱长编”的“长编”是什么意思？》，《中华读书报》2016年2月23日。

些方面坚持仍旧，不肯趋新，写史体例却改用章节体。不仅如此，陈福康举例的《梁任公先生年谱长编》，编撰者丁文江也是另有打算。1929 年 7 月 8 日他致函胡适，明确谈到其编书的初衷与不得已的妥协：“只可惜他家族（按：指梁启超家人）一定要做《年谱》，又一定要用文言。我想先做一个《长编》，敷衍供给材料的诸位，以后再好好的做一本白话的‘Life and Letters’［生平和书简］。”[①]

根据夏晓红的解读，此处所谓“Life and Letters”，在《梁任公先生年谱长编例言》第二条，已明确指向伦纳德·赫胥黎（Leonard Huxley, 1860-1933）为他父亲托马斯·亨利·赫胥黎（Thomas Henry Huxley, 1825-1895）所作传记：“本书采用英人《赫胥黎传记》（*The Life and Letters of Thomas Henry Huxley*）体例，故内容方面多采原料，就中尤以信件材料为主。”[②] 以此，赵丰田接手后，丁文江给他的指示中，便包括“本谱要有自己的特点，即以梁的来往信札为主，其他一般资料少用”[③]。如此强调，是由于作为科学家的丁文江深受达尔文（Charles Darwin, 1809-1882）与赫胥黎进化论思想的影响，连带对其传记所用体裁也心向往之。[④]

① 丁文江：《致胡适》（1929年7月8日），《胡适来往书信选》上册，北京，中华书局1979年，第518页。

② 《梁任公先生年谱长编例言》，《梁任公先生年谱长编（初稿）》，北京，中华书局2010年，例言第1页。

③ 赵丰田：《前言》，丁文江、赵丰田：《梁启超年谱长编》，上海，上海人民出版社1983年，前言第3页。

④ 夏晓虹：《〈梁任公先生年谱长编初稿〉材源考》，《中国文化》2016年第1期。

据此，丁文江的本意是仿英人《赫胥黎传记》的体例，内容以信件为主。只是碍于梁氏家族一定要做年谱、又必须用文言的要求，不得已变通，才想先做一个《长编》，敷衍提供材料者。也就是说，丁文江压根儿就没有准备将来把长编删繁就简，做成年谱，而是整理书信，做成长编的样子敷衍梁氏家族，同时为撰写以书信为主要内容的白话传记准备素材。

与丁文江的情非得已不同，现在大量涌现的长编，在大幅度增加篇幅的同时，似乎并不能自觉扩充材料的意义何在，相应的体例是否应当有所改进。此事在近现代学界或许具有相当的普遍性。连陈福康自己也坦承，他原来已经编辑出版过年谱，并且已经补充修订再版，本想再次大规模增补修订，之所以改用长编，一是为争取国家科研经费，二是“从俗”、“随大流”，三是若将“长编”作为“简编”、“略编”这样的近代才有的名词的反义词来用，语言逻辑上倒也可以成立。由此可见，他同样并未自觉分别年谱之后再做长编的价值和意义，只能回到长编的本义自我反省，未能进而探究发掘长编体裁的潜力。这样一来，长编与年谱就仅仅只有繁简之别，毫无深意。曾有编辑专门史料经验的学人坦言，编辑资料，一卷选本和多卷全本对于基本事实而言作用可能大同小异；另有学人先写传记，后用十余年之功穷搜传主的档案等资料，可是修订传记时发现，似无必须更动之处。果真如此，则竭泽而渔地搜集编辑史料，便有多此一举之嫌。将年谱扩充为长编，也不过如此而已。

现行的各种长编，包括编年等其他多卷本编年体著述，可以大致分为两种类型，一是资料长编，二是仅仅谱主的言行录或特定物事的大事记，这两种类型大致可以反映长编仅仅作为年谱之类简单放大的通病。

资料型长编又可以细分为不同情况，有的偏重于某一类资料，最具代表性的就是《梁任公先生年谱长编》，陈垣年谱长编与此类似。陈福康认为："梁启超年谱长编最大的特点就是大量引用梁氏家属手中保存的谱主书简，这当然对研究者来说很有用；但此谱最大的缺陷也正在此，即除了这批书简以外，撰写者几乎就没下过大力，不曾去查阅浩如烟海的报刊、档案以至谱主的全部著作。梁氏是著名的著作家、政治家、思想家，而他有很多重大的活动和重要的作品、演讲等却不能在此谱中看到该有的记载。因此，从年谱应有的标准来看，此谱实际是并不合格的。梁氏一生所写文字、所编报刊、国内外媒体对其之报道等等，几乎从不间断，编写他的年谱并非特难之事。"①

此说有些地方未免冤枉了丁文江等人，例如报刊资料，编撰者专门从《申报》中辑出数百页的《康梁事迹》，由北京图书馆出版社以《〈申报〉康梁事迹汇抄》为题，于2008年出版。经夏晓红考订，虽然名为"康梁事迹"，内容显然是以梁启超为主。进一步比较文本，足可证明这份资料乃是专为编写《梁任公先生年谱长编》而辑录，抄录者另有其人，且水平很高。梁启超经历

① 陈福康：《"年谱长编"的"长编"是什么意思？》，《中华读书报》2016年2月23日。

的时代，报纸数千种，期刊上万计，仅仅征引《申报》，当然不够。可是丁文江对于梁启超所编刊物，凡与其著述、活动关系密切之报章，都会尽力搜求，梁氏本人的著述，包括尚在出版过程中的《饮冰室合集》，也有所借鉴。只是为了与同时展开的《饮冰室合集》收文相趋避，长编才尽量少引1926年中华书局出版的《（乙丑重编）饮冰室文集》以及正在出版中的《饮冰室合集》所收书、文。《梁任公先生年谱长编例言》称："本书所用材料虽以信件为主，但以其离集单行，故凡信件中所无而著述中所有者，亦酌量采录。其信件中所有而著述中亦有者，或一并录入，俾相互发明，或仅列其目供读者参考，借求不失年谱之价值。"[①]夏晓红的解释是："此处的'酌量采录'与'仅列其目'，均指已入《饮冰室文集》或《合集》者。显然，《长编初稿》的编撰是以这两种梁集作为依托，故设想读者应同时配置，俾便互相观看。而优先录入其中不曾收入的书信，亦可与《合集》相辅相成，体现年谱不可取代的独特价值。"

尽管如此，陈福康的基本判断，即梁启超年谱长编的最大缺陷与最大特点恰是一事两面，从年谱应有的标准看，梁启超年谱长编的确并不合格。尽管另有吴天任的《梁任公先生启超年谱》，鉴于大量新材料的陆续出现，整合新旧史料，重编一部符合标准的长编的工作，已经展开。

---

① 《梁任公先生年谱长编例言》，《梁任公先生年谱长编（初稿）》，北京，中华书局2010年，例言第1页。

那么，是否取材多样化，搜罗详尽，甚至大量使用档案、日记、书信等新材料，作为长编就算是合格呢？答案显然是否定的。多数资料性长编普遍存在的问题，恰是仅仅将各类材料按照时间顺序罗列堆砌，既没有比较鉴别，也没有选择取舍，材料与材料、材料与事实之间，缺乏必要的梳理整饬，显现不出内在联系。这样的长编，如果材料收集比较充分完整，还有其价值，如果仅仅排列了常见材料，等于是归类存放了一堆未经加工的原料，作为学术著作的价值就会大打折扣。

这样说是因为即使像《梁启超年谱长编》那样以某一类型的特殊资料为主，如果没有对文本比较鉴别的流程，也会发生很大的问题，影响历史的认识。根据赵丰田《翻阅复旦校注本〈梁谱长编〉（初稿）第三、四册的一些初步意见》，梁启超年谱长编的编撰“程序及依据情况”为：信札约六千通，绝大部分为副本，另有电报手稿，其他笔记类材料，亦皆抄本。这批原料在抄录过程中已存在一些错漏字句。根据上述资料加上乙丑重编本《饮冰室文集》、他人发表过的文章和有关事实的陈述，编成一套资料汇编（或称长编之长编），装定为22册，基本按年排列，中加简单说明联系的文句。这份资料有墨笔钞本一部以及据此晒兰印成二部，篇幅内容约多于后来出版的《长编》百分之三十。誊写钞录过程中，又出现部分错漏字句，似较原料副本更多。根据22册本编撰的《年谱长编》稿本，分量约前者的十分之七。墨笔钞成。编钞过程中改正了部分错字，可能又产生了一些错字。根据上述稿本用蜡纸刻印现在流行的12册《年谱长编》（初稿），刻印过程中又产生许多错漏字，其数量可能较前三次更多。[①]

这些错漏，有的仅仅是字句，有的则错置了时间或收发信人，很容易导致对史实的误判。日本京都大学人文科学研究所在注释《梁启超年谱长编》的过程中，订正了其中的一些错误，近年来相关研究者也陆续发现并考订更正了一些错误，但是仍残余一些错漏。重要原因，一是许多信件只有抄本，没有原本进行校勘；二是部分有原稿的信札，也散佚不见。要完全依靠本校、理校的办法逐一发现并予以订正，难度太大。目前只能随着相关专题研究的深入，陆续解决。

更为重要的是，12册油印本的《梁任公先生年谱长编初稿》（台湾和上海后来编印的《梁任公先生年谱长编初稿》、《梁启超年谱长编》以此为本），是在22册本的基础上编撰而成，在此过程中，曾经分由梁启超的同门及亲友签注，根据签注的意见，删去了一些重要的信件或是信件中的重要内容，例如庚子前后梁启超等人与革命党的联系，以及保皇会的暗杀活动等。上海版保留了部分签注的痕迹，但是很难看出有意隐藏的部分。22册本已于2015年11月由中华书局分订16册影印出版，初步比较，应是签注之前的完整资料汇编，研究者可以仔细比对，进一步坐实删削

① 赵丰田：《翻阅复旦校注本〈梁谱长编〉（初稿）第三、四册的一些初步意见》，夏晓红原注为转引自俞国林《梁任公著作在中华书局出版始末》，第33、36页，《饮冰室合集》（典藏版）附册，北京：中华书局2015年。

的部分、程度等整体情况。

除了资料长编，一般而言，长编对于资料倒是有所比勘验证，剪裁取舍，只是完全局限于谱主本人的言论行事，等于是年谱的简单放大，形同谱主的言行录。这样的做法可以说是一般编撰年谱的常规套路，可是既然要扩充为长编，如果仍然囿于谱主的言论行事，其繁就难免画蛇添足之讥。尤其是一些重要的历史人物始终处于时代中心位置，其亲身经历牵涉多方面人事，仅仅搜集谱主一方的材料，记录谱主的言行，无形中以谱主所记之事即为事实，甚至演变为以谱主之是非为是非。须知历史人物的言论行事，都有因时因地因人因事的因缘考量，如果不能前后左右上下看，顶多只能知其然而不知其所以然。

以直接材料众多而影响极大的《胡适先生年谱长编初稿》和《蒋中正先生年谱长编》为例，两位谱主在近代中国的地位极为突出，个人的日记、书信、档案又极多，而且资料屡经学人接力式的搜集整理，研究也相当广泛地持续展开，在此基础上编撰或修订（胡适年谱长编的编撰起步较早，且为编者一人之力）年谱长编，视野应当更为开阔。或许是因为拘泥于年谱的体例，加上谱主的各种直接材料已经数量繁多，编撰者尽可能采纳，反而忽略了对其他相关资料的广泛收集和充分利用。

由此产生的偏蔽就是，只见谱主单方面单向度的言行，既不能查知谱主的言行缘何而来，指向何在，更无法了解其言行得到何种反应，引发了什么变化，以及由所有相关当事人的言行组合而成的事情的全过程和各方面。如此一来，难免导致以谱主的是非为是非的印象。如1934年北京大学中文系胡适、傅斯年以及蒋梦麟等人与林损、马裕藻的冲突，双方各执一词，占据主导的胡适、傅斯年等人的说法，与兼顾各方比较而来的实情，差距相当大。全面抗战初期，国共合作卓有成效，中共的军事将领还出席过蒋介石主持的一些军事会议，并提出了自己的意见和建议，与之相关的会上会下的活动，在蒋的长编中很少有所反映。尽管长编要以谱主为中心，可是如果变成谱主的自说自话，多少也会失色。

胡适常说："做学问要于不疑处有疑；待人要于有疑处不疑。"①这句话也可以用在胡适自己身上。胡适和蒋介石都写日记，而且写得很详细。至于如何看待两人的日记以及如何利用两人的日记做研究，见仁见智。胡适写日记学李慈铭，蒋介石学曾文正，都有留作史料的用意，疑其凡事假惺惺，的确过甚其词，但是照单全收，奉为信史，也未免简单化。所谓尽信书不如无书，日记同样如此。不能因为记录了一些看似见不得人的事实，就以为所记全都是事实，更不能拿着日记当尺度准绳，凡事只要本人的日记未记，就断言子虚乌有。有时本人不记，正是需要搜集证据，反复琢磨讲究之处。

有些重要事情，或许当事人当时没有预料到后来的影响至关

① 中国社会科学院近代史研究所中华民国史组编：《胡适来往书信选》中册，北京，中华书局1979年，第7页。

重要，所以直接材料中没有记录，必须由相关资料予以佐证。如1945年5月国民党第六次全国代表大会出人意料地通过决议，撤销军队党部和学校党部，相继关闭了全国各大学的党部。三个月后，中共中央指示各（局）分局、各区党委“在国民党占领的大城市和交通要道进行合法斗争”，派遣大批干部，潜入国民党重要的军事、政治、经济、文化、党务机关和铁路、工厂、矿山、市政、银行、学校里边建立工作，利用合法团结群众，以便将来更有力的进行民主运动。[①]国共两党的举措正相反对，中共成功开辟了第二战线，两党在大学里的优劣态势迅速发生逆转。[②]蒋介石此举表面上是为了实行宪政，背后另有隐情，其中之一，便是试图遏制党内派系恶斗。可是在蒋的各类资料中，很难找到直接记录，而顾颉刚日记恰好有所记载。1945年4月11日，他受邀到蒋介石官邸吃饭，蒋表示，将使三青团“脱离政治关系，成一与童子军衔接之教育性的团体。并拟此后禁止学生入党，免得各党竞拉学生，使学校不能安定”。顾颉刚觉得“此事固好，惜太迟矣”。[③]

另如抗战时期国民政府和蒋介石的对日政策应该如何表述，

---

① 中央档案馆编：《中共中央文件选集》第15册，北京，中央党校出版社1991年，第256页。

② 王奇生：《战时大学校园中的国民党：以西南联大为中心》，《历史研究》2006年第4期。另参见金以林《战时国民党教育政策的若干问题》，杨天石、黄道炫编：《战时中国的社会与文化》，北京，社会科学文献出版社2009年，第1—27页。

③ 顾颉刚著：《顾颉刚日记》第5卷，台北，联经出版事业股份有限公司2007年，第440页。

直接认定为不抵抗，在相关文件中找不到依据，可是要说抵抗，也与事实不符。况且作为他指的不抵抗并非后来强加，“一·二八”事变后，有人就抨击不抵抗主义，并指名道姓称：“蒋介石、汪精卫所作所为在过去事实的表现，完全是取‘不抵抗’的投降政策。”[①]尽可能延缓与日本的正面冲突，以便争取时间做好准备，是国民政府和一些知识精英鉴于近代以来战与和得失做出的战略判断，自有其理据，可是在日本的步步进逼面前，一味持重、忍让，反而助长了侵略者的嚣张气焰，造成国土沦陷和主权丧失，陷入被动，势必引发社会民众的强烈不满。完全按照蒋介石的自述，无视社会各方的观感，很难恰当呈现其言行的历史地位。

由此可见，长编的编者在增加篇幅的同时，并没有发现和把握与年谱等一般编年体裁究竟有何不同，只是简单地进行材料扩张的工作。这样的繁虽然未必就是不能允许之失，但是长编应有或潜在的价值的确未能充分发掘发挥。其结果长编既不是作为删繁就简的初稿，又不能显示独立存在的意义，多少有些不伦不类。

众多学人不约而同地采用长编的体裁作为独立著述的形式，反映了学人尤其是研治近代者解决资料繁多与叙述简要两难的迫切需求，可是不能得法，非但未能显示增加篇幅的意义，反而授人以不知本义别有所图的口实。如何才能充分发掘长编的功能，使之不仅起到一般编年体的作用，而且能够脱离初稿的局限，进

① 下乘：《准备对暴日作持久战》（下），《民众三日刊》1932年第1卷第40期，第8—11页。

一步发挥潜在价值，真正摆脱附庸的尴尬，破茧而出，蜕变成为一种适应材料极大丰富的研究领域的变相新体，应该引起近现代研究者的高度重视，并积极探索。近代研究起步较晚，在方法的讲究与应用的合理方面，应当更多地借助于中古研究大家的成熟经验。而陈寅恪等人关于长编考异法的各种论述，最值得认真揣摩取鉴。

二　近代学人的编年体观及其应用

今人所认为的近代或现代，大体是指晚清民国时期，而在当时，因为时间相近，学人很少选取这一时段作为专门研究对象。近现代进入学人的眼界，起初主要还是出于学术以外的目的，例如优先政治考量的中国近代史，即具有相当程度的宣传功能以及地位权力的合法性论证，在观念、取材、叙事、说理等方面，自然不像研究古代那样旨在求真。不过，在当时的趋新学人看来，也就少了旧史学的种种束缚。其他不论，关于体裁，主张改造旧史的梁启超就认为，旧史之体，或为纪传，或为编年，虽非尽属陈腐，而不尽适用于新史。[①]也就是说，破除旧史学，创立新史学，不仅内容必须脱胎换骨，形式也要改头换面，包括编年体在内的传统史书体裁，不能很好地表现新史学的内容。尽管近代学人一

---

① 参见梁启超《中国历史研究法》第三章"史之改造"，《饮冰室合集·专集》之七十三，北京，中华书局1989年，第27—36页。

般并未明指章节体就是新史学的适当体裁，可是近代以来史学论著主要或普遍的形式就是章节体却是不争的事实。

后起的近现代研究的确较少传统的负累，梁启超所宣称的旧史之体，在开创期的近现代研究领域几乎没有什么遗留可以承继。但是，这并不等于说固有史学及其体裁对于近现代研究没有影响。按照金毓黻的叙述，中国传统史学各种体裁大体成熟于唐宋尤其是宋代。而对于宋代史学，陈寅恪、傅斯年、蒙文通等人极为推崇。整理国故之际，新锐学人大都标举清代学人治学近于科学方法，陈寅恪则认为："有清一代经学号称极盛，而史学则远不逮宋人。"推许陈垣的《元西域人华化考》"材料丰实，条理明辨，分析与综合二者俱极其工力，庶几宋贤著述之规模"[①]，仍以宋代史学为标的。

同时代学人当中，傅斯年对于宋代史学以及宋代学术文化整体的观点与陈寅恪较为近似。留学归国之后，傅斯年一改从前在历代学问中以清代为最佳的看法，认为宋代史学最发达，"《五代史》《新唐书》《资治通鉴》即成于是时，最有贡献而趋向于新史学方面进展者，《通鉴考异》《集古录跋尾》二书足以代表。前者所引之书，多至数百余种，折衷于两种不同材料而权衡之，后者可以代表利用新发现之材料以考订古事，自此始脱去八代以来专究史法文学之窠臼而转注于史料之搜集、类比、剪裁，皆今

---

① 陈寅恪：《陈垣元西域人华化考序》，陈美延编：《陈寅恪集·金明馆丛稿二编》，北京，生活·读书·新知三联书店2001年，第269—270页。

日新史学之所有事也。”[①]将以《通鉴考异》等书为代表的宋代史学与20世纪欧洲的新史学相提并论，评价可谓高矣。

如果说宋代为中国历代史学的高峰，且具有新史学的特质，则对梁启超批判旧史学创立新史学的主张，以及指编年为旧史之体应当改造的说法几乎是釜底抽薪。一方面，宋代史学的主要体裁之一便是编年体，另一方面，在宋代史学日渐成熟的各种体裁中，陈寅恪、傅斯年等人最为推崇的就是编年体著述。两人关于编年体史学的认识，对于材料极大丰富的中国近现代研究具有重要意义，也关系到编年体应用于近现代研究如何才能更具成效的大问题。

陈寅恪治学首重宋贤的长编考异之法。[②]据蒙文通说，陈寅恪赞誉有加的“宋人之史学”，具体包括“欧阳永叔、司马君实，亦略及郑渔仲”[③]。其中既有纪传体的断代正史，又有总辑各史仍用纪传体而著为通史的《通志》，而在长编考异法方面与傅斯年共鸣最多。《通鉴考异》是两人共同标举的代表作。傅斯年《史学方法导论》称：“在中国详述比较史料的最早一部书，是《通鉴考异》。这里边可以看出史学方法的成熟和整理史料的标准。

---

① 傅斯年：《历史语言研究所工作之旨趣》，欧阳哲生主编：《傅斯年全集》第3卷，长沙，湖南教育出版社2003年，第4页。

② 许冠三《新史学九十年》，香港：中文大学出版社1986年。详见王永兴《陈寅恪先生史学述略稿》第一章第一、第四两节，北京，北京大学出版社1998年。

③ 蒙文通：《治学杂语》，《蒙文通学记》（增补本），北京，生活·读书·新知三联书店2006年，第44页。

在西洋则这方法的成熟后了好几百年，到十七八世纪，这方法才算有自觉的完成了。”[①] 对此陈寅恪当无异议。任教于清华国学院时，陈寅恪曾对毕业的陈守实谈及自己的“史之见解”，“谓整理史料，随人观玩，史之能事已毕；文章之或今或古，或马或班，皆不必计也”[②]。这与主张近代的史学就是史料学的傅斯年并无二致。

不过，对于陈寅恪推崇备至的《资治通鉴》，傅斯年多少有所保留。他虽然列举了《五代史》《新唐书》和《资治通鉴》作为宋代史学最为发达的表征，但是觉得最能代表新史学发展的，还是《通鉴考异》和《集古录跋尾》。[③]

傅斯年认为“史料越生越好”，不赞成史籍加入义理及感悟的成分，陈寅恪则始终思索整合融贯、义数分别的破解之道。傅斯年指《建炎以来系年要录》所记“多有怪事”[④]，并以此作为远人的记载比不上近人记载可靠的典型事例。陈寅恪《陈述辽史补注序》则对该书赞誉有加，他说：

---

① 欧阳哲生主编：《傅斯年全集》第2卷，长沙，湖南教育出版社2003年，第308—309页。

② 陈守实：《记梁启超、陈寅恪诸师事》，张杰、杨燕丽选编：《追忆陈寅恪》，北京，社会科学文献出版社1999年，第42页。

③ 傅斯年：《历史语言研究所工作之旨趣》，欧阳哲生主编：《傅斯年全集》第3卷，长沙，湖南教育出版社2003年，第4页。

④ 傅斯年：《史学方法导论》，欧阳哲生主编：《傅斯年全集》第2卷，长沙，湖南教育出版社2003年，第339—340页。

> 裴世期之注三国志，深受当时内典合本子注之薰习。此盖吾国学术史之一大事，而后代评史者，局于所见，不知古今学术系统之有别流，著述体裁之有变例，以喜聚异同，坐长烦芜为言，其实非也。赵宋史家著述，如续资治通鉴长编，三朝北盟会编，建炎以来系年要录，最能得昔人合本子注之遗意。诚乙部之杰作，岂庸妄子之书，矜诩笔削，自比夏五郭公断烂朝报者所可企及乎？……回忆前在绝岛，苍黄逃死之际，取一巾箱坊本建炎以来系年要录，抱持诵读。其汴京围困屈降诸卷，所述人事利害之回环，国论是非之纷错，殆极世态诡变之至奇。然其中颇复有不甚可解者，乃取当日身历目睹之事，以相印证，则忽豁然心通意会。平生读史凡四十年，从无似此亲切有味之快感，而死亡饥饿之苦，遂亦置诸度量之外矣。由今思之，倘非其书喜聚异同，取材详备，曷足以臻是耶？[①]

陈寅恪所说长编“最能得昔人合本子注之遗意”，所谓“合本”，“盖取别本之义同文异者，列入小注中，与大字正文互相配拟。即所谓‘以子从母’，‘事类相对’者也”。“中土佛典译出既多，往往同本而异译，于是有编纂‘合本’，以资对比者焉。”其具体做法，见敏度法师《合维摩诘经序》：

---

① 陈寅恪：《陈述辽史补注序》，陈美延编：《陈寅恪集·金明馆丛稿二编》，北京，生活·读书·新知三联书店2001年，第264页。

> 此三贤者（支恭明法护叔兰），并博综稽古，研机极玄，殊方异音，兼通关解，先后译传，别为三经同本，人殊出异。或辞句出入，先后不同，或有无离合，多少各异，或方言训古，字乖趣同，或其文胡越，其趣亦乖，或文义混杂，在疑似之间，若此之比，其途非一。若其偏执一经，则失兼通之功。广披其三，则文烦难究，余是以合两令相附。以明所出为本，以兰所出为子，分章断句，使事类相从。令寻之者瞻上视下，读彼按此，足以释乖迂之劳，易则易知矣。若能参考校异，极数通变，则万流同归，百虑一致，庶可以辟大通于未寤，阖同异于均致。若其配不相畴，傥失其类者，俟后明哲君子刊之从正。

在陈寅恪看来，其方法之精审美备，“即今日历史语言学者之佛典比较研究方法，亦何以远过。”[①] 与傅斯年将宋代编年体史书比作当代欧洲新史学可以相互印证。

长编考异之法不仅可以治史，而且能够研经。陈寅恪《杨树达论语疏证序》所论最为透彻。[②] 宋贤治史的长编考异，南北朝治佛典的合本子注，与近代学人治经，三法当为同源衍生而来。陈寅恪反复指出的宋贤治史与天竺诂经之法的分别及联系，所谓

---

① 《支愍度学说考》，陈美延编：《陈寅恪集·金明馆丛稿初编》，北京，生活·读书·新知三联书店2001年，第181—185页。

② 《杨树达论语疏证序》，陈美延编：《陈寅恪集·金明馆丛稿二编》，北京，生活·读书·新知三联书店2001年，第262—263页。

形似而实不同，主要是指佛藏与儒经分别面向出世与世间，因而合本子注与长编考异，一重神话物语，一重人间事实。若就形式和方法而言，二者可谓异曲同工。最为关键的要素即取材详备，汇聚异同，事类相从，参考校异。而用由合本子注演变而来的长编考异法研治儒家经典，取事实证言论，搜群籍相参证，继以考订解释，可以明圣人之言行。如果说傅斯年的编年体观还限于比较考订史料史事，陈寅恪则可以扩张到详究义理，将义理还原为历史。这样的分别，移植到史料极大丰富的近现代研究，具有重要意义。

方法的改进，与材料的增加关系紧密，不同历史时段材料的多寡，很大程度上制约着方法是否适用以及如何运用。一般而言，除特殊领域外，时间越近，材料越容易获得。可是，是否研治近代就比治古代容易，却有待斟酌。近代学人普遍觉得治近代相对容易。胡适就认为“近代史的史料比较丰富，也比较易于鉴别真伪”[①]。而“秦、汉时代材料太少，不是初学所能整理，可让成熟的学者去工作”。其理据是，“材料少则有许多地方须用大胆的假设，而证实甚难。非有丰富的经验，最精密的方法，不能有功。晚代历史，材料较多，初看去似甚难，其实较易整理，因为处处脚踏实地，但肯勤劳，自然有功。凡立一说，进一解，皆容易证实，

① 罗尔纲：《师门五年记·胡适琐记》，北京，生活·读书·新知三联书店1995年，第28页。

最可以训练方法。”[①]

治史主张搜集资料要竭泽而渔的陈垣，自谦“近百年史之研究，仆为门外汉”，但至少研治明清之际滇黔佛教史事，所掌握的史料已经让陈寅恪感到望尘莫及。陈垣的体验是：“史料愈近愈繁。凡道光以来一切档案、碑传、文集、笔记、报章、杂志，皆为史料。如此搜集，颇不容易。窃意宜分类研究，收缩范围，按外交、政治、教育、学术、文学、美术、宗教思想、社会经济、商工业等，逐类研究，较有把握。且既认定门类，搜集材料亦较易。”[②]虽然承认搜集近代史料不易，可是既然觉得分类缩小就比较容易把握，言下之意，还是认为近代史不算繁难。

陈寅恪对于史料详略与历史研究的制约关联体会较深。他认为：“研上古史，证据少，只要能猜出可能，实甚容易。因正面证据少，反证亦少。近代史不难在搜辑材料，事之确定者多，但难在得其全。中古史之难，在材料之多不足以确证，但有时足以反证，往往不能确断。”[③]稍详的解释是：“上古去今太远，无文字记载，有之亦仅三言两语，语焉不详，无从印证。加之地下考古发掘不多，遽难据以定案。画人画鬼，见仁见智，曰朱曰墨，言人人殊，证据不足，孰能定之？中古以降则反是，文献足征，

① 耿云志、欧阳哲生编：《胡适书信集》上册，北京，北京大学出版社，1996年，第557页。

② 约1929年12月3日致台静农，陈智超编注：《陈垣来往书信集》，上海，上海古籍出版社1990年，第380页。

③ 杨联陞：《陈寅恪先生隋唐史第一讲笔记》，《清华校友通讯》1970年4月29日。

地面地下实物见证时有发见，足资考订，易于著笔，不难有所发明前进。至于近现代史，文献档册，汗牛充栋，虽皓首穷经，迄无终了之一日，加以地下地面历史遗物，日有新发现，史料过于繁多，几于无所措手足。”[①] 两说语义略有不同，概言之，还是觉得近代难在史料太多，难以收全，至于研究，则基本材料不难掌握，因而基本事实比较容易确定。

事情往往具有两面性。以研究古代的精细程度为准，处理近代史料研究近代史事的确不算太难。可是正因为材料太多，照搬套用研治古代的方法，要想达到与材料的繁复相匹配的精细程度，势必出现新的困难。其一，关于同一人事的各种记录得以留存，可以提供不同侧面的证据，可是同样出自亲历者当事人之手的记录却因时因地因人而异，罗生门的现象所在多有。尽管都是直接材料，充其量有此一说，却不能确定都如此说，更无法断定即如此事。梁启超是近代许多大事的亲历者，后来又讲究历史研究法，对于近代的史料与史学不无心得。他的看法是：“时代愈远，则史料遗失愈多，而可征信者愈少，此常识所同认也。虽然，不能谓近代便多史料，不能谓愈近代之史料即愈近真。例如中日甲午战役，去今三十年也，然吾侪欲求一满意之史料，求诸记载而不可得，求诸耆献而不可得，作史者欲为一翔实透辟之叙述如《通鉴》

---

① 王钟翰：《陈寅恪先生杂忆》，《纪念陈寅恪教授国际学术讨论会文集》，第52页。

中赤壁、淝水两役之比，抑已非易易。”[1]也就是说，近代史料虽然增加，真的复杂性也同步增加，材料越多，有时越难以判断事实的真伪，甚至比材料相对简少的古代更不容易近真。

其二，材料众多使得原来不屑一顾或无法探究的大量细节进入研究视野，成为研究对象，而无论材料怎样增多，也不可能完璧，结果小题目演化出大问题。研究一村一镇的历史，同样遭遇研究民族或国家的历史相类似的层累叠加问题，而诸如此类的问题往往缺乏足够的材料确证或反证；或是立论虽然不难，反证也并非不能，可是因为事情小材料少，很难有来者继续深究验证，由求同而来的普遍意义显得似是而非。

其三，细节的激增使得材料的主观因素大幅度增多。如梁启超认为近代史料不易征信近真主要有两点原因，一是“真迹放大”。著书者无论若何纯洁，终不免有主观的感情夹杂其间，感情作用支配，不免放大事实。包括他自己 20 年前所著《戊戌政变记》，为后来治清史者研究戊戌变法的可贵史料，但他本人却不敢自承为信史。[2]二是记载错误。“此类事实古代史固然不少，近代史尤甚多。比如现在京汉路上的战争，北京报上所载的就完全不是事实。吾人研究近代史，若把所有报纸，所有官电，逐日仔细批

① 《中国历史研究法》，《饮冰室合集·专集》之七十三，北京，中华书局1989年，第37页。

② 《中国历史研究法》，《饮冰室合集·专集》之七十三，北京，中华书局1989年，第91页。

阅抄录，用功可谓极勤，但结果毫无用处。”[①] 此说可以进一步斟酌，因为梁启超指报纸官电所记不是事实，可是却很难证明事实究竟如何。说非是因为心中有是，但心中之是如果说出来，也就势必成非。如果说将真迹放大还有主观故意，记载错误却往往是信以为真。

其四，材料与事实的增多，导致古代史根据材料的一手二手直接间接即可判断是非鉴定真伪的可能性降低，各种类型的材料，往往包含部分的真，同时也夹杂一些失真甚至伪。如何分辨每一处具体细节的真伪对错，重现信史的各方面和全过程，技术难度较研治古代更高。

面对上述难题，很少专门研究近代的民国学人似乎鲜有自觉，梁启超明知近代史料征信不易，却声称：“大概考证的工夫，年代愈古愈重要，替近代人如曾国藩之类做年谱，用不着多少考证，乃至替清初人如顾炎武之类做年谱，亦不要多有考证，但随事说明几句便是，或详或略之间，随作者针对事实之大小而决定。”[②] 这与近代史难以求真的判断适成反面。按照梁启超近代史料不易征信近真的说法，做晚近人物的年谱，不仅颇费考订的工夫，而且还不容易得到切当的结论。

近代学人关于研治中国近代相对容易的普遍误判，自然会影

① 《中国历史研究法（补编）》，《饮冰室合集·专集》之九十九，北京，中华书局1989年，第6页。

② 《中国历史研究法（补编）》，《饮冰室合集·专集》之九十九，北京，中华书局1989年，第80页。

响到编年体应用于近代研究。按理说，史料繁多史事繁复，研究的取径与办法应该更上层楼，否则难以应对。可是受好古之风的误导，误认为晚近历史的研究比较容易，结果非但未能取法乎上，百尺竿头更进一步，反而等而下之。各种长编于征引的广泛，比勘的精密，取舍的讲究，详略的拿捏等等方面，颇多可议，“坐长烦芜”则有余，“喜聚异同”则不足，尤其是以长编考异之法的应有之义作为标准，还有相当大的差距。

三 长编的特有功能与独立价值

近代史料繁多而方法粗疏带来诸多问题，尤为突出的有下列几点。其一，因为取材容易，又受史论关系的误导困扰，治近现代者往往好用举例为证的方式形成观点。研究者观念不同，立场各异，所举材料并未经过仔细验证，又脱离原有的时空位置，只是挑拣出来作为例证。结果令人尴尬，本来似乎容易征实的近现代史事，反而各执一偏，聚讼纷纭，而许多的针锋相对，只是立场两极，态度、观念和方法大同小异。诸如此类的学术论争，一味侈谈个人的看法认识，却不深究是否符合事实，于学术的发展有害无益。在媒体网络时代，有据即有理，不能对证据进行专业化的验证，更会导致人人自以为是，放言无忌，把瞎扯当争鸣，充斥着随心所欲的曲解和盲人摸象似的瞎说。

其二，预设架构，观念先行，再往里面填充材料。而架构和观念大都后出外来，遇到与先入为主的观念架构不相吻合的材料史事，则视而不见，弃而不顾，引文则断章取义，曲解本意，凡人都看得出的意思偏偏茫然无知，神仙也看不出的意思却仿佛一目了然；知人则爱屋及乌，论事则顺者昌逆者亡。用设定的主题或概念勾连出来的历史，并没有事实的关联，只是萦绕心头的想象。

其三，小圈子的专家式学问，不能胸有成竹，由点到线到面，以致全面覆盖，整体之下研究具体。读书株守一隅，其余一概不看，一概不知，治学如同打洞，貌似窄而深，实则狭而偏。因为缺少通识，少见多怪，好拾人牙慧，而自诩为创新填空。等而下之者，为了凸显其发明创造，不惜毁尸灭迹，前人已知的材料和已有的成果，凡直接关联的，有意只字不提，同时又自炫其博，凡是间接相关甚至关系不大的，则旁征博引，以图骗编辑蒙专家。因为屡屡得逞，所以不惜以身试法，明知故犯。

其四，喜欢对着讲，不会接着做，只知其一不知其二，而又好发表自以为是的己见，实则缺乏学术判断力与鉴赏力，道听途说，人云亦云，甚至吠影吠声。人已讲到习相远，自己还在人之初盘旋，又不知其陋，不会藏拙，以出头脓包为灿若桃花，贻笑大方还自以为得。

利用近代中国史料极大丰富的特点，努力发展编年体的方法并且应用得当，可以针对性地解决上述问题，充分展现编年体裁之于近代中国研究的重要价值。

编年体用于史料繁多的近代中国研究，面临两难，一是材料多难以全录，二是史事繁难以尽取，驾驭不当，反而有力不从心之憾，难以体现长编考异法的高妙。实则近代史料种量繁多，史事曲折复杂，最适宜用长编考异之法加以整理，将所有材料相互参证，以免在自圆其说的托辞下断章取义，穿凿附会，导致尽信书不如无书的尴尬；从不同视角考察所有史事的各个层面，避免以偏概全，防止以某人是非为是非，结果无是非可言的乱相。这有利于矫正时下近代中国研究中常见的随意立说和格义附会两种偏蔽，破解各式各样的罗生门，呈现错综复杂的历史本相和前人本意。

近年来，不仅人物类的长编呈现脱离年谱的趋势，其他编年体著述，也大都不是为了删繁就简，有的意在撰写其他体裁的著作，有的甚至一开始就是作为独立存在的著述，既非简本的扩充，也没有删削成书的目标。脱离年谱的附属地位，长编可以自成一体。长编的编撰，如果能够贯通所有材料和事实，不仅可以作为撰述的准备，检测其他形式研究成果的衡鉴，还可以作为所有相关研究的基础平台。

长编究竟有无独一无二的功能？如何才能深入发掘、展现和发展长编的潜在功能？这是值得研治近代者认真思考和努力深究的问题。

长编的价值应该最大限度地体现为详，所谓详，首先是资料的详尽详备，搜集资料要尽可能竭泽而渔，不避烦芜，不溢美，不掩饰，不附会，不趋时，不拘泥于所谓直接间接一手二手等外型判断，所有类型的史料一律平等，关键看是否相关，相关到何种程度，相关在什么层面。取材不足，则不仅判断难以准确适当，更重要的是史事的许多方面环节若隐若现，无法呈现全貌。甚至由于史料不够，只好阙疑，否则猜来猜去，不得要领。搜集史料不能带有成见偏见，不能先验地挑拣，应该有闻必录，至少在搜集材料的阶段必须如此。

近代号称史料大发现的时代，而近代的史料更是层出不穷，或者误解以新材料发现新问题，又受不读书而动手动脚找东西的误导，人所常见的书都不看，一心只找人所未见书。编撰长编，发现新材料与贯通新旧材料应该相辅相成，必须熟悉旧材料，才能发现和应用新材料。要尽可能掌握前人已知，努力发现未知，这是研治近代的一大难题，也是奠定研究坚实基础的必由之路。只有在充分掌握各类资料并且相互贯通的前提下，才能全面如实地呈现复杂的历史本相和前人本意，避免穿凿附会，各执一偏。

要做到资料详备，必须明确取材的范围，范围不明确，就无法把握材料的边际。按照一般长编的办法，主要局限于谱主的言行，或是主题事件的基本情况，取材范围自然不广。可是，值得做长编的大事要人，往往处于时代的中心位置，具有枢纽性作用，与同时期的其他大事要人有着广泛而深刻的联系，以其为纽带，不仅能够串联这一历史时期的大事要人，而且能够通过其与各方关系，深入认识整个社会变动、制度建构、思想脉络乃至中外关系。

加之中国为伦理社会，最重人伦关系，所谓礼制纲纪，即以伦常为根本。相应地处世治学，也极为讲究人脉。生活在关系网之中的中国人的言行，要从关系网的视角脉络才能考察清楚。

确定取材的范围边际，又有形似而实不同的两种做法：一是以所研究人事为主线放射扩展，二是将特定人事放在关系脉络的整体之中。前者仍然是单向度地放大，后者则不仅从中心辐射周围，还要求从四面反观中心，也就是说，要从围绕其周边的人与事的视角来考察中心人事，尽可能多角度呈现历史的复杂面相，而不仅仅以主题为轴串联历史。例如一个党派、团体、同盟或一次会议、活动的其他成员如何看待、反应谱主的言行，从关联事件的角度考察主题事件的影响作用等等，如此才有可能全面观照，让材料得其所哉，并恰如其分地解读相关文本和行事。

此法的要诀在于拿捏以特定大事要人为枢纽，贯穿近代中国的尺度。既不能局限于主题的言行，以免望文生义地解读，或是仅仅从谱主的角度看待与其有关的一切人事，以偏概全，也不能漫无边际，脱离中枢，变成近代中国的浮泛缩写。应提纲挈领，充分体现谱主的枢纽性地位作用与前后左右四面看山地观察把握近代中国的大事要人相得益彰，展示长编考异法与比较研究法相辅相成之于近代中国研究的重要价值和意义。

其次是取材要尽可能详细地还原事实。史料繁多，必须有所取舍，记载芜杂，必须有所鉴别。取舍不能以自己的见识好恶为准，看懂的部分拿来用，看不懂的则视而不见，形同阉割历史。

用材料要尽可能符合其本意，既不能任意取舍，更不能断章取义。史学的一大强项即恰当处理材料。一般而言，材料是死的，可是留下材料的人往往会设陷阱布迷局，研究者稍有不慎，就会落入彀中。档案里不乏官样文章，日记中不少道听途说，书信间也有虚情假意，尽信任何一种材料都难免偏蔽。只有对材料、史事和前人研究三者深入认识，才能拿捏得当，还原准确。

长编依时叙事，自有时间的天然顺序，但是这并不意味着编撰长编只要机械地按照时序排列材料就万事大吉。陈寅恪所论合本子注及长编考异法，其要在于汇聚异同，事类相从，参考校异，极数通变，则万流同归，百虑一致，庶可以辟大通于未寤，阖同异于均致。这与强调整理史料的方法就是比较不同史料的傅斯年所说大体相近，傅的总结是："历史的事件虽然一件事只有一次，但一个事件既不尽止有一个记载，所以这个事件在或种情形下，可以比较而得其近真；好几件的事情又每每有相关联的地方，更可以比较而得其头绪。"[①] 近真与得其头绪，可以说是编撰长编整理材料的不二法则。

史学的本旨在于求真，历史为曾经发生过的事实，如何发生，情形怎样，均为实有，不会因为任何后来因素而改变。但发生过的史事须由当事者的相关记述来探求，或者分别称之为第一历史和第二历史。照此推衍，依据相关记载追求史事本相所得著述，

---

① 傅斯年：《史学方法导论》，欧阳哲生主编：《傅斯年全集》第2卷，长沙，湖南教育出版社2003年，第307页。

实为第三历史。未来如何不敢擅断，至少目前还无法物理性地还原历史的本相，况且即使能够还原，观者所见也会有时空差异。如此，后人的求真，由于条件的限制，永远不会完全与事实重合，只能通过适当的努力逐渐接近。

所谓真至少有两个层次，即史事本身的真与记述史事的真。史事的真与后人必须根据各种相关记述来还原史事存在矛盾，亲历者关于史事的记述各不相同，甚至相互牴牾，无论怎样详尽忠实地记述，也不可能完整地覆盖全部史事的全过程和各层面，而且当事者利害各异，立场有别，所记的罗生门现象相当普遍。由此衍生出层累叠加的史书，实事往往无直接证据，可以征实的部分又相对简单，其余只能近真。而近真使得一事多解的情形常常发生。历史上所有当事人关于本事的记录，由于角度、关系、层面等客观条件不同，以及利害有别等主观因素，往往异同互见，可是他们如此这般或那般记载本事，除有心作伪之外，同样是真。只不过这样的真在他们有的是眼见为实，有的则是真实心境的映照。

正因为同一事件的参与者身份各异，立场不同，参与的时间、地点、程度、环节千差万别，即使如实记录，也只能反映其亲历或听闻的部分，况且还有影响如实记载的多种因素，有此一说不等于均如此说，有此一事不等于事即如此，所以必须将事情的全过程各层面的所有相关记录汇聚比较，参考校异。有鉴于此，长编必须与考异相辅相成，大体有下列原则和作用：1. 前说有误，排比史料可以纠正至当。2.未有成说，汇聚史料可以立说无碍。3.诸说并立，取比较近真之说其余存异。4.诸说真伪正误间杂，须相互参证，酌情条贯。5.实事往往无实证，须以实证虚，而不涉附会。各种情形，或分别，或兼具，当实事求是，具体问题具体分析。

整理资料不能先入为主，依据资料类型进行判断取舍，只能作为参考，不可过度依赖。尤其是不能将他指后认当成预设，看似还原史事，实则编造谱系，把呈现历史变成创造历史。必须将所有资料依时序事类相从，不偏不倚，探究事物的发生演化和人物言行的变化。否则以近代史料的繁复，错误的判断可能会导致形成似是而非的历史叙事。诸如此类的叙述在近代领域所在多有，如庚子勤王、辛亥清帝退位、新文化运动的渊源流变等，通行叙述与史事本相相去甚远。治史如老吏断狱，要想完全还原案情，诚非易事。乾嘉考据号称实事求是，信而有征，而实事未必都有实证，有实证的却未必都是实事。只要找到直接证据就可以坐实的考证，多为具体的简单事情。充分汇聚材料，排比梳理比较的结果，剔除各种可能，剩下的最不可能反而能够通贯所有材料和事实。若是先有成见，挑选论据，就很容易误入歧途。

再现史事，要将大量碎片化的材料拼合连缀。史料再充分，相较于事实的复杂多面而言，也不可能完整。因为记录本身就不可能巨细无遗地面面俱到，留存过程又不可避免地有所散佚，所以治史在努力穷尽史料的前提下，仍然一方面要阙疑，不做过犹不及的假设求证，另一方面还须必要的判断推论，不能太过拘泥，以求大体成形。若是必须完璧才能结论，势将一事无成。两者之间如何拿捏得当，需要高明的艺术和高度的自觉。

取材详备之后，考证异同格外重要。一件事情往往有多个记载，有的大同小异，有的同中有异，有的异同参半，有的甚至迥然不同。长编必须用材料说话，有几份材料说几分话，但材料不会自动说，必须整理者比较考辨，才能在适当的地方说出得体的话。如果说年谱只要呈现整理材料的结论性意见，长编则应该进而将整理材料不断近真的过程呈现出来。一般而言，任何史料之于本事都有部分的契合，编撰长编若将异同不一的材料简单排列，一则过于累赘，二则难以鉴别，适当的做法，应该是通过梳理比较，将材料与事实相吻合的部分析出，连缀成文，用以叙事。也就是说，不能快刀斩乱麻地简单处理材料的复杂性，要通过梳理整合，让材料自己叙事。梳理材料不仅要判断真伪，斟酌取舍，合并完全相同的部分，而且要仔细比较细节的异同，从各种材料中选取各个环节记载最为详细准确的文字，粘合一体，还原事实的全过程和各层面。这同时也是将全部材料去伪存真以及依据材料呈现可还原史事的研治过程。

史事本相毕竟有迹可循，前人本意则往往没有直接证据，或是虽然有所依据，解读起来也因人而异。即使是谱主的言行录，认识不当，也会断章取义，曲解本意。资料长编同样要有所取舍，能否取舍得当，不能全凭主观，反而要尽量约束主观任意，尽可能全面完整地表达谱主的意见。如果但凭己意，选取自以为重要或是自己看得懂的部分进行拼接展现，而将自认为无关紧要或看不懂的部分弃而不论，等于是阉割历史。唯有沟通古今中外，因缘观念和事物从无到有发生演化的历史进程，才能理解变幻莫测的前人心意。

比较前后几件相关联的事情，目的是显示彼此联系，以便事类相从。这些联系应该是事实的联系，而不是用后来的观念连成一线。不过，有的事实联系隐而不显，需要在比较中用心揣摩，前后左右移形换位，才能逐渐显现。有的事实联系并非前后因果关系，而是相关关系，如抗战时期阎锡山的三个鸡蛋上平衡，梅贻琦平稳长校的要诀为联合教授应对学生，新中国成立前后陈寅恪的何去何从等。有的联系虽有事实，但是相距时间较长，全部聚合一处，不合长编体例，完全按照时序分述，又难以显现彼此关联。应根据情况，斟酌处理，前后相连的，可以适当合并叙述，间隔较长必须分述的，可以前后略加提示。至于涉及多方的相关关系，应予概括的简要说明，避免孤立地抽取出来作为立论的证据。

或者有所疑虑，如此做法，势必篇幅大增，如何能够控制得当，避免冗长累赘。其实，长编当然不能太短太简，否则毫无意义。同时只要把握长编考异之法，就不至于失控。首先，长编不是资料长编，取材必须剪裁概括，万不能将长编当作特定人事的资料汇聚，取代全集、资料集的作用，这样反而失去长编应有的功能。现有的长编，有的常见资料也全文照录，有的虽然资料珍贵，可是已经另行结集出版，亦无照录的必要。真正考验编者的，反而是剪裁取舍的当否。其次，长编有特定主题，无论如何伸展，不能脱离主轴，所谓万变不离其宗。至于如何伸展，伸展到何种程度，仍然取决于和特定主题人事的关联多少。如何拿捏得当，既是科学，也是艺术，只能心领神会，无法设定统一有效的标准。

长编若能做到上述程度，即兼具整理史料与著史的无二功能，可以成为独立存在的编年体之变相新体。具体而言：

功能之一，可以训练近现代研究者，增强其整体观照和全盘驾驭的能力，推动近现代研究走向精细化，使得史料大幅度增加的困扰，变为承接固有良法与域外比较研究相融合的基础，进而成为将前贤治学办法进一步发扬光大的动力和机缘。

功能之二，大幅度夯实近现代研究的基础，提升研究的平台，减少观念先导举例为证的随心所欲，使得材料回归原有的时空位置，又能够相互连接，由碎立通，从而有效增强近现代研究的学术性。

功能之三，形成检验各种观点主张的尺度准绳。近现代史料繁多，又貌似容易看懂，未经严格训练者不知其难度相应增加，断章取义，随意发挥。殊不知其说看似有据，其实根本无法纳入系统梳理过的材料与事实的链条之中。长编的大量编撰，虽然不能阻止无知无畏者一往直前，至少能够有效地防止穿凿附会，让信口开河无所遁形，减少以妄言为高论的凿空逞臆，有良知者知所进退，从而改变因史料多史事繁及方法不当所产生的各说各话的乱象，减少由各执一偏的见仁见智引发的聚讼纷纭。

倾听历史

——从史料史观之分到史论之合

史论关系，为治史必须面对却长期聚讼纷纭的问题。此事因缘于清季以来史料与史学的区分，并由民国时期史料与史观的分争而日益凸显。文言改白话，造成著史和读史时引文与行文的进一步分离，使得历史意见与时代意见更加隔膜。20 世纪 50 年代以来，史论关系经过持续争论，依然莫衷一是。受此影响，治史日渐重视说理，相对忽视叙事，举证为据的办法，往往脱离材料的时空位置及联系，用后出外来的架构系统条理裁量史事，把后人的认识当成历史的事实。应当努力从倾听历史的原声中把握前人本意和史事本相，寓说理于叙事之中，视引文行文为一体，呈现历史原汁原味的无穷精彩。

在史论分别、文白不一的情况下，治史如何把握求真与讲理，表达如何协调叙事与议论的关系，已经成为一大难题。有鉴于此，有必要梳理一下这一聚讼纷纭的悬案发生衍化的渊源流变，进而探寻两全其美的解决之道，为来者提供有效的取径和做法。

一 史与论

“文革”前十七年的史学界，出现过相当多引起普遍关注和广泛参与的学术争鸣，其中之一，便是史与论的关系。在所有学科都必须以理论为指导的认定下，史学自然不能例外。但是在学理上，史与论究竟是怎样的关系，在实践中，又应该如何处理二者的关系，却是聚讼纷纭，令人深感棘手。由于意见不一，无所适从，于是展开热烈而持久的讨论。这场争论从20世纪50年代后期开始，一直持续，中间虽经“文革”停顿，可是“文革”结束后再度接续，前后时断时续进行了30余年。讨论由“以论带史”引发出“论从史出”、“史论结合”，成为史论关系认识的三种基本取向，围绕这三种取向，在相互批评和争辩中，还出现“以论代史”等衍生的变相。[①]

讨论莫衷一是，后来只能不了了之，相关的问题并未得到解决，直至今日，史论关系仍然困扰不少新进乃至成名学人。可是，无论意见如何分歧，一般而言，历史论著有无理论，俨然已经成为衡量水准高下程度深浅的标尺。所争主要在于以什么为理论，或者说什么才是正确、恰当、具有说服力的理论。治史当然不能

---

① 参见肖宏发《对"史与论关系"争论问题的逻辑考察与反思》，《广西社会科学》1995年第6期，第65—69页。

有论而无史，否则就不成其为史学，但如果被认为有史而无论，立意就不免等而下之。由此可以看出，尽管史论关系没有定论，尽管人们对于以什么为论后来实际上取法各异，言人人殊，却不仅大都并不否认论的重要，而且相对于史，似乎还显得更加重要。虽然人们习惯地声称事实胜于雄辩，可是在最应看重事实的史学领域，其实却是以雄辩为高明，事实只是基础初步。相比较于史事不清，史料不足，没有理论或理论不足，更加备受诟病。

之所以出现这样的倾向，是因为历史论著的主要功能无形中已经由叙事转向说理。本来治史首要求真，可是误读一切历史都是自己心中的当代史，以为真相不在，不可求，或是碍于材料太多，头绪纷繁，前不断理还乱，干脆宣布无法还原。尽管名义上还要求出真相，实际上却认为真相不会自动显现，只有符合一定之理的事实才是真。结果类似于字还没有识完微言大义已出的情形日渐普遍，事实不详而认识层出不穷，在史学领域似乎已成常态。不要说思想史学术史等领域，多半向虚，所说大都自己心中自以为是的历史，即使研究人、事、机构等实而又实的题目，也将评判认为放在澄清还原之上，往往是发表了一大通我认为的说理，实情究竟如何，还是让读者一头雾水。越来越多的历史认识变得众说纷纭，于是悬而未决的史论关系再度浮现，即使不再专门讨论，具体研究和写作时，还是会面临如何处理得当的棘手难题。

民国以来，治史尤其是研究中国近现代史，往往好将材料与论述分别，引文单纯作为证据，支持引号之外作者表述的论点，从而形成一种普遍定式，引号中的征引文字多数情况下无形中成为单纯的史料，引号外的表述才是正论，代表作者想要表达的观点。更有甚者，即使所征引的材料已经说得很清楚，还是要用自己的话概述一遍。有一种说法叫做夹叙夹议，这也被不少人认为是史论结合比较好的体现形式。这与傅斯年等人将材料整理好以呈现史事的主张明显有别。

久而久之，便形成一种习惯，阅读时史与论是彼此分离的，引号外的议即论，更加受到重视，而引文部分则是必须有却不大看，至少是不大留意，除非对议的部分有所疑虑，才会认真审视一下史料是否吻合论点或能否提供充足的支撑。在传统史书里，间中也会出现议，如《史记》的“太史公曰”和《资治通鉴》的“臣光曰”。只是《太史公书》本来未必是专门史书，《资治通鉴》也是写给治国平天下的君臣看。况且，他们的议与论从史出的论看似相近，却与后来的论主要所指的理论，基本不是一回事。尤其是两位司马的曰毫无疑问是个人的议论，关乎对史的认识，却不会与史相混淆。

近代以来的史论结合，容易导致一种偏向，也就是事实上反映了史论分离的状况，并且进一步加剧史论分离的趋向，使得历史本来的叙事功能大幅度下降。作为历史原声的史料，沦落到次要和从属的地位。人们往往关注论著的主要观点，而不大注意支撑这些观点的史料是否已经各种必不可少的复杂验证，更加不关注可否用这些史料准确重现历史的本事。所写的历史，很大程度上是在谈作者个人对历史的认识，而又将五花八门的认识美其名曰见仁见智。至于所认识的历史究竟如何，反而变得相当模糊。

诚然，史家不妨对历史表达意见，不过前提应该是将史事述说清楚。而要将史事述说清楚，并非轻而易举之事，不能完全依靠自己的认识或意见，恰好要想方设法抑制自己的主观，以免任意驰骋，脱离事实约束。其主观能动作用应该体现于研究的过程中，应如何最大限度地限制自己一定存在的主观不至于过度放任，而不是在表述的过程中频频走到前台亮相。正如文学形象的塑造是由其生动典型的言行呼之欲出，如果作者不时加注或旁白，就很是煞风景。

其实，史论关系问题，并非20世纪50年代才突然出现。它与清季以来中国史学革新变动所产生的新问题紧密关联。20世纪开篇，梁启超在《清议报》发表《中国史叙论》，就石破天惊地提出“中国无史论”，不仅无史，就是想从中搜求材料，“亦复片鳞残甲，大不易易。”[①] 即使像《资治通鉴》这样“最称精善”的史书，“今日以读西史之眼读之，觉其有用者，亦不过十之二三耳。”[②] 以“今日”和“西史”的眼光看出来的中国无史，当时虽已引起争议，却并不影响中国古代只有史料没有史书的看法日趋普遍。

---

① 《清议报》第90册，1901年9月3日。

② 《新史学》，梁启超：《饮冰室合集·文集》之九，北京，中华书局1989年，第1—11页。

既然旧史书只是史料而非史，接下来的问题就是如何才能有史。当时主张的重要取径之一，就是需要用社会学的观念，研究撰写民众的历史。梁启超认为："自世界学术日进，故近世史家之本分，与前者史家有异，前者史家不过记载事实，近世史家必说明其事实之关系与其原因结果；前者史家不过记述人间一二有权力者兴亡隆替之事，虽名为史，实不过一人一家之谱牒，近世史家必探察人间全体之运动进步，即国民全部之经历及其相互之关系。"① 也就是说，单纯记载事实，还不能称之为史，必须进而说明事实之间的关系及其因果，才有可能成为史。据此提出的创新史学的界说，就是叙述人群进化之现象而求得其公理公例。而社会进化观念、人类群体中心以及用各种社会人文乃至自然科学为参照，则是达到上述目的的主要凭借。②

那时的章太炎同样举目西望，与梁启超心意相通，不谋而合，高度赞同梁启超的见解主张。章太炎早有修《中国通史》的志向，他受各种西方社会学书的启发，并且购求日本人译著的《史学原论》及亚洲、印度等史，"新旧材料，融合无间，兴会勃发"，欲将心理、社会、宗教诸学，熔于一炉，进而宣称："所贵乎通史者，固有二方面，一方以发明社会政治进化衰微之原理为主，则于典志见之；一方以鼓舞民气、启导方来为主，则亦必于纪传

① 《中国史叙论》，《清议报》第90册，1901年9月3日。

② 参见桑兵《从眼光向下回到历史现场——社会学人类学对近代中国史学的影响》，《中国社会科学》2005年第1期。

见之。”[①]

梁启超与章太炎关注史学的目的，首先都在政治，都想借此发明社会进化的公理公例。说得直白些，就是用中国的材料和史事，证明社会进化的一般性原理的普遍适用。其中关于史事因果联系的说法，后来梁启超基本放弃，承认历史事实并无因果关系。但史料与史学从此渐趋分离，最后导致民国时期学术界意见纷纭的史料与史观分争，史与论的关系即由此演化而来。有鉴于此，要认识史与论的关系，有必要重新检讨清季以来史料与史观分别的渊源流变，尤其是民国学术界关于史料与史观的各方意见。

二　史料与史观之分

中国史学发达甚早，经典史籍不胜枚举。虽然也有取材与著史的分别，一般却不会出现史料与史观的对立。历代间有好讲史法之人，一则所谓史法其实是编纂体例，并非后世的理论，二则有专讲史法者史学往往不好的风评。因此，史料与史学，往往是一而二二而一之事。据清华国学院毕业的陈守实记：陈寅恪“师于史之见解，谓整理史料，随人观玩，史之能事已毕”[②]。这一观念，一定程度上与傅斯年史学就是史料学之说契合或近似。整理史料

① 1902年7月《致梁启超书》，汤志钧编：《章太炎政论选集》上册，北京，中华书局1977年，第167—168页。

② 陈守实：《学术日录［选载］·记梁启超、陈寅恪诸师事》1928年1月5日，《中国文化研究集刊》第1辑，第429页。

何以便能成为史，是因为所谓整理，就是比较不同的史料，比较整理的目的有二，一是近真，二是得其头绪。二者相辅相成，可以由整理史料不断接近史事本相，并据以叙事。

这样的讲法胡适也有所领悟，他说："我从前曾说：'文胜质则史'，史是'说故事'，如《国语》、《左传》所根据的一些演史的故事，如晋公子重耳出亡一类的故事。'史之阙文'也应当如此说。孔子说，他还及见没有添枝加叶的记事史。"从《仪礼·聘礼》的"辞无常。孙而说。辞多则史，少则不达。辞苟足以达，义之至也"，胡适判断郑玄所注"史为策祝"是妄说，"合上三条看来，可知'史'是演义式的讲史。"并进而引申希腊文historia、拉丁文historia、古法文estorire、英文history即历史一词，与故事story一词都是出于同一来源。[1]

据此，历史本来的主要功能就是记事与叙事，后者与前者的分别在于文胜质，但是否演义，值得斟酌，至少与后世演义的小说家言本质不同，不能虚构或故意夸饰、掩盖等等增减是必须遵循的原则。

不过，陈寅恪关于史学不止此一种说法，谈及民国学人的文化史研究，他批评旧派"只有死材料而没有解释。读后不能使人了解人民精神生活与社会制度的关系"。而新派以科学方法整理国故，虽有解释，看上去似很有条理，可是甚危险。以外国的社

① 曹伯言整理：《胡适日记全编》8，1951年12月7日，合肥，安徽教育出版社2001年，第151—152页。

会科学理论解释中国的材料，不过是假设的理论。或有参考借鉴价值，但是具体未必吻合。而历史重在细节。[①]照此说法，单纯整理材料而不得法，也很难“合于今日史学之真谛”。若以经学为参照，则谨愿者止于解释文句，而不能讨论问题，夸诞者流于奇诡悠谬，而不可究诘，二者均偏于一端，不足取法。惟有材料丰实，条理明辨，分析与综合二者俱极其工力，才能达到“庶几宋贤著述之规模”[②]。

抗战期间，陈寅恪由于条件所限，不得已转而用常见材料研究中古制度的渊源流变，却大获好评，识者推许为“异于时人所讥之琐碎考据，亦异于剪裁陈言纂辑成书之史钞，更大异于具有成见与含有宣传性之史论”。将对陈著的推举与其他几种常见的治史流弊相区分，所标举的重要原则就是陈寅恪所说既要具有统系又须不涉傅会，这也是整理史料与研究史学相一致的关键所在。[③]

具有统系与不涉傅会相辅相成，在陈寅恪眼中，史料与方法并无轩轾。其应用比较语言学、比较宗教学以及比较史学等欧洲研究文史之学的正统取径方法，又与中国固有的合本子注、长编考异诸法相融会贯通，很少称引西说而尽得所谓西学的精妙。这也是王国维主张学不分中西新旧的旨意。不过，这样的理念未必

① 卞僧慧：《陈寅恪先生年谱长编（初稿）》，北京，中华书局2010年，第146页。

② 陈寅恪：《陈垣〈元西域人华化考〉序》，陈美延编：《陈寅恪集·金明馆丛稿二编》，北京，生活·读书·新知三联书店2001年，第270页。

③ 陈寅恪：《吾国学术之现状及清华之职责》，陈美延编：《陈寅恪集·金明馆丛稿二编》，北京，生活·读书·新知三联书店2001年，第361页。

所有人都接受，尤其是那些受了其他学科的观念影响，欲将中国历史推倒重来的学人，总想有一个现成的架构，可以将材料放进去且看起来井井有条，头头是道。以胡适的《中国哲学史大纲》为成功先例，就是借用西式系统组装中国固有材料的典范。

思想史之外，社会学的影响更加广泛。清季用社会学治史的取向，两位倡导者梁启超、章太炎并没有身体力行，而且后来还分别做了明确的修正。不过这样的取向，到民国时期一直延续。1926年初，针对顾颉刚、钱玄同、柳诒徵等人关于古史的争论，魏建功撰写了《新史料与旧心理》一文，接续梁启超的理念，重提民史建树的方向。他说：

> 我的结论：中国的历史，真正的历史，现在还没有。所谓“正史”，的确只是些史料。这些史料需要一番彻底澄清的整理，最要紧将历来的乌烟瘴气的旧心理消尽，找出新的历史的系统。新历史的系统是历史叙述的主体要由统治阶级改到普遍的民众社会，历史的长度要依史料真实的年限决定，打破以宗法封建等制度中教皇兼族长的君主的朝代为起讫；历史材料要把传说、神话、记载、实物……一切东西审慎考查，再依考查的结果，客观的叙述出来。如此，我们倒不必斤斤的在这个旧心理磅礴的人群里为新史料的整理伴他们吵嘴，把重大工作停顿了！①

① 《北京大学研究所国学门周刊》第15、16合期，1926年1月27日。

与民史建树的角度相呼应，社会学的取向依然备受重视。只不过那一时代的所谓社会学，更加接近广义社会科学的意思。马克思的唯物史观，李大钊开始就认为是社会学的法则。他将史学分为记述历史和历史理论两部，前者的目的是确定各个零碎的历史事实，而以活现的手段描写出来，这是艺术的工作；后者则是把已经考察确定的零碎事实合而观之，以研究其间的因果关系，这是科学的工作。另有历史哲学，从系统上讲，宜放置哲学分类之下。[①] 过去的史书，在李大钊看来也只是资料而非历史，“历史学虽是发源于记录，而记录决不是历史。发明历史的真义的是马克思，指出吾人研究历史的任务的是希罗陀德。”研究历史的任务，一是整理事实，寻找其真确的证据，二是理解事实，寻出其进步的真理。[②] 历史理论也就是史观，记录的事实是不变动的，但是解释史实的史观却是随时变化的。[③]

李大钊的贡献主要是在引进介绍理论学说方面，所说社会学的法则主要适用于社会发展史，而随后继起者则逐渐应用于中国历史的研究。其时胡适等人提倡以科学方法整理国故，陈钟凡就认为，治学要工具齐备且先进，搜集材料、排比、评判，这种方

① 李大钊：《史学与哲学》，《李大钊史学论集》，石家庄，河北人民出版社1984年，第181—182页。

② 李大钊：《研究历史的任务》，《李大钊史学论集》，石家庄，河北人民出版社1984年，第193页。

③ 李大钊：《史观》，《李大钊史学论集》，石家庄，河北人民出版社1984年，第70—71页。

法清人早已做过了。用杜威的论理学五段法治古书很可得到新见解，可是于社会学上的贡献尚少。“我们所谓科学方法，乃是用科学研究事物得到确证，评判出那时社会状态和思想，而得到公理公例。如只以甲乙相较得丙，丙丁相较得戊，求同求异，同异交得辨证，终不切于事实的。但在思想史上自有他不可忽视的价值。”相比之下，郭沫若的《古代社会之研究》，将上古史划分出阶段，为社会学上莫大的成功。[①]

不过，这样的看法显然不能为胡适、傅斯年等人所认同。他们对于郭沫若的古文字研究，认字及解说部分予以承认，但是对他过度用来解释古代社会形态，如《古代社会之研究》，则多有保留。[②]对于社会性质与社会史大论战造成史观的流行，傅斯年大不以为然，他认为：“历史这个东西，不是抽象，不是空谈。古来思想家无一定的目的，任凭他的理想成为一种思想的历史——历史哲学。历史哲学可以当作很有趣的作品看待，因为没有事实做根据，所以和史学是不同的。历史的对象是史料，离开史料，也许成为很好的哲学和文学，究其实与历史无关。”[③]在《〈殷历谱〉序》中又说：“今固不乏以综合自许者，不触类而引申，

① 陈钟凡：《求学与读书》，《读书月刊》第2卷第1期，1931年4月1日。

② 牟润孙说：“郭沫若尝引莫尔甘之说治钟鼎款识甲骨文，讨论古史问题，颇多新奇可喜之说。顾其立论好穿凿附会，往往陷于武断。”（《记所见之二十五年来史学著作》，杜维运、黄进兴编：《中国史学史论文选集》（二），台北，华世出版社1979年，第1127页），这可以部分反映主流学人的一般看法。

③ 《考古学的新方法》，欧阳哲生主编：《傅斯年全集》第3卷，长沙，湖南教育出版社2003年，第88页。

凭主观以遐想，考其实在，类书耳，教条耳。类书昔无持论之词，今有之矣。教条家苟工夫深邃，亦可有艺术文学之妙，若圣奥古斯丁及其弟子之论史是也。而今之教条家初于其辨证教条并未熟习，而强读古史原料以为通论通史，一似《镜花缘》中君子国之学究，读'求之与抑与之与'竟成'永之兴柳兴之兴'。是亦可以哗众取宠于无知之人，亦正为学术进步之障耳。"①

李大钊也认为历史哲学应当归于哲学而非历史，问题是具体如何把握史学理论与历史哲学的分际，恐怕至今仍是不小的难题。冯友兰觉得释古派使用材料先入为主，谈理论太多，不用事实解释证明理论，而以事实迁就理论。钱穆更将革新派史学分为政治革命、文化革命、经济革命三期，对于后一派尤其不满。周予同虽然认为此说过虑，指出释古派也有进步，而且追求的目的在于把握全史的动态并深究动因，与钱穆所主张的"于客观中求实证，通览全史而觅取其动态"没有根本的冲突，还是批评"国内自命为释古派的学人，每每热情过于理智，政治趣味过于学术修养，偏于社会学的一般性而忽略历史学的特殊性，致结果流于比附、武断"②。也就是说，历史学的见异与社会学乃至社会科学的求同发生严重冲突，难以协调。

由谭其骧撰写、顾颉刚修改的《禹贡·发刊词》则认为，治

① 欧阳哲生主编：《傅斯年全集》第3卷，长沙，湖南教育出版社2003年，第343页。

② 《五十年来中国之新史学》，朱维铮编：《周予同经学史论著选集》（增订本），上海，上海人民出版社1996年，第558—559页。

史须通舆地，本来是一般准则，后来却无人讲求，以至于学人很容易开口便错。“在这种现象之下，我们还配讲什么文化史、宗教史，又配讲什么经济史、社会史，更配讲什么唯心史观、唯物史观！”要“使我们的史学逐渐建筑在稳固的基础之上。……不能但凭一二冷僻怪书，便在发议论。”[①]这一竿子打翻一船人，在当时的史学界，能够置身事外的恐怕为数不多。

20 世纪 30 年代初，中国相继进行了社会性质和社会史两场大论战，这两场论战的本意，并不是讨论历史，而是要弄清楚中国革命的性质、任务、动力、前途等问题，以便正确决策。因此卷入其中者开始大都不是史家。可是随着论战的深入，一些学人相继加入战阵，以专业性的史学论著试图回答解决相关问题。而论战的社会影响巨大，尤其是在青年学生中间，据陶希圣回忆，到 1930 年代初，“五四以后的文学和史学名家至此已成为主流。但在学生群众的中间，却有一种兴趣，要辩论一个问题，一个京朝派文学和史学的名家不愿出口甚至不愿入耳的问题，这就是‘中国社会是什么社会’”[②]。史观与史学的分歧，在特定背景语境下，居然造成了受众的社会性分离。

史学界认识的多样化以及取径做法的大异其趣，成为周予同关于新史学派系划分的依据，他在 1936 年的《治经与治史》一文中写道：“放眼中国现代的史学界，大致可分为二大派：一可

① 《禹贡》第1卷第1期，1934年3月1日。

② 陶希圣：《潮流与点滴》，台北，传记文学出版社1979年，第129页。

称为‘史料派’，注意于史料的搜集与整理；一可称为‘史观派’，根据旧的或新的史料，对于中国史的全部或某一部门加以考证、编纂与解释。”在他看来，“史料派学者工作的本身是烦琐的、畸零的，而他的成绩是可感谢的，因为新的历史的著作需要新的史料作它的柱石呢！不过史料究竟只是史料而不是史，中国现代社会所企求于史学界的是新的史学的建立与新的史籍的产生，而决不仅仅满足于史料的零碎的获得。”并且特别指出左翼史学不以搜集、考证、编排史料为尽了史学的职责，进而要尝试解释史实。

周予同1941年撰写的《五十年来中国之新史学》，基本延续了上述分析，他说：“所谓转变期的新史学，可分为两类：一是偏重‘史观’及‘史法’方面的，一是专究‘史料’方面的。史法每原于史观，或与史观有密切的关系；为行文简便起见，前者可称为‘史观派’，后者可称为‘史料派’。换言之，中国现代的新史学家可归纳为两类，即‘史观派’与‘史料派’。”这种本来为图行文简便的派分，并未得到所指认的双方学人的普遍认可，却深深影响了后来学人的思维与眼界。尽管提出过种种批评或修正，也有不少学人根本反对用这样的观念来看待近代史学和史家，但还是有相当多的学人接受或基本认可这样的划分。[①]尤其在史学史论著中，有的坚持用史料派与史观派的消长沉浮构

① 余英时：《中国史学的现阶段：反省与展望》，杜维运、陈景忠编：《中国史学史论文选集》（三），台北，华世出版社1980年，第517—524页。

成整个20世纪中国史学变动的观点作为基本叙事线索，[①]也有学人不以派分的此疆彼界为然。1940年6月，《史学季刊》创刊，顾颉刚所作《发刊词》为战前分歧争议甚大的史料与史观作一辩证协调，认为两者在史学研究中相辅相成，“无史观之考据，极其弊不过虚耗个人精力；而无考据之史观，则直陷于痴人说梦，其效惟有哗惑众愚，以造成不幸之局而已。”[②]此说或有调和之意，也指出考据与史观二者不可偏废。后来钱穆在《新亚学报》发刊词中，大体延续了这样的主旨，为民国时期的学术概括总结。不过，在史料整理得好的学人那里，二者本来就是一体，也就无需协调。通过整理比较，近真且得其头绪，可以叙事写史，无须预设史观，更不能用后出外来的史观驾驭取舍史料。否则，就很难避免牵强附会的梳理，重蹈越有条理系统去事实真相越远的覆辙。

三 文白与史论

史料与史观的分争，主要是受中西学乾坤颠倒的影响，西式分科架构成为强制中学附从的预设，因而必然要以外来的系统学说条理解释中国的材料，只有调理后的史料才有可能变成史学。可是，尽管史观不少来自其他学科，无论史料还是史观，仍然是

① 王学典：《近五十年的中国历史学》，《历史研究》2004年第1期。

② 顾潮：《历劫终教志不灰：我的父亲顾颉刚》，上海，华东师范大学1997年，第199—200页。

历史。史论关系说则将历史与理论并列相对，其中的理论，不仅限于历史领域，不但包括史学理论，还扩展及于历史哲学乃至一切社会科学。

史与论的平列使得历史的叙事功能被压缩，说理功能则大幅度膨胀，并逐渐演变成用过去的事情讲自己心中的话。而书面语改文言为白话，则导致史与论的进一步分离并更加凸显论的重要地位。

中国的文字文体数千年一以贯之，历代修史，以记事叙述为主，无论征引官书档案，还是私家著述，一般不须标识注明，能够与著史的文字浑然一体，阅读者也以一体视之，不必刻意分辨。史书虽然取材多源，却文气一贯，天衣无缝，有助于春秋笔法、比兴之类的特有间架方便施展。即使俗谚野语，也会予以雅化。好事者刻意指证，实在是多此一举，所谓佛头着粪而已。

文言改白话，破坏了书面语的古今一致，大多数情况下，所征引的材料与作者的自述在文体形式上差异甚大，使得全篇的文气不能贯通，即使没有阅读障碍，也不易习惯在两种文体之间频繁转换。固有的史书被当成史料，历史论著的文白分别成了史与论的载体，在同文异体的情况下，受白话文教育成长起来的新进，自然会偏重于自幼习惯的语体文。文言改白话的重要理据之一，就是文言不利于说理。与史论关系的畸轻畸重相互作用，用白话说理的论更加受到重视，文言呈现的史则相形见绌。随着时势的变化，史观史论越来越被看重，又进一步加强了作为主要载体的白话部分的重要性。

古人著书，大都述而不作，隔膜者不知就里，以为抄袭。实则凡是圣贤所言，皆为天下公理，取入书籍，意在传道。官书正史，也是正统观念认定的实事至理。若是一家之言，仅此一说，何必征引，更无须注明。因此书写习惯，无须分别，即使合本子注，也容易混入正文。在西学的强势作用下，出现所谓著作权版权问题，国人面临两难选择。一方面，晚清以来，官方长期不肯加入版权同盟，以防输入新知遭遇障碍，作茧自缚，另一方面，大量以翻译为著述，引起各种抄袭说的坊间传闻，导致征引注释的不断规范化。由于制定与套用规范为不同语系，时至今日，任何一统江湖的努力仍然是揪着脖领想把自己提向天空的徒劳无功。

海通以后，中西学如何兼容并蓄，一直困扰着国人。纳科举于学堂，等于容中学于西学。而学堂已经西式分科教学，中学要见容于学堂，只能屈从于西学，中体西用事实上演变成西体中用。不仅如此，由于留学大热，回国后各方争相迎聘，掌握话语权，在用人办事时，凸显留学生的作用。风气流被，傅斯年说修史必须留学生，胡适则作势同情未出国门的苦学者，让未留学者或背负保守的骂名，或勉强谈西学而授人以柄。只有陈寅恪敢于指“群趋东邻修国史，为神州士夫羞欲死”之事，且将官派留美学生与北洋军阀练兵并列为两大误国之一。

在不通西学即不知学问的时趋下，历史论著的体例随之改变，由传统编年、纪传、纪事本末体转向近代西式的章节体。章节体的广泛应用，与写史必须征引注释相互作用，造成引文与行文相分离。这种情况在西文关于中国的著述中本来并不普遍，因为将文言对译成西文，比较困难，所以多采取概括转述方式，而东文著述中则相当常见。近代中国的章节体史书，主要是受日本关于中国著述的影响。清季民初那些译著参半甚至以译为主的教科书或一般通史，形成了近代中国历史书写的基本体例和架构。

此外，史论关系意见分歧的各方对于史料的看法具有一定的共通性，恰恰是这种共通性使得史在与论的比对中处于下风。在形形色色的史观派看来，史料不是史学，只有将史料进行系统整理之后，才有可能成为史学。而能够将史料系统化的，主要就是史观。傅斯年对于用史观看历史不以为然，因为在他看来，史观属于历史哲学，与历史关系不大，而且欧洲的史观过于受基督教一元化观念的影响。他坚称史学就是史料学，整理史料就是比较不同的史料。可是他与史观派同样将所有传统史书视为史料，而且认为材料越生越好，凡是经过加工，就掺入了主观。这等于将所有材料都当作无意识的客观记述，完全忽视材料记录者尤其是史书撰写者的意旨，也是历史的有机组成部分。

傅斯年的本意，或许在于整理材料的过程中应力求防止掺入主观，结果却导致史料在历史叙述中作为阅读元素的价值大幅度降低。在史论结合的形式下，史料往往是被从原有时空联系中抽离出来作为支撑论点的论据，在相当多的情况下，这导致史料的本意被断章取义或故意曲解。即使用于叙事，如果处置不当，经过名为整理实则主观取舍一过的史料可能非但无助于重现史事，而且导致盲人摸象甚至看朱成碧。更有甚者，既然原来所有史书只是原始材料，必须在理论的条理解释或方法的梳理条贯之下才能升华为史学，则论不仅包含史，而且是更高层次的史，是由史料提升为史学的体现。照此逻辑，看重论而轻视史，当然是顺理成章之事。

尽管提倡新文学者认定文言不宜于说理，近代主张整理材料以重现史事的学人还是好用文言，陈寅恪一生著文坚持不用白话，学术论著更是坚持全用文言；主张白话的新青年傅斯年虽然觉得文言会有辞不达意的局限，特别是说理的部分，其史学论著还是多用文言。除了习惯使然，征引与自述的一贯，当是重要考量。尤其是比较整理材料以叙事，需要呈现材料之主各自的意思，并将各人的表述按照原有时空位置及联系予以呈现，而不是综合判断后简单地变成自己的认识，并将这样的认识用史论参半、夹叙夹议的方式加以表达。

普遍而言，在以白话取代文言的情况下，史与论分离的情形进一步加剧，白话作为论的主要载体，所展示的今人意见在相当程度上被当成历史的事实。也就是说，今人所知的历史，尤其是教科书和一般通史，其实相当多的是后来对历史的认识，而不是历史本身。要想知道前事本相和前人本意，还须认真倾听历史的原声。这就要求阅史者改变原有的阅读习惯，将文白史论视为一体。

四 倾听历史的原声

学术界每每有些类似围城的悖反现象，譬如专业治史者觉得史学无用，不能影响社会，总想逃离，而不是研究历史的反而好讲历史，巧舌如簧，大受欢迎。前者喜欢说理，又并不擅长，引新知借别科，越说越不在理；后者专讲故事，不免添油加醋，杜撰太多，形同演义，已非历史，却栩栩如生。坊间喜其生动，无所谓真伪，一般而言也无伤大雅。或者痛心疾首，以为天塌地陷，实则《三国演义》与《三国志》并驾齐驱的情形由来已久，各司其责，无须划一，也无法统一。作为专业人士，倒是应该反省一味说理的流弊匪浅，事实说不清，道理讲不明，历史著述读来味同嚼蜡，坊间毫无兴趣，业内也不以为然。

相比求真的史学日益看重雄辩，新闻从业者则极力标榜让事实说话，唯恐别人认为主观。其实新闻能够披露出来的信息至多不过百分之一，无论貌似多么客观，取舍过滤仍是主观。只要不过于偏宕，倒也无伤大雅。而本应以叙事为基本的史家，却总是觉得材料和事实苍白无力，以为材料太多，说法各异，无由取信，无所适从，甚至误信域外浅学的谰言，以为事实不存在，不可求，反而觉得灰色的理论最有力量。历史哲学属于哲学的范畴，对史学或有借鉴作用，但不能替代史学方法，更无法指导处理材料。而行之有效的史学方法应该应用于研究过程，不是通常所见出现在表述阶段装潢门面。况且一般史书所讲道理，多为别家的常识、陈言或套话，不见精彩，不合实情。除了方便新进或懒人延续教科书式的解读历史，越是高明，越少烙印痕迹。

有的近代史著述喜欢自说自话，或代古人立言，至于前人前事的本意本相，往往隐藏甚至湮没在众说纷纭的讲理之中。治古代史的学人对于近现代史著述征引文献的方式每每有所诟病，认为摘引只言片语，容易断章取义，而概括称引，又不免任意取舍，误会曲解，说是引述前人，实则强古人以就我。此说虽然逆耳，的确切中要害。近代文献，文辞看似浅近，因为涉及古今中外的方方面面，加之数量庞杂，又未经前人整理注疏，研究者限于学识，只能预设架构将能够读懂的部分抽取出来，作为论据，其余则弃而不论。读书须掌握全篇本意的应有之义毫不讲究，更不要说对比参照所有相连相关的文本，前后左右通语境。姑不论舍去的其余或许更加重要，单就举证部分而论，抽离本来的时空位置，所指能指势必发生或隐或显的变异。

诚然，近代文献繁多，若是详细而全面举证，往往不胜其烦，编辑无法容纳，读者难以卒读。此事令以处理史料见长的史学二陈也颇为头痛。简单的排比罗列，形同堆砌材料，既不能深入问题，又影响文气贯通和意境呈现，的确不足取。可是，如果因噎废食，等于鼓励随意取证，纳入各种后出外来的观念系统之中，而美其名曰史论结合。久而久之，有违情理变成天经地义，不仅自行其是，而且裁量他人，俨然已成行规。但凡看见征引较多，即视为不加分析，没有理论，完全无视引文与行文是否具有不可分割的内在关联。

史学首重纪实与叙事，纪实的功能触碰公私各方的隐私，后来受到多方面制约，希望有所超越，于是还原史实成为修史的前提。叙事必须依据材料，史料的应用，在史论的架构中，往往流于陪衬，片断摘引只是作为论点的论据，而在叙事的框架下，应当比较近真及得其头绪，并作为历史叙述的有机组成部分予以呈现。由此可以还原包括思想在内的历史本相及其发展演化的具体进程。史家不是以旁白的形式甚至直接登台告诉观众历史是什么，而是用引述的方式使过往的人事重新活动活跃起来，像戏剧一样生动地重现于历史舞台之上，让观众亲眼目睹，亲身感受。因此，修史首先应当尽可能复原历史的原声原貌，前提是尽可能多地保留史料的原汁原味，并以经过比较验证的史料构成史学的要素。

作为阅读者，应当积极调整阅读习惯，学会倾听历史的原声，不要把后来的认识与历史的事实相混淆，仔细体察领会文本传递出来的前人本意，进而看出由史家拼合连缀而成的历史图像是否恰到好处。不能迁就阅读习惯而跳过引文只看行文，因为这很可能是跳过事实依据去看认识结论。所谓本意，应该是全面的，不能盲人摸象，断章取义，应该是准确的，不能望文生义，凿空逞臆。摘取片断的征引往往是部分的意思，之所以被征引，未必是在文本史事中具有特别的重要性，只不过是征引者在自己预设的架构里想问题才觉得重要。望文生义的结果是误读错解，符合征引者的认识却常常有违事实。完整地倾听历史的原声，才能防止任意取舍史料以形成观点，甚至别有用心地隐讳、移位或曲解。心术不正的欺世盗名之徒滥用史论形式，混淆视听，易于得逞。理顺史论关系，让所有的材料与事实适得其所地回归时空原位，即使用于防闲，也有积极意义。

前人的文本都有各自独特的意涵，即使在记事的部分添枝加叶，添加的行为本身也是历史事实的组成部分。追究所记录的事实之时，所添加的枝叶或可比较而剔除，但是如果追究其如何添加、为何添加，不仅也是近真的必须，而且对于解读所记录的事实也颇有帮助。倾听当事人亲历者述说他们各自的经历，从罗生门式的言人人殊可以逐渐走进历史的现场，进而将对历史的认识通过叙事自然呈现，而不是将主观色彩很强的议论强加给读者。

治史如老吏断狱，法官断案，先要详细听取两造的陈述、辩词及取证，了解案情，才能依据法理和律令进行审判，若是先入为主，想当然地据理援例，不知造成多少冤屈。同理，治史首先要竭泽而渔地网罗证据，透过表象的蛛丝马迹，揭示背后错综复杂的联系，进而究明事实本相及涉事各人的本意。所有分析的理论模式，旨在梳理证据，还原案情，而不能削足适履地照搬套用，将证据案情作为法理的注脚。况且治史较审案还原度要求更高，所谓铁案如山，后者只要关键证据过硬，前者必须全体水落石出。

由此可知，叙事并非不讲理，只是应在弄清事实的基础上再讲道理，或是考史叙事的过程中呈现出理之所在。而且所讲道理应源自事实，而不是简单地将事实当作别人所讲道理的注脚，甚至套用别人的道理来讲事实。今人模仿域外研究，不顾其模型学理并非生成于中国，也未必适用于中国，一概视为放之四海而皆准的公理，照搬套用，削足适履，以牺牲中国的历史为代价，所论不过证明其道理的普遍适用。一般而言，如果复杂的历史事实真的梳理清楚，所蕴含的道理大都已经蕴含其中，不言自明。况且将思想还原为历史，究事实的同时也是在讲道理。这一切，都有赖于耐住性子倾听历史的原声，只有听，才能懂，不听则永远不可能懂。如果听不懂，应该提升能力，而不是因噎废食，放弃倾听。

史学的叙事与说理，应以前者为基本，而史事不能自动呈现，要借由史料才能重现。不同的史料关于同一史事的记述各异，必须比较而近真。前后几件史事彼此联系，也必须比较才能得其头绪。既然史事由整理材料而呈现，比较不同的史料也就成为叙事的凭借和重要环节，不能将史料与史学分离，更不宜将史学理解为说理，将论置于史之上。治史要有理论且突显论的重要性，不无将说理置于史学功能的首位之嫌。此说缘于研究历史的目的是发现历史规律，又误以为历史规律是求同而来，将史学混同于社会发展史。所谓历史规律，为事物之间的普遍联系。历史上的所有人事均为单体，不可能完全重复，所以不能用一般科学原理来求，尤其不宜于逻辑的归纳法。历史规律是单体人事前后左右无限延伸的普遍联系，这与史学首重叙事正好高度吻合。

认真倾听历史，放弃后来者自以为是的评判，不带成见，约束主观，才有可能最大限度地了解前人前事的本意本相，并尽可能完整恰当地呈现于读者面前。历史爱好者尤其是读书种子和专业人士，应调整改变固有的阅读习惯，将引文行文视为一体，了解所陈述的史事和欣赏所释放的原音。虽然引文行文仍有文白不一的驳杂，可是若统统改由转述，文体看似一贯，文字却难免繁琐，且容易变形走样。在不能两全其美的情况下，应尽可能保持原态，以免发生二次错误。从这一角度理解傅斯年材料越生越好的说法，不无可取之处。

倾听历史的原声，当然有不同的主题，因而也会有所取舍，并非完全随波逐流，堆砌罗列，既不能跟着前人讲言人人殊的故事，也不能无视历史意见侈谈自己的认识。近20年来，以集众的形式进行近代中国的知识与制度转型研究，同时展开近代中国史事编年系列的编撰，其间认真揣摩长编考异与比较研究的相辅相成，并尝试将思想还原为历史，为今后的研究奠定了取径与做法的重要基础。按照历史本来的顺序，在整体脉络之中展现各自在相应时空位置之上的相关言行，成为努力的方向。

或以为要想恰当理解历史上的物事及其指称，应当首先明确定义，以免各自任意，莫衷一是。实际上，好从定义出发研究概念认定事实，而不是还原历史以把握概念的所指能指，正是混淆时代意见与历史意见的典型表现。须知集合概念往往后出，而且经过约定俗成的演化。后来的定义虽有助于当下避免滥用（包括现时和历史两方面），却无论如何不可能涵盖历史上所有的文本和事实。即使当时的概念，有此一说也不见得均如此说，除非详细论证，否则以偏概全的认定非但无助于解读材料史事，而且会妨碍准确的重现历史。没有现成框架就不知如何解读史料，没有先入为主的定义就无法认识事实，岂非本末倒置？遗憾的是，这样的本末倒置恐怕正是时下相当普遍的现实。长此以往，历史认识与历史事实之间势必越来越隔膜。如果不加分辨地将历史认识当作历史事实，将是非常危险的事。

倾听历史的原声，方知原来自以为熟悉的声音很可能经过变声处理，回到真实自然的音响世界便显得很不协调。而选取一些异调拼合而成故意立异的所谓新说，弄不好也是妄人妄语。历史的原声，并没有那么多尘封已久的秘辛和匪夷所思的离奇，也并非都是精心设计的阴谋论和不可告人的见光死。凡此种种，反映了持论者的少见多怪。抛去那些稀奇古怪的翻案钩沉，刻板呆滞的说理套话，历史势将更加丰富多彩。无数的好材料，都是由于技艺不佳而索然无味。品尝者与其因此而丢掉食材，不如舍去以为增加含金量实则蹩脚拙劣的加工，直接品尝原汁原味的无穷精彩。

学会倾听历史的原声，学人和读者应当共勉。